JN095201

戸籍の備忘録244問

古関冬樹　著

日本加除出版株式会社

はしがき

数年前、いきなり戸籍事務を担当する部署に異動になり、全く知識の無かった私は途方に暮れることになりました。そこで、先輩から薦められた不朽の名著『設題解説戸籍実務の処理』いわゆるレジストラー・ブックスの「Ⅰ総論編」を読んだところ、備忘録（memorandum）等への記録が推奨されていたことから、それに忠実に従い知識の習得に努めました。もっとも、難解な戸籍事務がすんなり理解できたわけではありません。まさに牛の歩みというにふさわしく、日々の業務をおそるおそる処理しながら参考書をめくるという日々が続きました。

そういった試行錯誤の中で感じたのは、参考書で述べられていることを具体的にイメージすることが、初心者には難しいということでした。異動前に少しでも予備知識が早く、それなりに広く吸収できる初心者にも読みやすい書籍でもあればどれだけ助かっただろうと考えながら夜遅くまで事務処理に当たったことが思い出されます。

本書は、そんな思いを持ちながら戸籍事務に従事する一職員の上記備忘録をまとめたものであり、私と同様の立場にいる方々が、着任前に楽しみながら一読して基本的な知識を得られるようにと思い書籍化したものです。そういった経緯から、各解説には3コマ漫画を付してあります。漫画の内容はフィクションであり、実在の法令・団体・人物とは一切関係がありません。賛否はあるかと思いますが、重厚な解説書は数多くある中で、1冊くらい初任者からベテランの職員のための笑いながら読める簡単な書籍があってもよいのではないかと考え、発刊を決断するに至りました。頁数の制限もあり、全てを網羅しているとまではとてもいえないかもしれませんが、少なくとも奇抜な書籍ではあるとは思いますので、少しでも印象に残り、読者の方々のお役に立てばこれ以上の喜びはありません。

最後に、本書の発刊に当たり、日本加除出版株式会社の皆様に格別の御協力をいただいたことに対し、心より感謝の意を表します。

令和５年５月

古　関　冬　樹

凡例及び注意点

○法規等の略称○

通則法…………法の適用に関する通則法

民………………民法

国………………国籍法

戸………………戸籍法

戸規……………戸籍法施行規則

国規……………国籍法施行規則

家事……………家事事件手続法

民訴……………民事訴訟法

人訴……………人事訴訟法

標準準則………戸籍事務取扱準則制定標準（平成 16 年 4 月 1 日付け法務省民一第 850 号民事局長通達）

難民条約………難民の地位に関する条約

応急措置法……日本国憲法の施行に伴う民法の応急的措置に関する法律（昭和 22 年法律第 74 号、5 月 3 日～12 月 31 日）

○注意点○

・嫡出推定及び再婚禁止期間に係る内容については意図的に可能な限り除外しています。理由としては、改正法の施行が予定されていることから、仮に記載しても、早晩過去の取扱いとなってしまうおそれがあるため、それならば他の内容を充実させようと考えたためです。

・実務上、処理することが少ないと思われる内容は思い切って除外しました。例えば、航海中の船舶での死亡などについては除外してあります。

・例えば、本書の中で「戸籍謄本」としている箇所は、正しくは「戸籍全部事項証明書」とすべきかと思いますが、書籍化に当たり、既に筆者が公開しているTwitterアカウント（@AZabcdefghi）上の本文及び漫画に記載した内容全てを訂正するわけにもいきませんでした。そのため、そのような表記については大目に見ていただければ幸いです。

・書籍化に当たり加筆、修正を加えたことにより、Twitterアカウント上に掲載した内容と一部異なる箇所がありますので御了承願います。

・漫画の部分は、わかりやすく解説するためのフィクションです。登場する人物・団体・名称等は架空のものであり、実在及び他の創作物のものとは一切関係ありません。

○参考文献○

戸籍（テイハン）
戸籍時報（日本加除出版）
戸籍時報特別増刊号（日本加除出版）
法務通信（日本加除出版）
大阪戸籍だより（大阪法務局）
戸籍届書の審査と受理（日本加除出版、全訂、2019）
戸籍届書の審査と受理Ⅱ（日本加除出版、全訂、2022）
注解　戸籍届書「その他」欄の記載（日本加除出版、補訂第3版、2012）
設題解説渉外戸籍実務の処理Ⅰ総論・通則編（日本加除出版、改訂、2013）
設題解説戸籍実務の処理Ⅱ戸籍の記載・届出（通則）編（日本加除出版、改訂、2023）
設題解説戸籍実務の処理Ⅲ出生・認知編（日本加除出版、改訂、2009）
設題解説戸籍実務の処理Ⅳ養子縁組・養子離縁編（日本加除出版、改訂、2008）
設題解説戸籍実務の処理Ⅴ婚姻・離婚編⑴婚姻（日本加除出版、改訂、2011）
設題解説戸籍実務の処理Ⅴ婚姻・離婚編⑵離婚（日本加除出版、改訂、

2012）

設題解説戸籍実務の処理Ⅵ親権・未成年後見編（日本加除出版、改訂、2013）

設題解説戸籍実務の処理Ⅶ死亡・失踪・復氏・姻族関係終了・推定相続人廃除編（日本加除出版、改訂、2014）

設題解説戸籍実務の処理Ⅷ入籍・分籍・国籍の得喪編（日本加除出版、改訂、2014）

設題解説戸籍実務の処理Ⅸ氏名の変更・転籍・就籍編（日本加除出版、改訂、2015）

設題解説戸籍実務の処理XXI追完編（日本加除出版、改訂、2020）

設題解説渉外戸籍実務の処理Ⅶ親権・後見・死亡・国籍の得喪・氏の変更等編（日本加除出版、改訂、2021）

設題解説渉外戸籍実務の処理Ⅸ戸籍訂正・追完編⑵（日本加除出版、2012）

戸籍法施行規則解説：体系戸籍の実務とその理論２各論（日本加除出版、加除式図書）

戸籍法施行規則解説（日本加除出版、加除式図書）

戸籍の窓口Ｖ入籍・転籍・分籍・国籍の得喪（日本加除出版、2016）

公証実務の基礎知識：行政証明と参考様式集（日本加除出版、2013）

実務戸籍記載の移記（日本加除出版、全訂第２版、2021）

一目でわかる渉外戸籍の実務（日本加除出版、全訂、2010）

事例別・戸籍実務解説　養子縁組編（日本加除出版、1992）

詳解処理基準としての戸籍基本先例解説（日本加除出版、2008）

Ｑ＆Ａ即答戸籍の実務（日本加除出版、改訂、2022）

戸籍訂正：ABC からＺまで　基礎編（日本加除出版、1993）

戸籍訂正：ABC からＺまで　応用編（日本加除出版、1995）

設題解説渉外戸籍実務の処理Ⅱ婚姻編（日本加除出版、改訂、2014）

注解コンピュータ記載例対照戸籍記載例集（日本加除出版、改訂第２版、2013）

届書式対照戸籍記載の実務（上）（日本加除出版、1969）

こせき相談室（テイハン、1996）
戸籍小箱Ⅳ（テイハン、2010）
旧法（親族・相続・戸籍）の基礎知識（テイハン、1995）
注解戸籍届出追完の実務（テイハン、1982）
セミナー戸籍実務（ぎょうせい、1988）
改正法例下における渉外戸籍の理論と実務（テイハン、1989）

目　次

コーヒーブレイク①

コーヒーブレイク②

第6　死　亡 —— 81

コーヒーブレイク③

コーヒーブレイク④

第17　分　籍

第18　転籍及び就籍

第19　離　婚 ―― 204

コーヒーブレイク⑤

コーヒーブレイク⑥

第21　氏名の変更 ―― 240

著者ごあいさつ

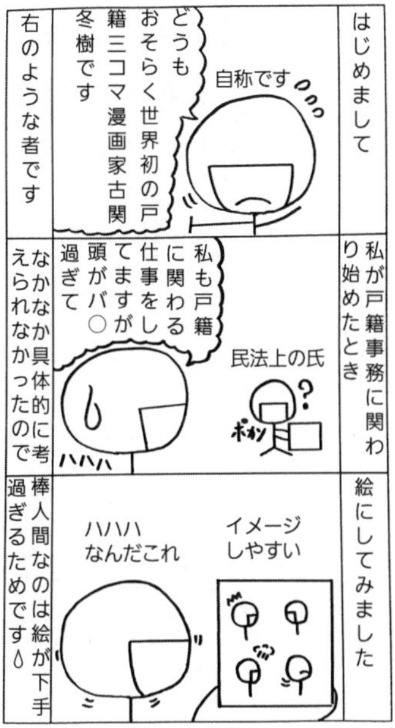

はじめまして。

私は、法務局で戸籍事務に携わっております、古関冬樹と申します。

今でこそ数年間の実務経験を積みましたが、着任当初は理解できないことばかりでした。特に、戸籍事務特有の概念や過去の事務処理の変遷などをイメージすることが非常に難しく感じました。そのため、戸籍事務を覚えるため、単に市町村から受けた相談などをまとめる備忘録を作成するだけでなく、マンガも描いていました。

今回、光栄にも本書を執筆させていただく機会をいただき、その備忘録だけでなくマンガも付した形で出版されることになりました。この点が他の書籍にはない独特の試みですので、読者のみなさまに気に入っていただければ幸いです。

本書の目的

戸籍事務は、人の身分関係を公証するものですから、一度誤ると、その訂正に膨大な時間と労力を要します。また、重大な過誤が生じた場合、訴訟に発展する可能性も否定できません。

法務局も市区町村も人事異動のサイクルが早くなり、戸籍事務に習熟した職員も少なくなっています。そういった事情もあり、新たに戸籍事務担当部署に着任した職員は、可能な限り速やかに最低限の事務処理ができるようになる必要があります。そのため、おおまかではあっても、重要なポイント及び誤りやすいポイントを一通り確認することが必要です。そういった場面で、楽しみながら知識を吸収できるよう工夫したつもりです。また、知識の確認のため、ベテラン職員の方々にも御一読いただければ幸いです。本書が少しでも戸籍事務の適正処理に役立つことを願ってやみません。

第1　総　則

Q1　戸籍法の適用範囲などについて

戸籍法の適用範囲について教えてください。

戸籍法の施行範囲は日本の領域（領土、領海、日本の船舶、日本の航空機）内とされています（戸55条、93条）。同域外在住の外国人には原則適用されません。

一方、戸籍法の施行地域内に居住する外国人は、出生届、死亡届等の報告的届出につき届出義務が課せられる、日本の市区町村に届出することで身分行為ができるなど戸籍法の一部の適用があります（属地的効力：戸25条2項、通則法24条2項、34条2項、昭和24年3月23日民事甲第3961号回答、昭和27年9月18日民事甲第274号回答など）。

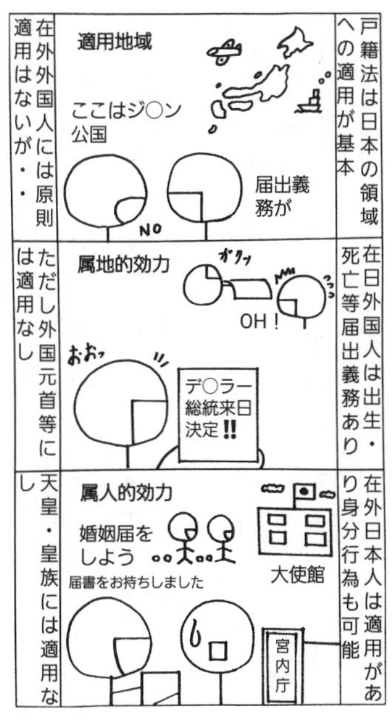

もっとも、外国元首、外交官、米国軍構成員及びその家族には適用がありません。また、日本人は海外在住でも戸籍法が適用され、同法の定めるところによる届出が必要です（属人的効力：戸40条、41条）。

【参考文献】

「戸籍届書の審査と受理」122頁

Q2　在外外国人が戸籍法に基づき届出ができる例

Q1 で在外外国人には原則戸籍法が適用されないという話がありましたが、外国人配偶者のいる日本人が国外で死亡した場合も当該外国人配偶者は死亡届をすることはできませんか。また、ほかに可能な例があれば教えてください。

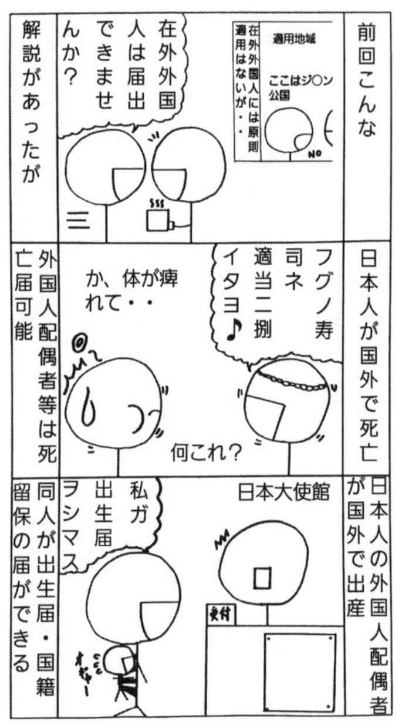

Q1 で在外外国人は、戸籍法が適用されないと説明しました。しかし、例えば海外で日本人配偶者が死亡した場合、子が出生した場合など、届出義務は生じないながらも、自発的に死亡届、出生届などができるかが問題になります。

この点につき、昭和59年11月1日民二第5500号通達第3の4(2)により出生届及び国籍留保の届が可能とされています（**Q158** も参照願います）。同様に、死亡届についても届出資格を認めて届出をすることができると解されています（昭和39年徳島地方法務局管内協議会決議）。

以上から、少なくとも出生届、死亡届及び国籍留保の届は在外外国人が自ら戸籍法に従い届出をした場合、戸籍法40条による届出に準ずるものとして扱うことができます（戸籍509号83頁、法務通信775号7頁）。

第2　戸籍に関する証明

Q3　本籍不明の死亡報告及び分明報告に係る記載事項証明書発行の可否について

本籍不明の死亡報告及び分明報告に係る記載事項証明書の発行は可能ですか。

戸籍法48条2項の「市町村長の受理した書類」には、上記報告も含まれます。もっとも、標記証明書の発行は、「特別の事由」がある場合に限られます。さらに、事件本人又は届出人、事件本人の親族、官公吏が請求した場合に限りこれを認め、単に財産上の利害関係を持つにすぎない者の請求は、これを認めないとされています（昭和22年4月8日民事甲第277号通達）。そのため、実際に発行できる状況はかなり限定されると思われます（戸籍時報380号67頁）。

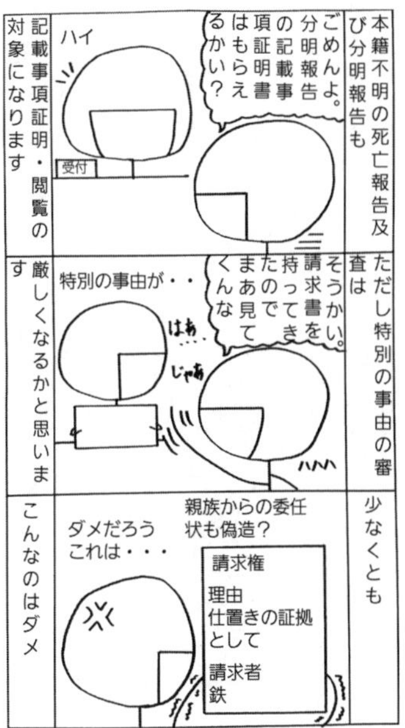

【参考文献】

大阪戸籍だより144号20頁

Q4 要件具備証明書は、本籍地市区町村、法務局又は在外公館においても発行可能であるが、どの機関が発行したものを有効とするかは身分行為をしようとする国によって異なる

私は、某国で婚姻しようと考えていますが、同国に提出する婚姻要件具備証明書は、法務局で発行したものを提出すればよいでしょうか。

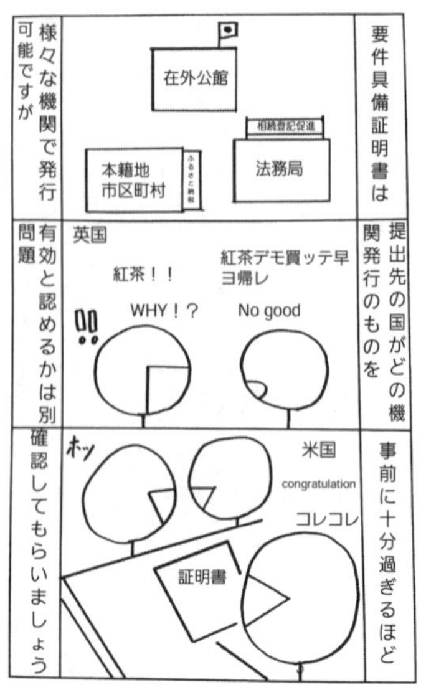

要件具備証明書は、外国で行おうとする身分行為について、日本人当事者に日本法上何ら法律的障害がないことを証明するもので、先例で認められた行政証明です（昭和35年9月26日民事二発第392号回答）。もっとも、提出先の国が、日本のどの機関が発行したものを有効と認めるかは、その国次第です。法務局が発行したものしか認めない国、在外日本大使館が発行したものしか認めない国など様々なので注意が必要です。

Q5 追完届がされた届書について記載事項証明書の交付請求があった場合の対応

追完届がされた届書について記載事項証明書の交付請求があった場合、基本の届書と追完届の記載事項証明書を各別に発行することができますか。

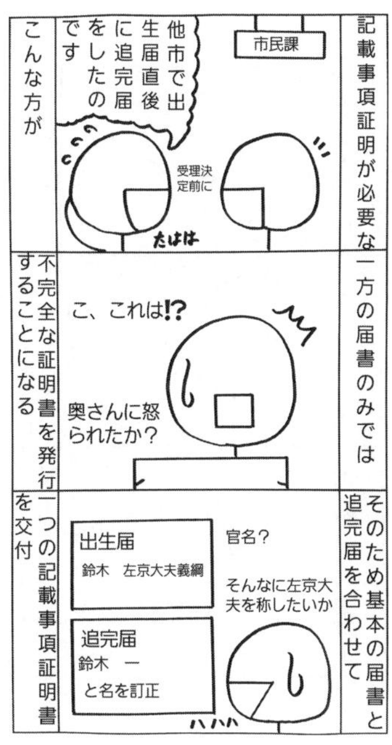

　追完届のされた届書、いわゆる基本の届書は、不備が補完・訂正されたものです。そのため、基本の届書は、追完届と合わせて一つの完全な届書となる性質を持っています。仮に、基本の届書だけの記載事項証明書を発行した場合、誤記又は遺漏があったままの内容が証明書として発行されてしまうことになります。また、追完届だけの同証明書を発行した場合、どのような誤記又は遺漏があったかが不明であるなどの問題が生じます。したがって、両届書を合わせた証明書を交付するのが相当と考えられます（戸籍時報特別増刊号520号30頁）。

Q6 受理照会中の届出について、受理証明書は発行できないが、届出があり受否未決定である旨の行政証明を発行する余地はある

法務局に受理照会中の届出について、受理証明書は発行できないと思いますが、届出があった事実を行政証明として発行することは可能ですか。

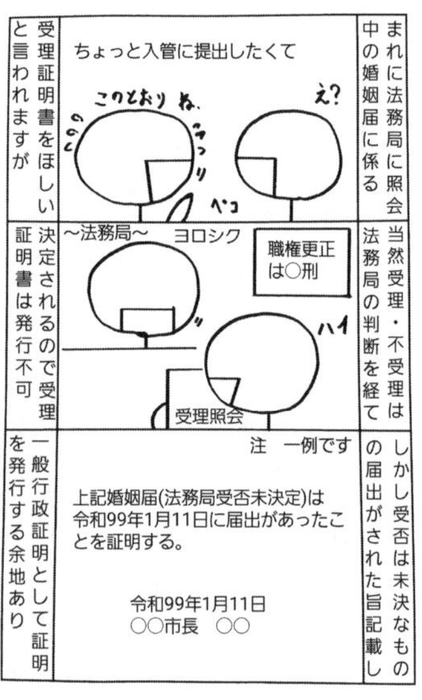

戸籍法48条１項の規定する受理証明書として本事例の証明書を発行することはできません。ただし、届出をした事実を証明した書面を必要とする者から要望があれば、行政証明として発行することができるとされています（戸籍時報特別増刊号520号30頁）。

Q7 届出があった事実を証するQ6の行政証明を発行しなくても問題ないか。また、取得した場合の用途の例はどういったものか

Q6の証明書は行政証明であることから発行の義務まではないと思います。そのため、発行しなくてもよいのではないですか。また、なぜこんな証明書を取得しようとするのですか。

たしかに発行義務まではありません。ただし、例えば、不法滞在による強制退去を命じられた外国人が日本人と婚姻届をした後、入管に再審情願をする際などに本証明書を取得することがあります。急を要し、かつ、重要な用途に使用するケースが多いので、可能であれば発行した方がよいと思われます。

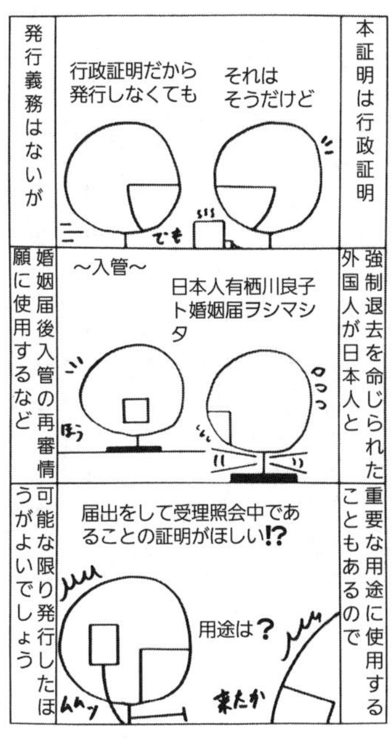

Q8　市区町村で日本国籍を有することを証する行政証明を発行すべきではない

市区町村長が、ある日本人が日本国籍を有することを証する証明書を発行しても問題ないですか。

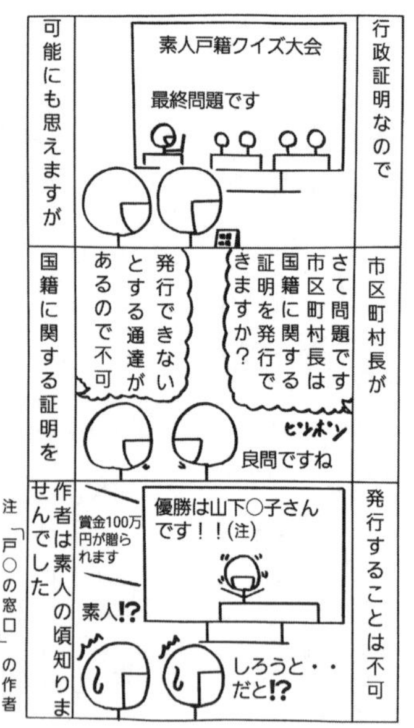

市区町村長は、本問の証明書を発行すべきでないとされています（昭和 33 年 7 月 26 日民事甲第 1556 号回答、昭和 23 年 6 月 22 日民事甲第 1969 号通達）。ちなみに、**Q9** のとおり、日本国籍を有することの証明書の発行が必要なときは、法務局又は地方法務局に発行を申請することができます。もっとも、筆者は、地方法務局において約 5 年間国籍事務に携わってきましたが、その間、上記証明書の発行申請を受けたことはありません。

【参考文献】

「公証実務の基礎知識：行政証明と参考書式集」12 頁

Q9　国籍に関する証明について

何らかの理由で外国に日本国籍を有することを証する証明が必要な場合もあるかと思います。その場合、どのように対応すべきでしょうか。

法務局又は地方法務局で日本国籍を有することの証明書の発行を申請することができます（昭和44年9月1日民事甲第1741号通達、同日民五第1025依命通知）。ただし、戸籍謄本等他の資料で代え得ない事情が必要であり、また、申請を受けた後、法務省本省への進達もしなければならないことから時間を要しますので注意が必要です。

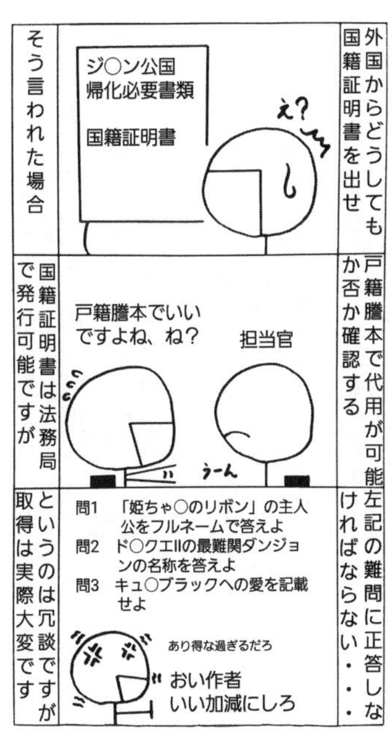

【参考文献】

「公証実務の基礎知識：行政証明と参考書式集」8頁

Q10 除籍、改製原戸籍にプライバシー上好ましくない戸籍記載がある場合の対応

除籍の死亡事項に、『○○刑務所長報告』という記載がありました。これは、プライバシー上の観点から問題ではないですか。

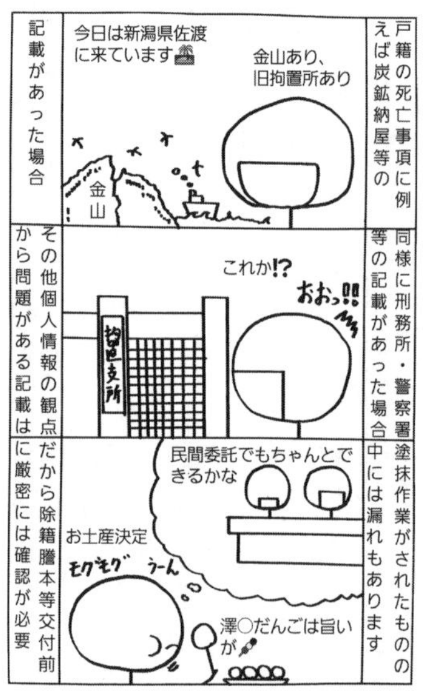

そのとおりです。このような戸籍記載は塗抹作業がなされて、現在は除籍謄本等に表示されないはずです。しかし、中には塗抹漏れもあります。そういった場合、そのまま除籍謄本等を発行することは適切とはいえませんので、法務局に連絡し、問題のある箇所を塗抹の上、除籍謄本等を交付します。なお、どのような戸籍記載が塗抹作業の対象となったかは、法務通信808号24頁を参照願います。

Q11　受理証明書を発行する際の注意

受理証明書を発行する際に気をつけることがあれば教えてください。

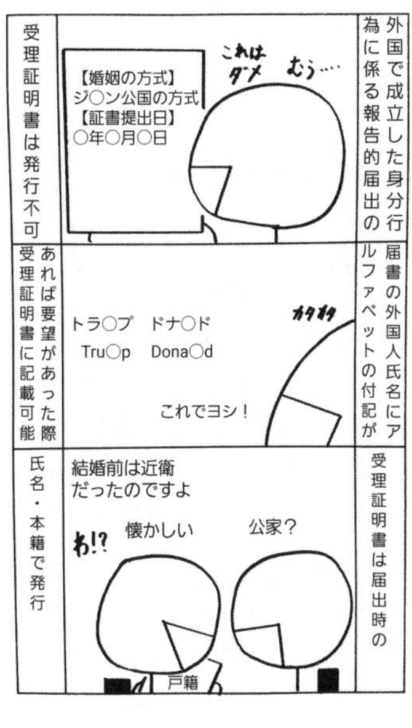

外国で成立した身分行為の報告的届出に係る受理証明書を発行することはできません。また、事件本人が外国人で、届書の氏名にアルファベットを付記した者が希望した場合には、受理証明書のカタカナ表記の氏名にアルファベットを付記することができます。受理証明書を発行する際、届出人の氏名・本籍については届出時の氏名・本籍を記載することになります（戸籍時報特別増刊号530号6頁）。なお、受理証明書の発行請求者は届出人に限られます（戸48条1項）。外国人に係る届出につき、親族から本国への提出を理由とした請求が散見されますが、上記理由により発行できません。そのような場合、記載事項証明書を取得するよう案内するとよいでしょう（戸籍748号61頁、戸籍時報特別増刊号530号9頁）

Q12 平和条約発行後に受理した韓国・朝鮮人に関する届書類は戸籍法施行規則50条の規定にかかわらず当分の間保管する

書庫の中に韓国・朝鮮人に係る古い届書が保管されているのですが、これは廃棄してはいけないのですか。

廃棄してはいけません。戸籍法施行規則50条の規定にかかわらず、当分の間保管するとされています（昭和41年8月22日民事甲第2431号通達）。ときどきこれを誤って廃棄したという話を聞いたりしますので注意が必要です。在日韓国・朝鮮人の方々の中には本国に身分登録をしていない方もおります。その場合、日本の市区町村への届書が身分関係を証する唯一の書類となることも少なくありませんので、大事に保管しましょう。

Q13　人事訴訟法における利害関係人の参加制度の新設等に伴う戸籍謄本等の請求について

父が死亡した後に認知の訴えを提起します。そのため、父のほかの子に係る戸籍謄本を取得するよう弁護士から言われたのですが、可能ですか。

請求書に上記理由を詳細に記載すれば発行可能である旨通達に明記されています。これは、検察官を相手とする人事訴訟において、利害関係人を当該人事訴訟に参加させるとき、また、父の死後、認知の訴えが提起された際、子などに通知するときに必要であるため、人事訴訟規則13条により利害関係人の有無、その氏名等を明らかにするため必要な戸籍謄本等を添付するとされたことによるものです（平成16年4月1日民一第769号通達4）。

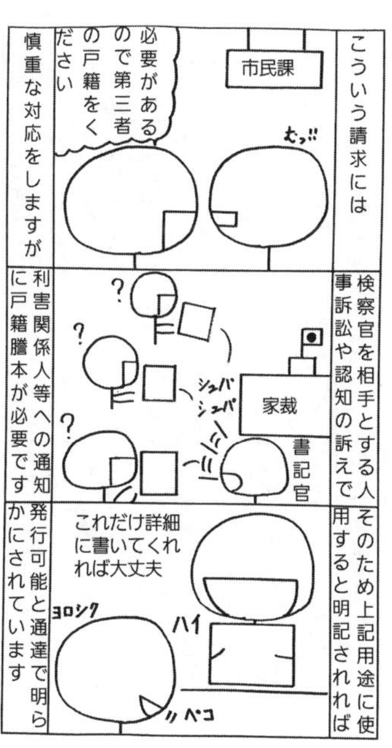

Q14　再製原戸籍廃棄時に帳簿書類廃棄決定書を作成する必要があるか

再製原戸籍で保存期間が経過したものを廃棄するに当たって、帳簿書類廃棄決定書（標準準則54条）を作成する必要がありますか。

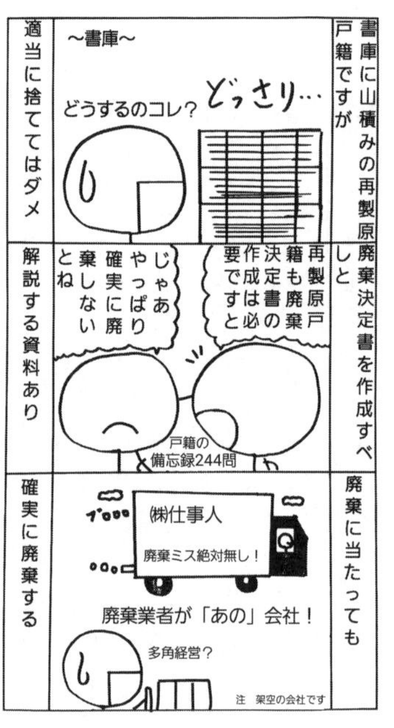

筆者が実際に受けた相談です。再製原戸籍の性質は、法令上の根拠規定を持たない一般の行政文書として扱われることになることから本事例の疑義が生じたわけですが、法務省民事局民事第一課戸籍指導係長をお務めになった伊東浩司氏が「戸籍法及び戸籍法施行規則の一部改正に伴う戸籍事務の取扱いについて（平成14年12月18日付け民一第3000号民事局長通達）の解説」の中で、標記決定書の作成が必要である旨御解説されていたことから、作成の上廃棄処理してもらいました（戸籍741号60頁）。

第3　戸籍の記載

Q15　戸籍法11条の2に基づくいわゆる申出再製をした後、再製事項が表示されないことについて

市の過誤による誤記を理由に申出による戸籍再製をしましたが、再製に係る記載が見当たりません。これはなぜですか。

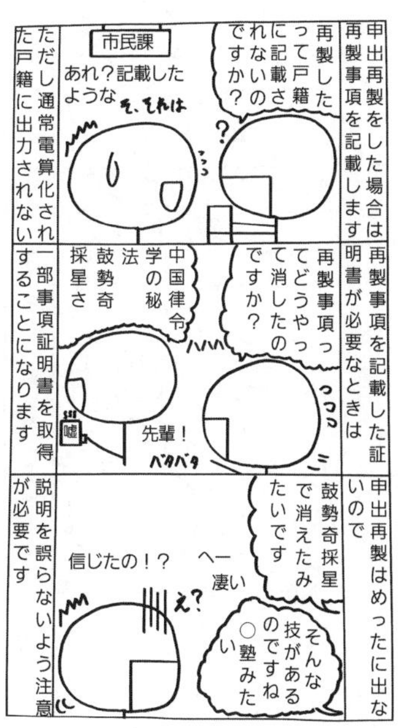

申出による戸籍再製に当たっては、再製原戸籍に不実の記載があることを知られたくないという国民の意識を考慮して、再製事項の記載は磁気ディスクで調製された戸籍全部事項証明書及び個人事項証明書には表示されないこととされました（平成14年12月18日民一第3000号通達第9）。ただし、一部事項証明書の交付を請求する者から当該事項の証明を求められた場合にはこれを出力します。なお、当然ですが、紙戸籍の場合は、再製事項が記載されます。記載例については、「令和　年　月　日再製　印」となります（戸籍741号41頁）。

Q16　現在使用しない出生地名の移記について

現在使用しない出生地名の移記について教えてください。

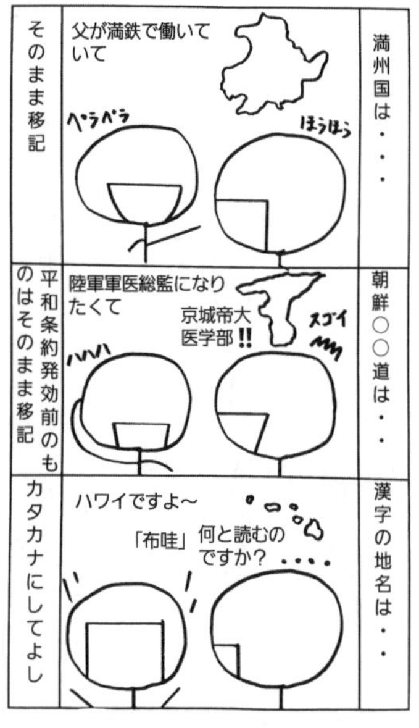

満州国はそのまま移記します（昭和26年6月4日5日山形戸籍協議会決議、昭和27年5月20日法務府民事局長変更指示）。なお、満州国を中国と訂正してほしい旨申出があった場合は中国と記載して差し支えないとされています（昭和39年6月19日民二第213号通知）。

朝鮮半島における出生場所の表示については、平和条約発効前の場合、朝鮮〇〇道と移記します。

出生地名が漢字で記載されている場合（漢字使用国除く。）は、カタカナで移記します。例えば、「秘露」がペルー、「仏蘭西」がフランス、「伯剌西爾」がブラジルなどがあります（戸籍693号54頁）。

注）　満州国に係る上記記述は、「実務戸籍記載の移記」の初版101頁ないし113頁を参考にしました。ただし、上記民事局長変更指示前には、中国に引き直して差し支えないとする回答もあったので、同指示前に引き直しをした処理があれば誤りとまではいえないのではないかと思われます（昭和26年2月8日民甲第172号回答、戸籍時報特別増刊号507号27頁）。

【参考文献】

「実務戸籍記載の移記」101～113頁

戸籍693号54頁

Q17　本籍の地番に支号があり「の」という記載がある場合の対応

本籍が『埼玉県○○市大字××100番地の3』となっている人から婚姻届がありました。従前戸籍の記載に当たって、「の」を記載すべきでしょうか。

管外転籍や婚姻等で他の戸籍に入籍するときは、従前戸籍の表示に「の」を記載する必要はありません。また、現在「の」が用いられている戸籍をあえて更正・訂正させる必要もありません。地番と支号の間にある「の」の記載の有無は、人の身分関係に影響を与えるものではなく、本籍の同一性を損なうものでもありません。なお、この「の」の取扱いについては、「説題解説戸籍実務の処理Ⅱ戸籍の記載・届出（通則）編」の初版に、こういった本籍が生じた理由を含めて詳細な解説があります。

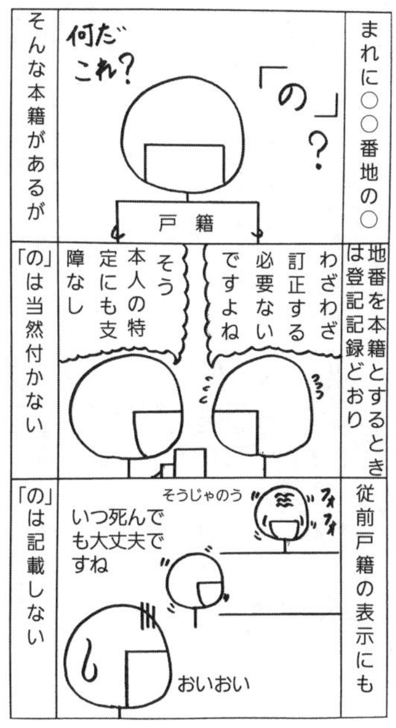

Q18　昭和 59 年 11 月 1 日民二第 5500 号通達発出以前の外国人配偶者等の氏名に係る戸籍記載について

昭和 55 年に婚姻した外国人配偶者の氏名が、戸籍の身分事項欄に名が先に記載されているのですが、これは誤記ですか。

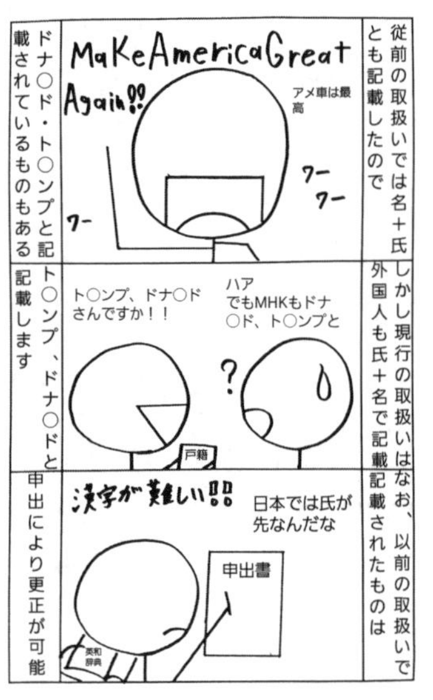

外国人配偶者等の氏名に係る戸籍の表記は「氏・名」とするか「名・氏」とするか統一されていませんでした。しかし、標記通達が発出されたことにより「氏、名」とされました。また、従来は、氏と名の区切りに中点（「・」）を付していましたが、読点（「、」）を付すことに改められました。なお、従前の例により記載されている外国人の氏名については、申出により更正可能です（標記通達第４の３(2)参照）。

Q19 父母を同じくする嫡出子である長男及び二男がいるにもかかわらず二男のみが戸籍記載される例

父母を同じくする嫡出子である長男（米国籍）及び二男がいるにもかかわらず、二男のみが戸籍記載されています。違和感はありますが、長男が外国籍だからこのような処理をしてもよいのですか。

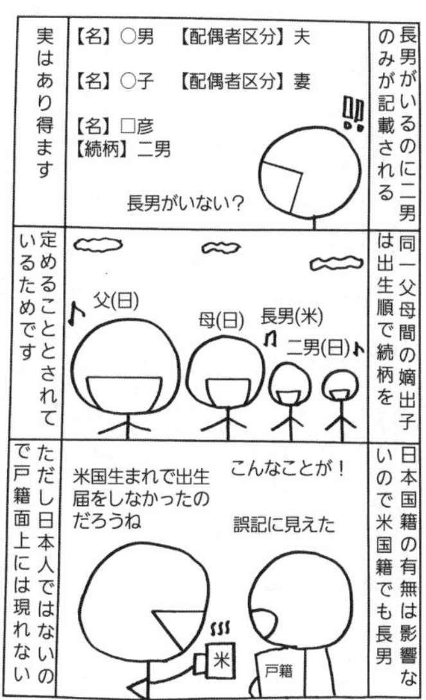

そのとおりです。同一父母間の嫡出子の続柄は、出生の順で定まります（昭和22年10月14日民事甲第1263号通達）。日本国籍の有無で差異はありません（昭和27年8月29日30日福岡県戸籍協議会決議案27）。二男の出生届の際は、届書その他欄に、長男がいる旨、氏名、生年月日、国籍を記載してもらい、戸籍受附帳にもその旨記載します。この記載を欠いた場合、数十年後、続柄の誤記として誤って戸籍訂正をしてしまうということにもなりかねないので注意が必要です。

【参考文献】

「注解戸籍届書「その他」欄の記載」120頁
「セミナー戸籍実務」32頁

Q20 出生の届出人の資格が戸主と戸籍記載された者が転籍等してきた場合、そのまま届出人を戸主○○として移記してよいか

出生の届出人が戸主○○と記載された者が転籍してきたのですが、このまま移記して大丈夫でしょうか。

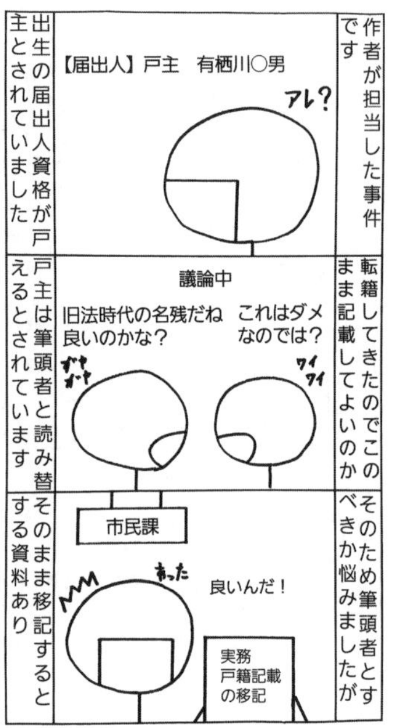

実際に筆者が相談を受けた事案です。父などが出生届ができないときは、旧戸籍法72条3項により戸主が第1順位の届出義務者とされていました。戸主は筆頭者と読み替えるとされていることから本事例の疑義が生じました。

他の職員も経験がなく困ったのですが、「実務戸籍記載の移記」の初版の124頁に例がありました。それによれば、「届出人　戸主　○○」とするとされていたので、そのまま移記することにしました。

Q21 旧法当時、婿養子縁組婚姻又は入夫婚姻した夫婦について新戸籍を編製する場合に、夫婦双方から申出があるときは夫を筆頭に記載できる

ある除籍が妻から夫に筆頭者が変更されていました。こんなことがあり得るのですか。

旧法当時、婿養子縁組婚姻又は入夫婚姻した夫婦について、新法施行後に新戸籍を編製する場合に、夫婦双方から申出があるときは夫を筆頭に記載して差し支えないとされています（昭和27年8月5日民事甲1102号通達）。

筆者が見た上記事例は、筆頭者の変更が転籍に伴って行われていました。このような場合、相続で出生まで遡って戸籍を集めるときなどに、請求者が筆頭者の氏名を変更後の筆頭者で請求してしまい、該当なしと回答されてしまうおそれもありますので注意が必要です。

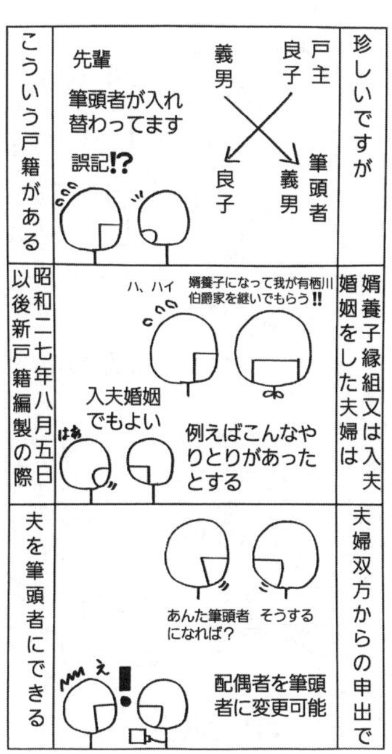

Q22 子の続柄が誤って記載された出生届が受理され戸籍記載されたときの対応

私には前夫との間に男子がおり、後夫との間にも男子がおります。先日、後夫との子の続柄が「二男」とされているのはおかしいと友人に言われたのですが、誤った記載なのでしょうか。

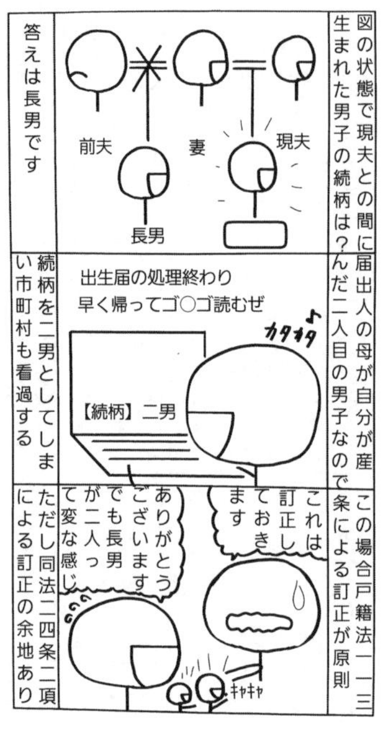

これは、後夫との間に生まれた男子に係る続柄を「二男」と記載した出生届が誤って受理されたことによる戸籍記載です。嫡出子と父母との続柄は、父母を同じくする嫡出子について同一戸籍に在籍するか否かにかかわらず出生の順に従って長・二・三男（女）とします（昭和22年10月14日民事甲1263号通達）。

市町村職員が上記出生届の誤りを見過ごして受理した場合、どう訂正するかですが、戸籍法113条の許可を得て訂正するか、もしくは申出書を提出させ、戸籍法24条2項の規定により法務局の許可を得て「錯誤」として戸籍訂正することになります（「戸籍訂正：ABCからZまで〔基礎編〕」96頁）。

第4　通　則

Q23　戸籍の届出等の「受付」と「受理」の概念について

戸籍の届出等の「受付」と「受理」の概念について教えてください。

受付とは市区町村の窓口に戸籍に関する届書や申請書等の提出があったときにこれを事実上受領することです。

一方、受理とは市区町村長が上記届書等を適法なものと判断して受付を認容する行政処分をいい、受理によって届出等の効力が生じます。また、受理された後は、戸籍の記載前でも原則として取下げはできません（昭和23年12月1日民事甲第1998号回答）。

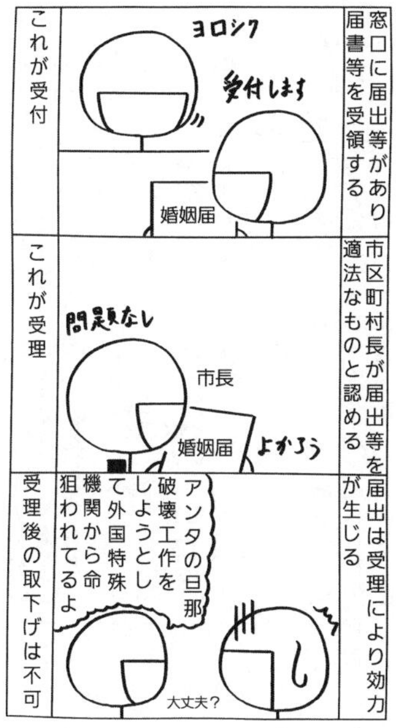

Q24　不受理申出ができる者及び注意点

不受理申出ができる者はだれですか。

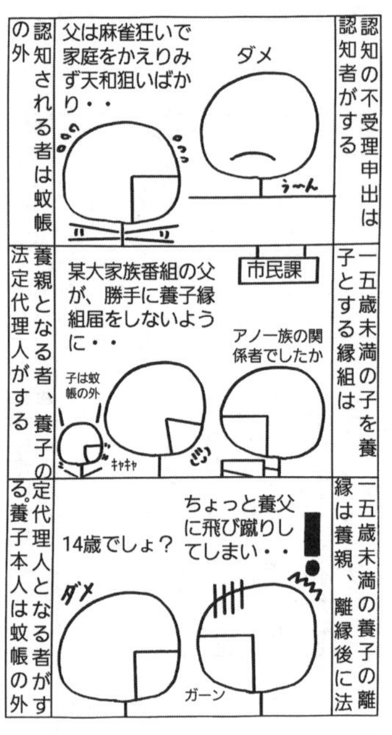

原則的には、届出事件の本人から申出をします（戸27条の2第3項）。ただし、次の点は注意が必要です。

認知は、認知する者が申出人となります。認知される者は、申出人になれません。

15歳未満の者を養子とする養子縁組は、養親となる者、養子となる者の法定代理人から申出をします。そのため、15歳未満の者は、自ら申出人になれません。

15歳未満の養子との離縁に当たっては、養親、離縁後に養子の法定代理人となるべき者が申出人となります。こちらも、養子は申出人になれません（戸27条の2第3項及び第1項、民797条1項、811条2項）。

【参考文献】

「Q & A 即答戸籍の実務」40頁

Q25　縁組等の届出以外の創設的届出について本人確認を行うことの根拠について

縁組等の届出以外の創設的届出について本人確認を行うことの根拠はどこにありますか。

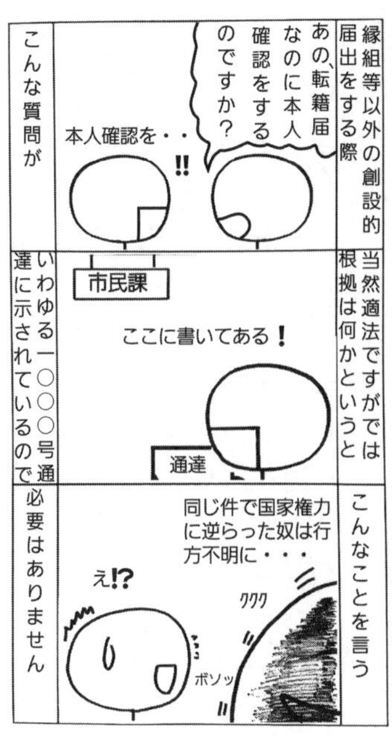

意外な印象を受けますが、戸籍法に規定はありません。

認知、縁組、離縁、婚姻又は離婚の届出については、市区町村の窓口に出頭した者に対してその者を特定するために必要な事項の確認をするために資料の提供又は説明を求めることとされています（戸27条の2第1項）。一方、それ以外の創設的届出については、平成20年4月7日民一第1000号通達第5の5に同様に取り扱って差し支えないと示されています。

Q26 戸籍法 27 条の 2 第 2 項の通知対象者

出頭者が本人であることが確認できなかった場合にされる戸籍法 27 条の 2 第 2 項の通知対象者を教えてください。

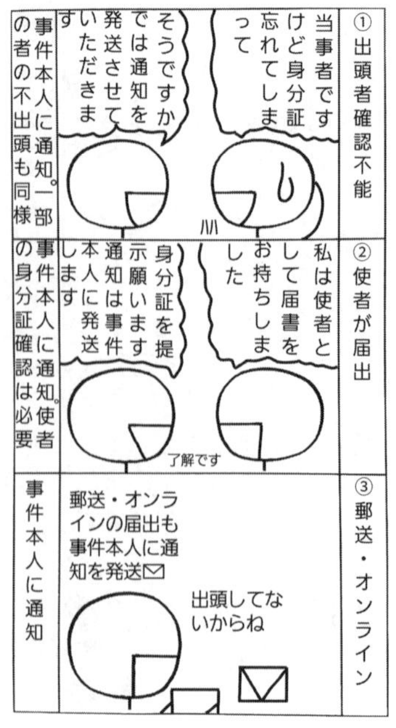

平成 20 年 4 月 7 日民一第 1000 号通達第 5 の 2 において次のとおり定められています。

ア 届出が市区町村の窓口への出頭により行われた場合

(ア) 当該出頭した者を特定するために必要な事項の確認をすることができなかったときは、届出事件の本人の全員

(イ) 当該出頭した者を特定するために必要な事項の確認をすることはできたが、当該出頭した者が届出事件の本人と異なる者（使者）であったときは、届出事件の本人の全員

(ウ) 当該出頭した者を特定するために必要な事項の確認をすることはできたが、当該出頭した者が届出事件の本人のうちの一部の者にとどまるときは、確認することができなかった届出事件の本人

イ 届出が郵送又はオンラインによる方法により行われた場合は、届出事件の本人の全員

Q27　非本籍地における不受理申出の可否等について

非本籍地で不受理申出をすることは可能ですか。

不受理申出は、申出する者の本籍地の市区町村長宛てにすべきとされています（戸27条の2第3項）。ただし、非本籍地の市区町村長に提出することもでき、提出を受けた同市区町村長は、これを受理し、遅滞なく本籍地の市区町村長に送付することとされています（戸規53条の4第1項、平成20年4月7日民一第1000号通達第6の1(1)及び同(7)ウ）。この場合、申出書の謄本を作成し、当該年度の翌年から1年間保存します（同通達第6の1(11)エ、平成22年5月6日民一第1080号通達第2の5(2)1(11)エ）。

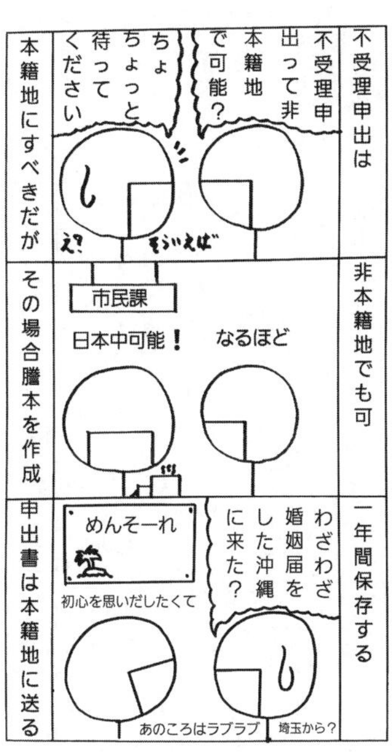

【参考文献】

「Q＆A即答戸籍の実務」42頁

Q28　外国人同士を当事者とする不受理申出はできないが、相手方が日本人である場合は可能である。なお、在外外国人が、市役所等に出頭できない正当な理由があり、外国公証役場等の本人確認を受けた場合は送付による申出ができる

私は外国人で、夫も外国人なのですが、離婚届の不受理申出はできますか。

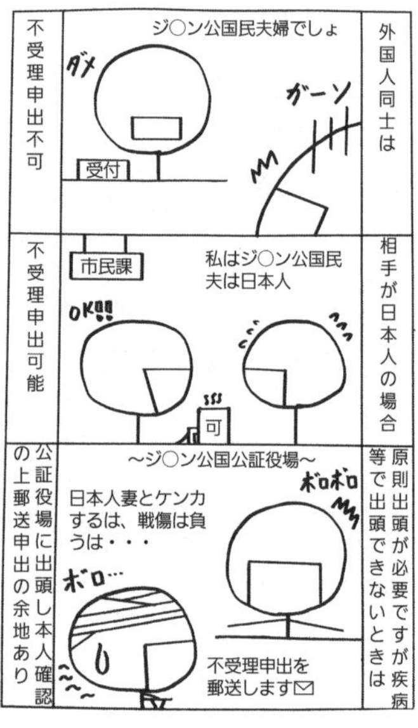

できません。

相手方が日本人である場合は、不受理申出可能です（平成20年5月27日民一第1503号通達）。また、不受理申出は、原則、市区町村に出頭してする必要があります（戸27条の2第3項、戸規53条の4第1項）。ただし、疾病等やむを得ない事情があれば公証役場等に出頭し本人確認を受けた上で送付により申出をすることが可能です（戸規53条の4第4項）。在外外国人も、外国の公証役場等で上記本人確認を受け、送付等による申出ができます（戸籍1005号109頁）。

Q29　休日又は執務時間外の不受理申出について

休日又は執務時間外に不受理申出がされることがあり得ると思いますが、どう対応すればよいですか。

不受理申出は、原則、申出人が窓口に出頭し、職員が本人確認をする必要があります（戸規53条の4第1項ないし3項、11条の2）。代理人、使者による申出は認められず、権限のある市区町村職員が本人確認をすれば、その時点から効力が生じます。休日又は執務時間外に上記申出があった場合でも、本人確認をする権限のある職員が登庁し、申出を受領することが可能です（標準準則24条1項、2項）。一方、上記権限のない者、例えば警備員限りで不受理申出書を預かることはできません（戸籍時報687号112頁）。

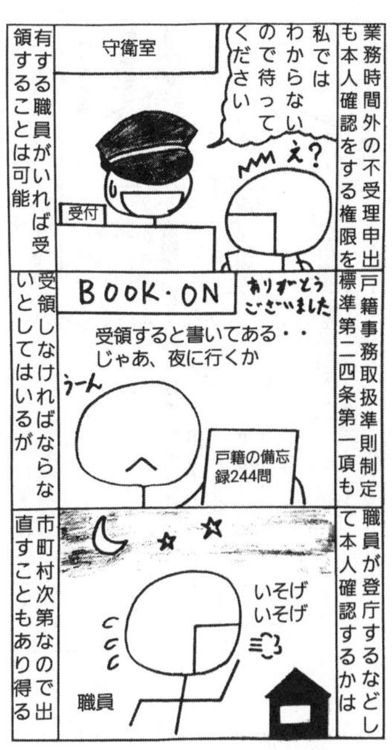

Q30 矯正施設の被収容者からの不受理申出

刑務所の被収容者が不受理申出をすることは可能ですか。

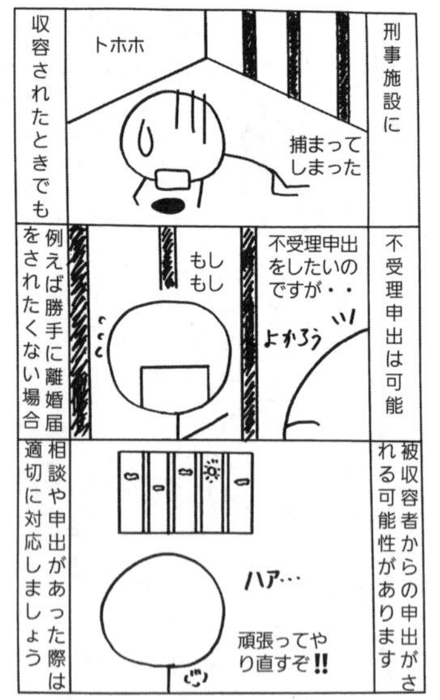

可能です。

矯正施設の被収容者が申出人として署名し、刑事施設の長、少年院長又は少年鑑別所長が、本人が署名指印したものであることを奥書証明した不受理申出書又は不受理申出の取下書が提出された場合には、戸籍法27条の2第3項に基づく不受理申出に係る不受理申出書等あるいは平成20年5月27日民一第1503号通達に基づく申出に係る不受理申出書等として受理されます（平成20年5月27日民一第1504号民事局長通達）。

ところで、外国人から日本人を相手方とする不受理申出は可能です。出入国在留管理庁収容施設の被収容者は上記通達の対象外ですが、申出書又は取下書が提出されたときは同様の取扱いができるとされています（戸籍827号92頁）。

Q31　不受理申出に係る受理の証明書を発行することはできない

今般、不受理申出をして受理されたのですが、控えとするために不受理申出に係る受理の証明書を発行してもらえますか。

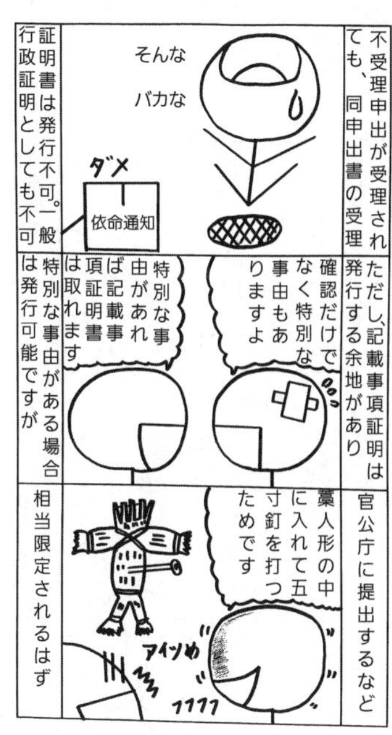

意外に感じるかもしれませんが、発行できません。相談のあった証明書については、「一般行政証明としても発行しない」と明記されています（平成20年4月7日民一第1001号依命通知6イなお書き）。もっとも、不受理申出書の「記載事項証明書」は戸籍法48条2項に該当する場合は、発行を請求できます（同通知6ア）。また、閲覧も可能です。ただし、同項は、「利害関係人」から「特別の事由」がある場合に上記証明書を発行できるとされています。そのため、不受理申出をした者が利害関係人に当たる場合でも、例えば裁判所、警察署に提出するなど相当の理由が存することが必要です。

Q32 離婚届の不受理申出をしている者が、外国の方式で離婚し、報告的離婚届をしてきた場合、受理しなければならない

離婚届の不受理申出をしているにもかかわらず、外国人配偶者と外国の方式で離婚し、報告的離婚届出をしてきた人がいました。この届出は受理してよいのですか。

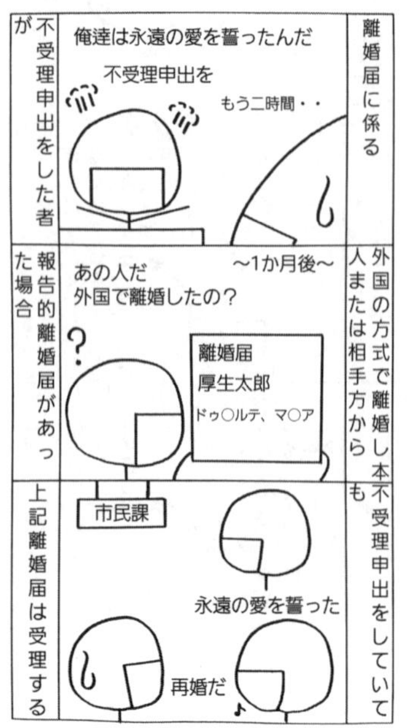

戸籍法27条の2第1項及び3項によれば、不受理申出の対象となるのは、届出により効力を生ずべき届出、いわゆる創設的届出のうち認知、縁組、離縁、婚姻又は離婚の届出とされています。

本事例は、戸籍法41条の証書の謄本を添付してなされたいわゆる報告的届出であることから、不受理申出の有無にかかわりなく受理できます。なお、本問の外国人配偶者から上記届出があった場合、同人は届出義務者ではないものの、事件本人であり、届出をする一定の利益が認められるので、受理して差し支えないとされています（戸籍874号48頁）。

Q33 外国人の氏名に「Jr.」、「Ⅱ」、「Ⅲ」の記載がある婚姻届等の取扱いについて

後輩

外国人の氏名に「Ⅲ」が付された婚姻届がありましたが、どのように戸籍記載すればよいですか。

外国人の氏名にジュニア「Jr.」、セカンド「Ⅱ」、サード「Ⅲ」などが付されている場合があります。「ジュニア」は氏に付され、同名父子の子や、二人兄弟の弟を指すために用いられ、名の一部と解されています。「セカンド」、「サード」も氏の次に付される点ではジュニアと似ていますが、「セカンド」、「サード」は父と同名の長男に付けられるとのことです。これも名の一部であり、戸籍には、「セカンド」、「サード」とカタカナで記載します（戸籍495号75頁、693号55頁）。

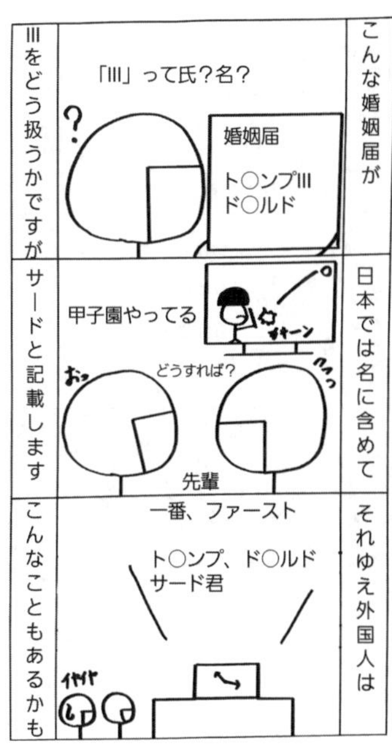

Q34 戸籍の筆頭者が婚姻等による除籍後、復籍した場合、同人は戸籍の筆頭者として扱われる

戸籍の筆頭者が婚姻等による除籍後、復籍したとき、同人を再び筆頭者として扱ってよいですか。

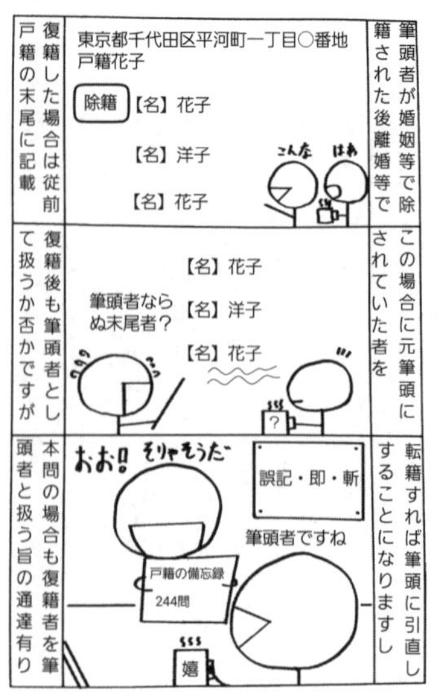

質問に係る者を筆頭者と扱うか否かで、筆頭者が届出人となるべき戸籍法107条1項の氏変更の届や転籍届などの可否が左右されることが考えられます。先例によれば、復籍により戸籍の末尾に記載された元筆頭者は、復籍した場合も筆頭者として扱うとされています（昭和23年1月13日民事甲第17号通達、昭和23年6月24日民事甲第1899号回答、戸14条）。なお、転籍により戸籍の編製をするときは、筆頭に引き直して記載することとされています。

【参考文献】

「セミナー戸籍実務」32頁

Q35　届出等を不受理とする際の処理

今般、ある届出を不受理とする予定ですが、その際の処理方法を教えてください。

不受理処分整理簿に不受理とした理由等を記載し原本を返戻します（標準準則31条）。戸籍事務においては、不受理処分の決定書を作成し交付するというような手続きはありませんし、受附帳にも記載されません。もっとも、届出人が不受理処分について不服がある場合、家庭裁判所に不服申立てをすることができるので、これに備えて、不受理処分整理簿等に記載の上、届書の写しを作成し保管しておきます（標準準則31条、戸122条）。なお、不受理決定が不受理申出をしていたことによりされたものである場合、戸籍法27条の2第5項に基づき、申出人に対し通知を発出する必要があります。

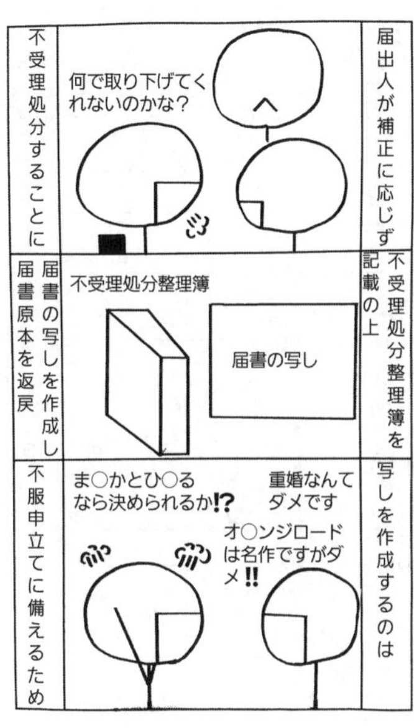

Q36 戸籍法25条にいう届出人の所在地の定義

戸籍法25条にいう「所在地」とはどこを指すのですか。

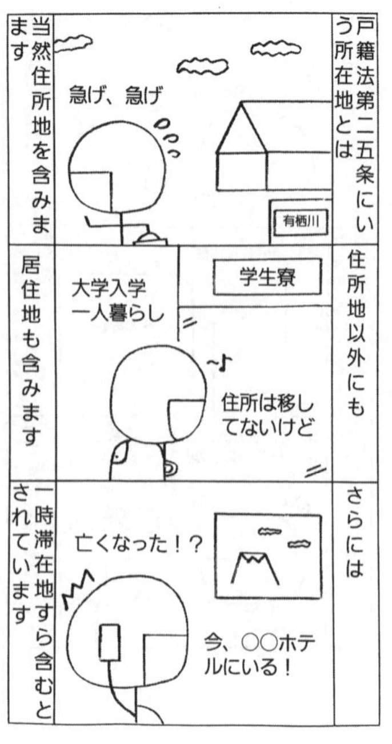

戸籍法25条にいう「所在地」とは、届出時における届出人の住所地に限られず、居住地、一時滞在地も含まれるとされています（明治32年11月15日民刑第1986号回答）。

所在地又は一時滞在地での届出に当たっては、届書その他欄に「届出地は届出人の所在地（一時滞在地）である。」などと記載の上、届出をすることになります。

Q37　委任による代理人の届出の可否

委任による代理人が届出をすることは可能ですか。

戸籍の届出は当事者出頭主義を採用していないので、使者による届出、郵送による届出もできます（戸47条）。また、手が不自由などの事情があり、署名ができない場合であっても、代署が可能とされています（戸規62条）。

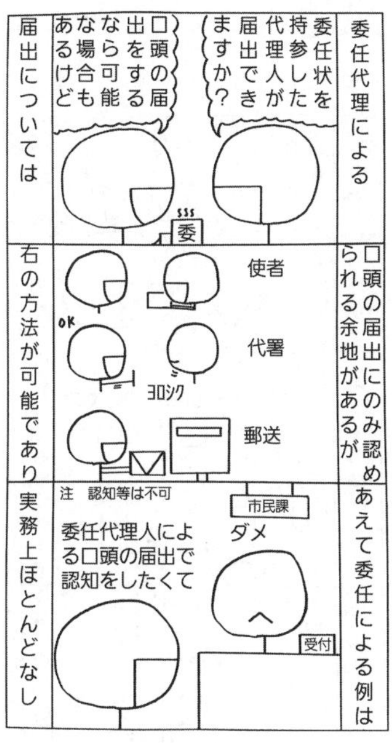

以上から、委任代理による届出を認める必要性自体がほとんどないといえます。もっとも、口頭による届出をする際は、市役所等への出頭が求められています（戸37条1項）。そのため、口頭による届出に際しては、特に届出人が疾病その他の事故により出頭ができないときは、委任代理人による届出が認められています（同条3項本文）。ただし、創設的届出のうち、特に重要な身分行為である認知、縁組、協議上の離縁、婚姻及び協議上の離婚についての口頭による届出は、必ず本人が出頭することを要し、代理人による届出は認められないとされています（同項ただし書）。

【参考文献】

「戸籍届書の審査と受理」50頁

Q38 本国の公的証明書に外国人氏名のミドルネームがアルファベット１文字で略記されている場合の届書の記載について

私と婚姻するフィリピン人のミドルネームが、本国の証明書にアルファベット１文字「Y」で略記されているのですが、婚姻届にはその部分はそのまま「ワイ」と書けばよいのですか。

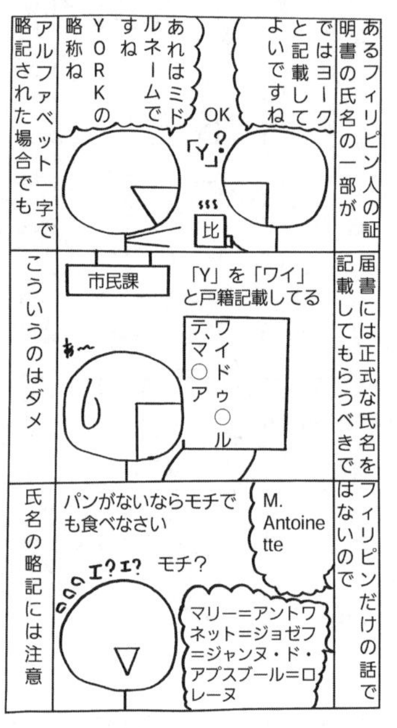

証明書にミドルネームが略記されていても、届書にフルネームが記載されていれば、自身の氏名は自身が一番熟知しているはずなので、正しい氏名が記載されているものとして届書の記載どおりの内容で受理して差し支えないとされています。

届書記載に当たっては、正しい氏名と戸籍の表記に齟齬が生じないようフルネームを記載する方が好ましいでしょう。筆者が担当した国籍取得届の審査で、日本人父の戸籍の婚姻事項にフィリピン人母のミドルネーム「Y」が単に「ワイ」と記載されたものを見たことがあります（当然ですが正式な名の略です。）。このような事例は、フィリピン人に限らず注意しましょう（戸籍511号69頁）。

【参考文献】

「こせき相談室」68頁

Q39 婚姻事項に外国人配偶者の氏名を記載する際、本国証明書に記載された氏名の一部を省略することはできない

Q38 とは逆に、婚姻事項に外国人配偶者の氏名を戸籍記載する際、本国証明書に記載された氏名の一部を省略することはできますか。

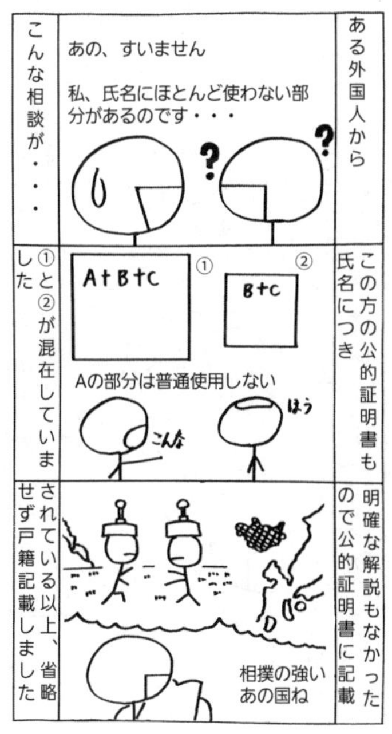

できません。

この点について、最近受けた相談が右の内容です。氏名につき、通常は、ほぼ使用しないという部分が存在するということで、資料にも同部分が省略されているものとされていないものが混在していました。どう処理するか悩みましたが、一つの公的資料に記載されている以上、全氏名を記載することにしました（戸籍 523 号 43 頁）。

戸籍法 107 条 2 項に基づき外国人配偶者の氏を称するに際し、子に承継されない部分を省略する場合とは異なるので混同しないよう注意が必要です（昭和 59 年 11 月 1 日民二第 5500 号通達第 2 の 4(1)イ）。

【参考文献】

「こせき相談室」69 頁

Q40　氏が存在しない国の国民に係る届書の記載方法について

氏の制度がない国があるという話を聞きました。そのような国が本当にあるのですか。また、届書の記載はどうすべきですか。

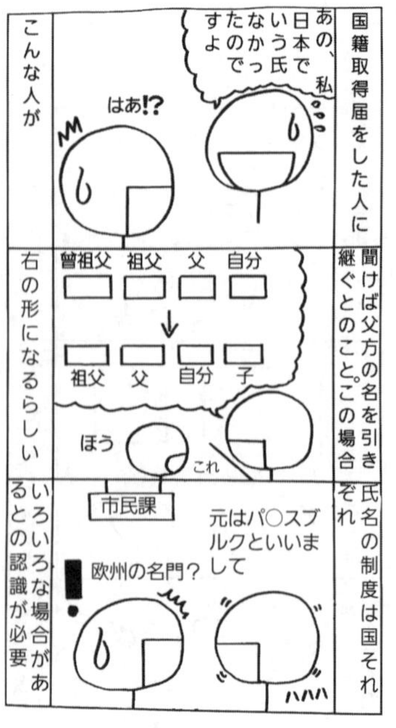

Q39と似ていますが、本問は、氏に当たる部分がないというケースです。実際、こういった国も存在します。もっとも、市町村職員は、各国の氏名の制度を完璧に把握しているわけではありません。

そのため、個人的見解ですが、上記の国の国民が、届出等に当たり、届書に氏を記載する際、自ら氏がない旨申し出た場合、戸籍法34条1項に基づき、氏の欄を空欄とし、その他欄に氏を持たない旨を記載することになるかと思います。一方、氏欄に届出人が名の一部を氏として記載の上届出をした場合、仮に旅券の記載を確認しても各国の氏の制度自体は厳密にはわからないことから、そのまま受理せざるを得ないこともあるかと思います。

～参考～

戸籍法34条1項　届書に記載すべき事項であって、存しないもの又は知れないものがあるときは、その旨を記載しなければならない。

Q41　いわゆる付箋処理について

届書に極めて軽微な誤記・遺漏があったときはどのように対応しますか。

届出等は、誤記・遺漏がないことを確認の上、受理すべきであり、仮に誤記等を看過し受理した場合は、追完届によることが原則です。しかしながら、戸籍の記載を迅速に行うため、誤記等が極めて軽微なものであれば、いわゆる付箋処理をした上で戸籍記載することが認められています。具体的には、便宜届書に付箋を付すか、又は、余白に所定の印判を押印します。その上で、届書の不備のある箇所を補記又は訂正します（標準準則33条、大正3年12月28日民第1125号回答など）。なお、届書その他欄等に直に記載することも可能です。

実務的な感想としては、付箋を付す方法による場合、法務局に保管中、剥離してしまうことがあります。届書その他欄に記載する方法による場合、同欄に他の記載が全くなければ問題ないですが、何らか記載がある場合、どの内容を市町村職員が補記したかが不明確になるという問題があります。どの方法が優れているかは一概にはいえないと思われます。

【参考文献】

「設題解説戸籍実務の処理XXI追完編」6頁

Q42 婚姻届の受理照会中に、その男女を両親とする嫡出子出生届がされた場合の対応

婚姻届の受理照会中に、その男女を両親とする嫡出子出生届がありましたが、どのように対応したらよいですか。

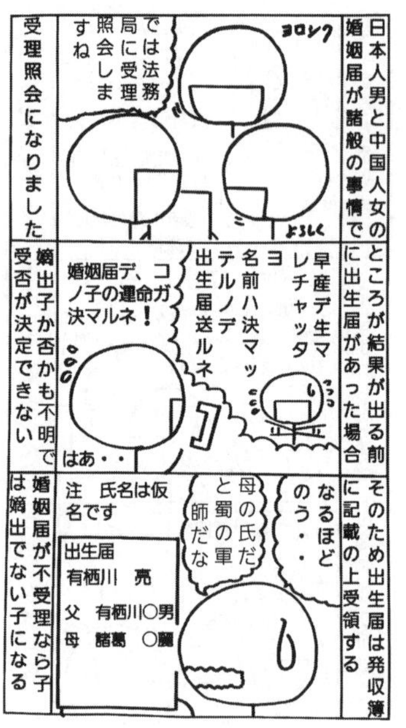

出生届時点では嫡出子として扱われるか不明であるため、受否の決定ができないので戸籍発収簿にその旨を記載して受領します（標準準則30条）。その後、父母の婚姻届が受理されれば出生届も受理されます。

もし、婚姻届が不受理になれば出生届は嫡出でない子の出生届となるので届書の父母との「続き柄」欄を嫡出でない子に訂正するなどの対応が必要です（戸籍時報特別増刊号530号28頁）。

Q43 戸籍法41条の証書の謄本は所在地の市区町村に提出可能か

戸籍法41条の証書の謄本は、届出人の本籍地だけでなく、所在地の市区町村長に提出できますか。提出ができないなら、発収簿に記載の上、本籍地に送付することになるかと思うのですが。

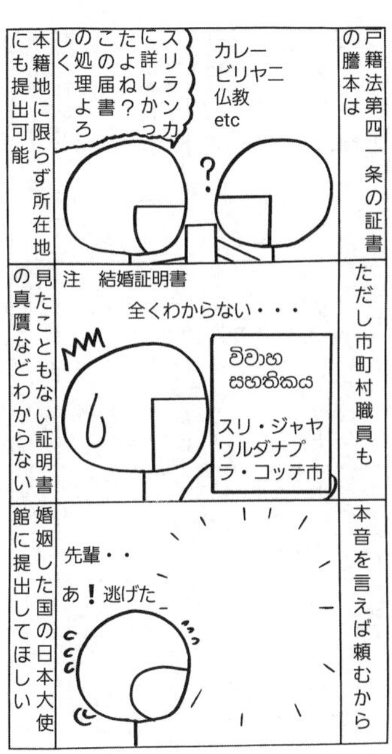

戸籍法41条の証書の謄本の提出については、戸籍法25条の適用があり、所在地の市区町村に提出可能とされています。本事例の提出が所在地の市区町村にあった場合は、審査の上、受理又は不受理を決定することとなります（戸籍488号68頁）。なお、証書の謄本の提出が期限内にされなかった場合でも、戸籍法施行規則65条の失期通知を要しません（平成10年7月24日民二第1373号回答、同日付け民二第1374号通知、戸籍誌678号73頁）。

Q44 届書に記載する届出人の住所は、転入又は転居届出未済の場合どのように記載すべきか

相談者

今般、転居したのですが、転居届が未了です。しかし、諸般の事情で婚姻届を今すぐにしたいと考えているのですが、届書の住所欄はどのように記載したらよいですか。

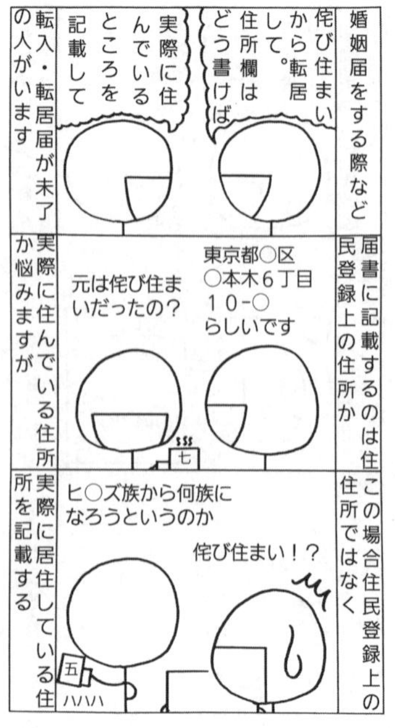

本事例の疑義が生じる原因は、戸籍関係届書類標準様式に掲載されている各届書の住所欄に「(住民登録をしているところ)」との注記があるためです。この点について、転入又は転居届出未了の場合においては、届出人の住所の記載は、住民票上の住所（旧住所）ではなく、届出当時、つまり、現に居住している新住所を記載すべきとされています（昭和36年9月15日民事甲第2272号通達、戸籍700号70頁）。

Q45　届書等の添付書類に係る原本還付について

届書等の添付書類については何でも還付してもらえるのですか。

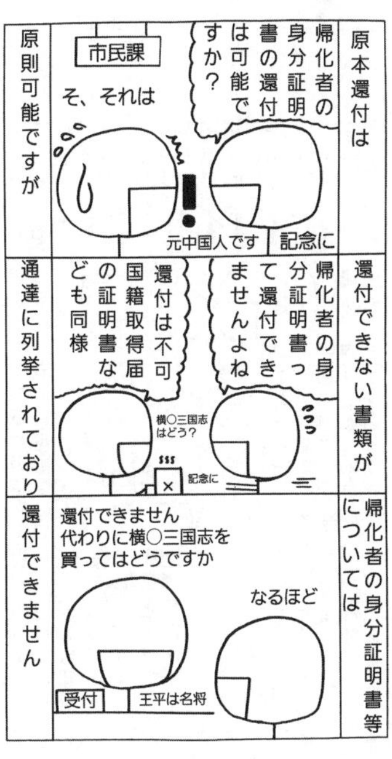

戸籍法施行規則67条2項に基づき添付書類の原本還付は可能ですが、届出等のためにのみ作成された委任状等は原本還付することはできません（平成20年4月7日民一第1000号通達第9の3）。

具体的には次の書類です。

ア　当該届出又は申請のためにのみ作成された委任状

イ　届出事件について父母その他の者の同意又は承諾を証する書面（戸38条1項参照）

ウ　戸籍法41条1項所定の届出事件に関する証書の謄本

エ　出生届に添付された戸籍法49条3項所定の出生証明書

オ　死亡届に添付された戸籍法86条2項の診断書又は検案書

カ　国籍取得届に添付された国籍取得を証すべき書面（戸102条2項）

キ　帰化届に添付された帰化を証すべき書面（戸102条の2において準用する102条2項）

ク　戸籍法113条又は114条の規定に基づく戸籍の訂正の申請に添付されたこれらの規定の許可の裁判書の謄本（戸115条）

Q46 戸籍法41条の証書の謄本が原本還付できないこと及び注意点

戸籍法施行規則11条の5第1項ただし書に当たる書類として、平成20年4月7日民一第1000号通達第9の3⑵ウに挙げられているため戸籍法41条の証書の謄本は原本還付できないという理解でよいですか。

そのとおりです。ただし、提出された書類を市区町村職員が、戸籍法施行規則11条の5第1項ただし書の「当該交付請求のためにのみ作成された委任状その他の書類」、つまり、請求すれば容易に発行される証書の「謄本」なのか、それとも、身分行為の際、1通しか発行されない、又は、再取得が極めて困難な証書で他の用途にも使用するものなのか判断することは非常に難しいというのが実情です。

そのため、提出者が、再取得が困難で他の用途にも使用すると主張した場合は、個別具体的に判断し、場合によっては原本還付に応じざるを得ない場面もあるかと思われます（戸籍938号72頁）。

Q47 外国官公庁等が発行した出生証明書及び死亡証明書は原本還付できる

外国官公庁等が発行した出生証明書及び死亡証明書について、原本還付は可能ですか。

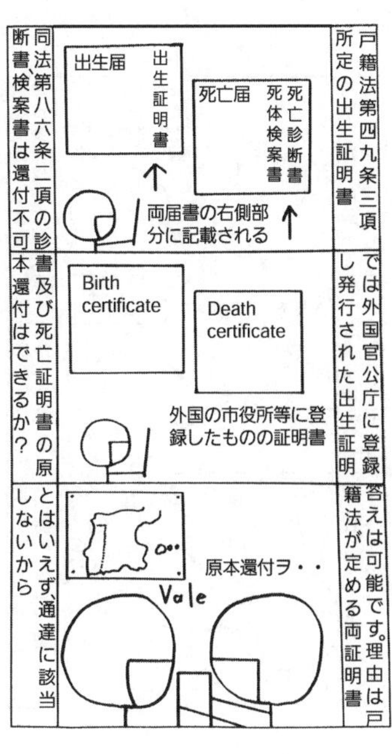

これは、実際に筆者も受けた相談です。戸籍法施行規則67条2項において準用する同規則11条の5第1項ただし書の「当該交付請求のためにのみ作成された委任状その他の書類」に該当するものとして原本還付できない書類については、平成20年4月7日民一第1000号通達第9の3(2)に列挙されています。一見、同通達第9の3(2)エ及びオに該当するようにも思えますが、外国官公庁等が作成した出生証明書は、戸籍法49条3項の出生証明書とはいえず、同じく、死亡証明書も同法86条2項の診断書又は検案書ともいえないため、原本還付できるという取扱いがされています（戸籍938号73頁）。

Q48　裁判離婚等で訴えを提起した者の相手方が裁判確定日から10日以内に届出をした場合の対応

裁判離婚を提起した者の相手方が裁判確定日から10日以内に届出をした場合、受理はできないと思いますが、どう対応したらよいですか。

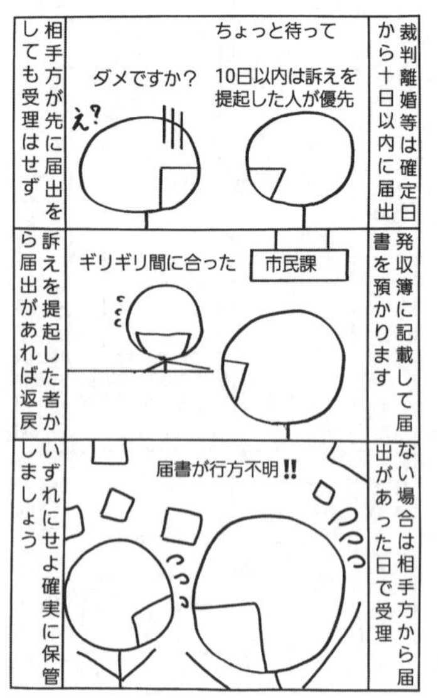

標記期間内に、訴えを提起した者の相手方から届出があったときは、届書に受領年月日を記載し、戸籍発収簿にその旨を記載して期間満了日まで保管します。その後、期間内に訴えを提起した者から届出があればそれを受理する一方、相手方からの届出は受理できないので同人に届書を返戻します。

もし、訴えを提起した者が届出をしなければ、保管していた届書を受領した日に遡って受理します（戸77条1項、63条）。なお、審判も確定日から、調停は成立日から同様に処理します。

【参考文献】

「注解戸籍届書「その他」欄の記載」145頁

戸籍時報530号80頁

Q49　調停離婚が成立し、届出期間経過後に申立人と相手方双方を届出人とする離婚届があった場合、そのまま受理できるか

調停離婚が成立し、届出期間経過後に申立人と相手方双方を届出人とする離婚届があったのですが、そのまま受理できますか。

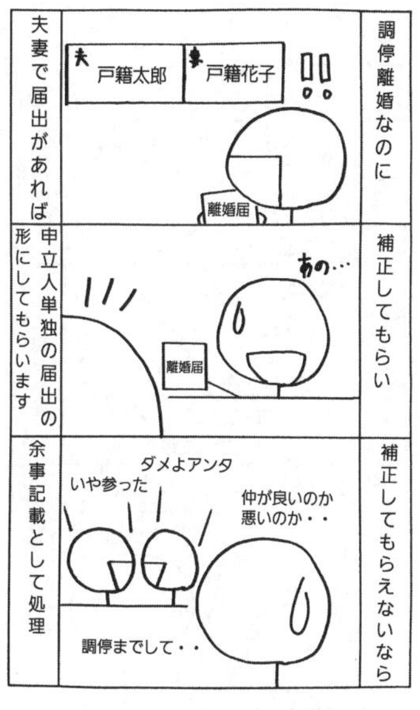

届出義務者は申立人であり、相手方は申立人が届出しない場合、届出することができるとされています（戸77条1項、63条）。本事例は、申立人が届出人になっていることから申立人単独の届出に補正させます。もし、届出人が補正に応じない場合は相手方の記載については、余事記載として処理して差し支えありません（戸籍時報特別増刊号520号73頁）。

ところで、調停（裁判）離婚の届出人でない者が、当該届出により復氏するに際し、新戸籍を編製することを希望する場合、離婚届のその他欄にその旨を記載し、署名する必要があります。なお、上記希望がなく、同人が復すべき従前の戸籍が除かれているときは、その本籍と同一の場所に新戸籍を編製します（戸30条3項、戸籍566号30頁）。

Q50　未成年者が嫡出でない子を出産し、同未成年者の親権者から出生届をする際、共同親権の場合は共に届出をしなければならないか

未成年者が嫡出でない子を出産し、同人の親権者から出生届をする場合、父母が共に親権者であるならば、両名から届出をしなければなりませんか。

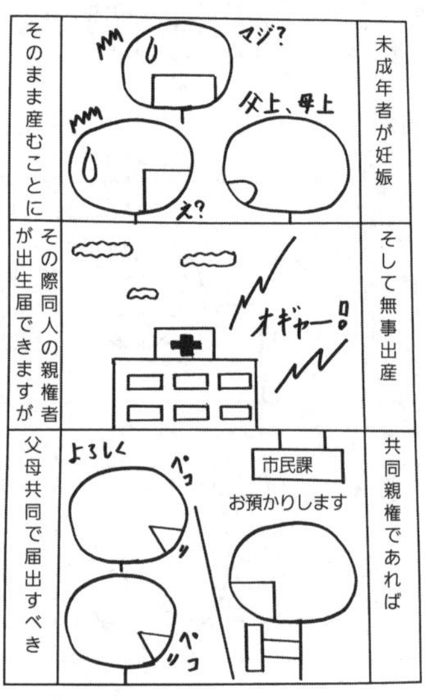

そのとおりです。

もっとも、戸籍法31条に基づき未成年者の報告的届出をする場合、父母が共同親権者であるときは、父母が共同で同条に基づく届出をすべきとされています（昭和22年4月16日民事甲第317号通達）が、これが不可能な事情があるときは、一方のみの届出もできます。また、届出に当たっては、出生届のその他欄に「出生子の母は未成年者につき、母の親権者が届出をする。」などと記載の上、届出をする必要があります。なお、未成年者が自ら届出をすることは差し支えないとされています（戸31条1項ただし書）。

【参考文献】

「設題解説戸籍実務の処理Ⅲ出生・認知編」46頁、121頁

Q51　届書の届出年月日に誤記があった場合について

届書の届出年月日に届出の日と異なる日が記載され、届出があったときはどう対応しますか。

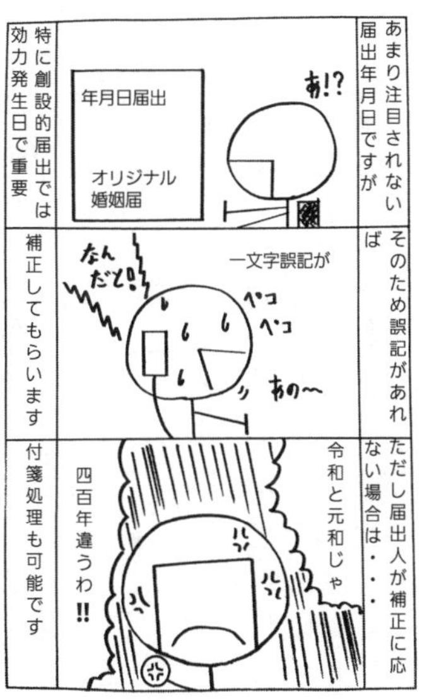

届出年月日は、創設的届出にあっては、身分関係の発生に重要な意味を持つので、正確に記載する必要があります。もっとも、届出日と異なる日が記載されていれば補正させる必要があるものの、応じない場合は、付箋処理して差し支えないとされています（昭和36年1月11日民事甲第63号回答）。「届出の日は○年○月○日だが、補正しないためそのまま受理」などと記載しておけば問題ないと思われます。

【参考文献】

「設題解説戸籍実務の処理Ⅱ戸籍の記載・届出（通則）」224頁、225頁

Q52　未成年者の意思能力について

未成年者の意思能力の有無の判断はどのように行いますか。

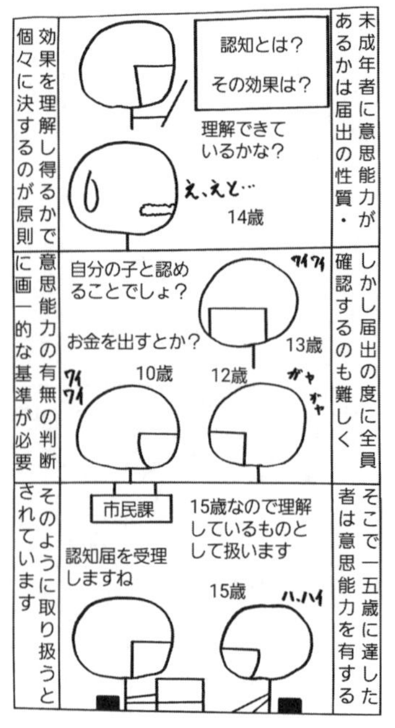

未成年者の意思能力は、届出の審査事項であり、その有無は届出時に届出事件の性質及び効果を理解できる能力があるかを個別に決定しなければならないとされています（大正5年4月19日民第481号回答）。

とはいえ、市町村長が審査を円滑に行うため、画一的な基準が必要です。そこで、未成年者の意思能力の有無は、民法791条3項、797条、961条などにより、満15歳以上の者は、一般に意思能力を有するものとして取り扱うこととされています（大正14年10月30日民事第9449号回答など）。また、15歳未満の者についても、同人が子を出産し、自ら出生届をした場合、意思能力を有する者からの届出として受理するとした先例が存在するなど、未成年者からの届出につき、常に意思能力の有無の確認が必要となるわけではありません（昭和31年8月31日、9月1日宮城戸籍協議会決議15）

【参考文献】

「戸籍届書の審査と受理」47頁、49頁

「設題解説戸籍実務の処理Ⅲ出生・認知編」47頁、216頁

Q53　外国人の届出地・届書の記載方法など

私は日本に住む外国人ですが、今般、同じ外国の出身で、日本のこの市に住む外国人と婚姻届をする予定です。私もこの市に住んでいますが、こちらの役所に届出をすればよいですか。また、届書記載の注意点があれば教えてください。

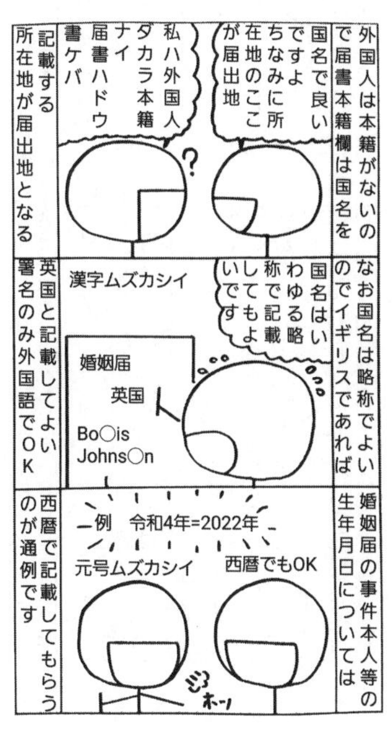

戸籍法25条1項により、届出は、事件本人の本籍地又は届出人の所在地ですべきところ、外国人は本籍地がないため、同条2項により、所在地で行います。また、届書の本籍欄は、本籍の表示に代えて国籍を記載します。なお、国名は略称で差し支えありません（昭和49年2月9日民二第988号回答）。

届書の記載は、署名以外は日本語で記載させ、外国語で記載した場合は日本語に改めさせて受理します（昭和29年9月25日民事甲第1986号回答）。なお、婚姻届、離婚届などに記載する事件本人である外国人の生年月日は、実務上、西暦を記載しています。

【参考文献】

「戸籍届書の審査と受理」124頁、125頁

Q54 在日外国人が日本において身分行為をする際に添付する書類について（その1　国籍を証する書面）

私は、日本に住む外国人ですが、日本において婚姻届をする予定です。この場合、私は自身の国籍を証する書類を添付する必要がありますか。

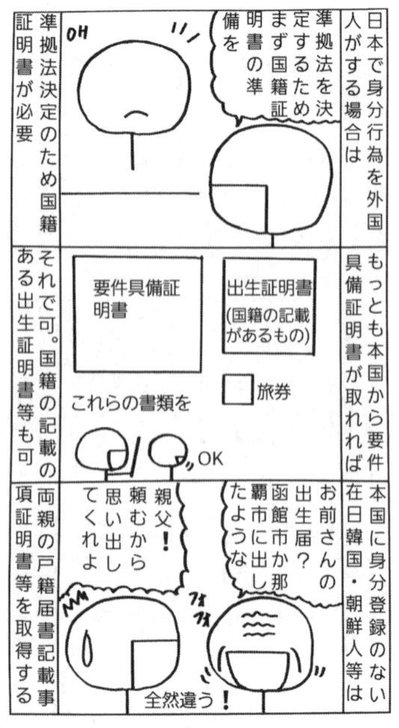

必要です。これらに該当する書類としては、国籍証明書、本国官憲発行の旅券の写し、身分証明書の写し、国籍の記載のある出生証明書、身分登録簿の写し等があります。ただし、戦前から日本に住む在日韓国・朝鮮人、台湾系中国人（子孫も含む。）で本国に登録がないことから上記証明書等が取得できない者については、父母の戸籍届書記載事項証明書や閉鎖外国人登録原票などの資料を用いてその者に係る本国法を判断します（昭和30年2月9日民事甲第245号通達参照）。なお、本国官憲発行の要件具備証明書を添付した場合は、国籍を証する書面の添付は要しないとされています（昭和41年12月6日民事甲第3320号回答）。

【参考文献】

「戸籍届書の審査と受理」126頁

Q55　在日外国人が日本において身分行為をする際に添付する書類について（その2　要件具備証明書）

外国人が日本において婚姻する場合、本国法上身分行為の成立に必要な要件を備えているかの審査に当たり、一般的にどのような書類を添付してもらいますか。

婚姻等の創設的届出に当たっては、原則、当事者がその本国法の定める婚姻の要件を具備していることを自ら立証するとされています（大正8年6月26日民事第841号回答）。その方法としては、権限を有する本国の官憲が、本国法上、その婚姻等の成立に必要な要件を具備している旨を証明した書面（要件具備証明書）を届書に添付します（昭和22年6月25日民事甲第595号回答など）。同証明書の添付があり、市町村長が実質的要件を具備していると認めた場合はこれを受理できます。なお、同証明書の内容としては、本国法の個々の要件を挙げて、各要件を備えていることを証明したものである必要はなく、婚姻しようとする者が、本国法上、何ら障害がなく全要件を一括して満たしている証明で差し支えないとされています（昭和30年2月24日民事甲第394号回答）。

【参考文献】

「一目でわかる渉外戸籍の実務」173頁、174頁

「戸籍届書の審査と受理」127頁

戸籍638号65頁

Q56 在日外国人が日本において身分行為をする際に添付する書類について（その3 宣誓書）

私の国には婚姻要件具備証明書の発行制度がありません。それに代わる何らかの書類で代用できますか。

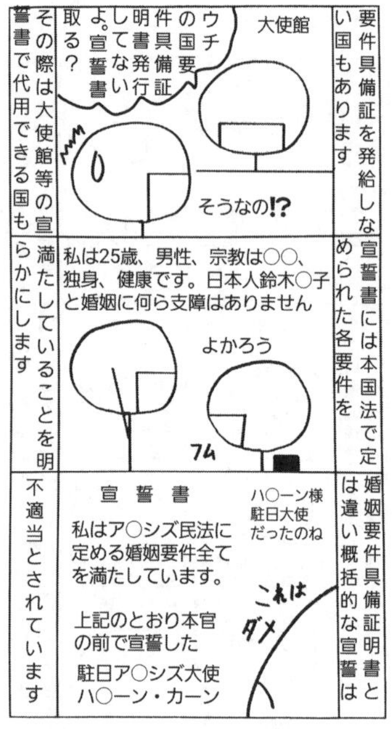

先例で要件具備証明書に代わり、宣誓書で代用が可能とされる国があります（米国、スリランカなど）。ただし、宣誓書は、先例で認められた国以外の国民についても、同様に取り扱うことには慎重な意見もあります（「一目でわかる渉外戸籍の実務」174頁）。

要件具備証明書は、個々の要件を挙げて各要件を備えていることを証明したものである必要はありません。一方、宣誓書は、要件具備証明書が取得できない旨及び知り得る限り本国法上の個々の要件を挙げ、各要件を満たすことを宣誓する必要があり、単に本国法上全ての要件を満たしていることを誓うという内容は不可とされていますので注意が必要です（「戸籍届書の審査と受理」128頁）。

Q57 在日外国人が日本において身分行為をする際に添付する書類について（その4 申述書、法文の写し等）

婚姻届に際し、婚姻要件具備証明書・宣誓書を添付できません。また、当事者の本国法の詳細が不明です。どうしたらよいですか。

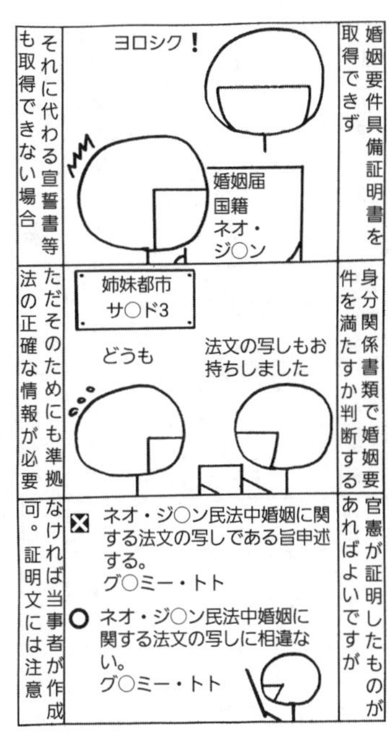

それらの書類が取得できない旨申述した書面及び本国法により婚姻などの実質的要件を具備している旨を宣誓した書面（申述書）を提出させます。また、当事者の準拠法の内容を明らかにした書面（出典を明示した法文の写し）、本国官憲発給の身分関係を証する書面を添付させ、本国法の婚姻等の要件を具備しているか審査します（昭和30年2月9日民事甲第245号通達、昭和32年1月22日民事甲第100号回答等参照）。法文の写しは、本国官憲が証明したものに限られず、当事者が作成したものでも差し支えありませんが、私人である当事者は、本国法について証明する立場にある者にはなり得ませんので、本国法の内容を「申述」するのは不可との見解があります（「改正法例下における渉外戸籍の理論と実務」269頁）。では、どのように記載するかですが、例えば「○国発行の同国家族法中の養子縁組に関する法文の写しに相違ありません。 氏名」とする見解があります（「一目でわかる渉外戸籍の実務」82頁）。

【参考文献】

「戸籍届書の審査と受理」128頁

Q58 宅配便で届出があった場合、戸籍法47条の適用はなく受附帳備考欄に消印日を記載する必要はない

郵送で戸籍の届出はできると思いますが、宅配便により届出をすることは可能ですか。

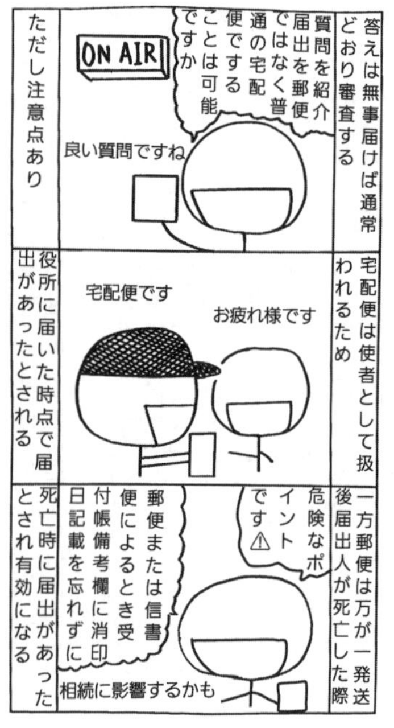

宅配便で届出があれば、使者による届出と同様に扱いますので、無事届けば可能ということになります。

ところで、届出人が生存中に郵便又は民間事業者による信書の送達に関する法律2条6項に規定する一般信書便事業者もしくは同条9項に規定する特定信書便事業者による同条2項に規定する信書便によって発送した届出については、届出人の死亡後であってもこれを受理しなければならないとされています（戸47条1項）。そのため、消印日を受附帳備考欄に記載します（標準準則27条）。

一方、宅配便で届出があった場合は、上記規定の適用はないため、受附帳備考欄の記載は要しません。誤って同欄を記載してしまい、相続に関するトラブルに発展する可能性もないとはいえないので注意が必要です（戸籍573号40頁）。

【参考文献】

大阪戸籍だより99号38頁、105号37頁

Q59　届出の証人に係る珍しい事例について

①婚姻届等には２人以上の成年の証人が必要ですが、証人となる者がいない、又は、１人のときは受理できますか。②３人以上が証人になりたいという場合どう対応しますか。③証人が届書の証人欄に署名後死亡した場合、その届出は受理可能ですか。

①証人となる者が２人以上いないなどの理由で証人欄を記載しないまま届出がされても受理すべきでないとされています（昭和26年１月18日福島地方法務局白河支局管内東白河戸籍部会決議）。②証人は２人以上要するとされていますが、３人以上が証人となることも可能です。その場合、例えば、３人目の証人が別の届書に署名して提出があったなら、その届書は添付書類として扱うことになります（戸籍時報特別増刊号507号55頁）。③証人が署名後死亡した場合、届出を受理できるか疑義が生じるところですが、通説ではそのまま受理すべきとされています。

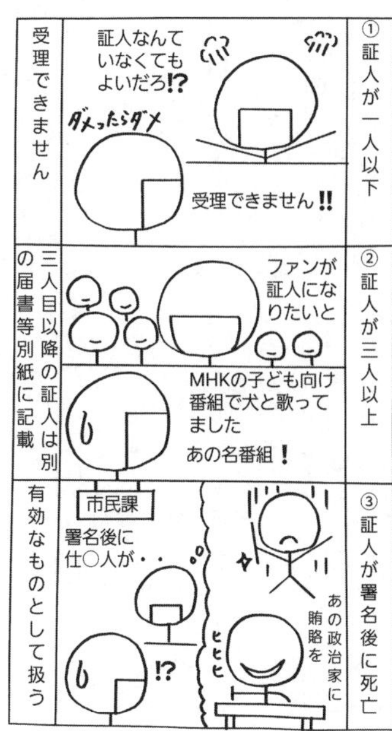

Q60　創設的届出を含む届出人署名の代署の可否について

今般、婚姻届をする者の手が不自由なため署名ができないという相談がありましたが、代署してもらうことは可能ですか。

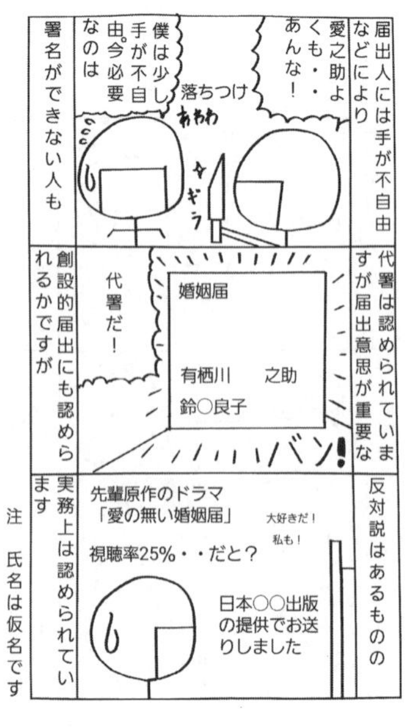

届出人の届出意思が重視されるべき婚姻届を含めた創設的届出についても、戸籍実務上、戸籍法施行規則62条1項により代署が認められています（昭和14年10月9日民事甲第1100号通牒、昭和31年7月19日最高裁第1小法廷判決）。なお、代署は、単に第三者が届出人又は証人に代わってその氏名を記載するもので、代理人による届出とは異なります。この場合、代署の理由を届書その他欄に記載の上届出することになります（戸規62条2項）。内容は、「自署不能につき代筆」と記載します。ただし、仮に上記記載を欠いたまま受理された場合でも、当事者に届出の意思がある限り、有効に成立するとされています（昭和11年6月30日大審院判決、昭和37年1月18日最高裁判決第1小法廷判決、昭和44年1月31日最高裁判決第2小法廷判決）。なお、この代署の取扱いについては、「設題解説戸籍実務の処理Ⅱ戸籍の記載・届出（通則）編」の初版の276頁に詳細な解説があります。

Q61　届出期間の基礎知識（その1　報告的届出）

報告的届出の届出期間の計算方法を教えてください。

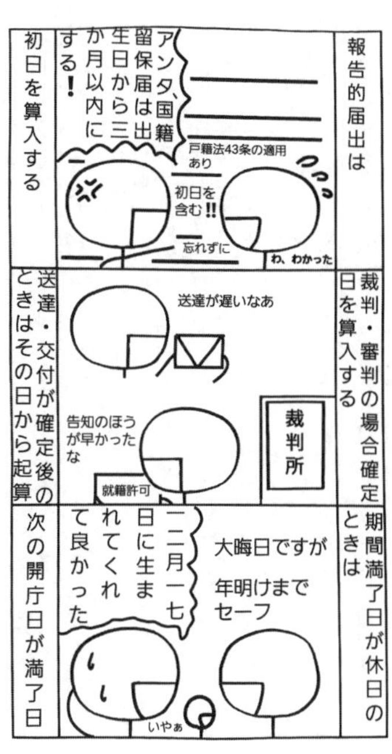

報告的届出は、戸籍法に届出期間が定められています。期間計算は、同法43条1項により、初日を算入します。なお、国籍留保届については、その性質は創設的届出ですが、出生届とともにすることから、同項の適用があるので注意が必要です。また、届出期間が裁判・審判が確定した日から起算すべきとされている場合、裁判の送達又は交付が裁判の確定後にされた際は、裁判の送達又は交付の日から起算することとされています（戸43条2項）。期間計算は、上記のとおり、戸籍法に初日を算入する特別の規定があるものの、満了日については別段の規定がないので、民法の適用があるとされ、期間の末日が一般の休日に当たるときはその翌日をもって満了し（民142条）、月をもって定められた期間は暦により計算することになります（民143条）。行政機関の休日に関する法律等の施行に伴い、届出期間の末日が届出をしようとする市町村の条例で定める休日に当たるときは、その翌日が届出期間の満了日となります（昭和63年12月20日民二第7332号通達、地方自治法4条の2第4項本文）

【参考文献】

「戸籍届書の審査と受理」57頁

Q62　届出期間の基礎知識（その2　創設的届出）

創設的届出で届出期間があるものについては、どのように処理すればよいですか。

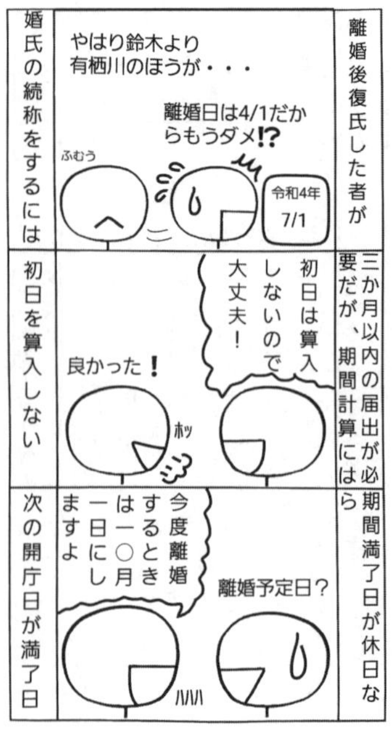

戸籍法73条の2及び同法77条の2の届出は、民法に届出期間が定められ、起算日については、戸籍法43条の適用はなく、離縁又は離婚の翌日から起算することになります（民140条）。満了日については、暦に従って計算するため、その起算日に応当する日の前日をもって満了することになります（民143条）。一方、戸籍法107条2項及び3項の届出については同法に届出期間の定めがあることから同法43条の規定が適用され、外国人との婚姻成立日又は婚姻解消日の初日を算入することになります。なお、報告的届出の場合と同様、期間満了日が日曜その他休日又は届出地市区町村の休日に該当するときは、次の開庁日が届出等の期間の末日となります（民142条、昭和63年12月20日民二第7332号通達1）。

【参考文献】

「戸籍届書の審査と受理」59頁

Q63 日本国籍と外国の国籍を併有する者の本国法の決定について

私は、日本の国籍と外国の国籍を両方持っています。今般、日本において婚姻することとなったのですが、私が婚姻できるかどうかは日本の民法に基づいて判断すればよいのですか。

そのとおりです。

日本の国籍と外国の国籍を併有する場合は、日本の法律をその者の本国法とします（通則法38条1項ただし書、平成元年10月2日民二第3900号通達第1の1(1)イ(ア)）。なお、外国の国籍を2つ以上保有する場合は、その国籍を有する国のうち当事者が常居所を有する国の法律を、その国がないときは当事者に最も密接な関係がある国の法律を当事者の本国法とします（同法38条1項本文）。

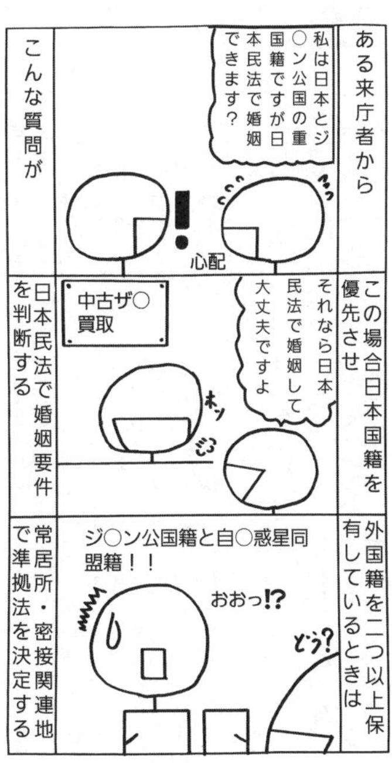

Q64 戸籍法施行規則 63 条に基づき訳文の提出を求めるべき外国語による文書には、戸籍法 41 条の証書の謄本だけでなく同法 27 条の 3 に基づき提出を求めた外国文書も含まれる

審査において疑義があり、戸籍法 27 条の 3（令和元年法務省令第 4 号による改正前の戸籍法施行規則 63 条）に基づき提出を求めた外国語による文書にも訳文の提出を求めて問題ないでしょうか。

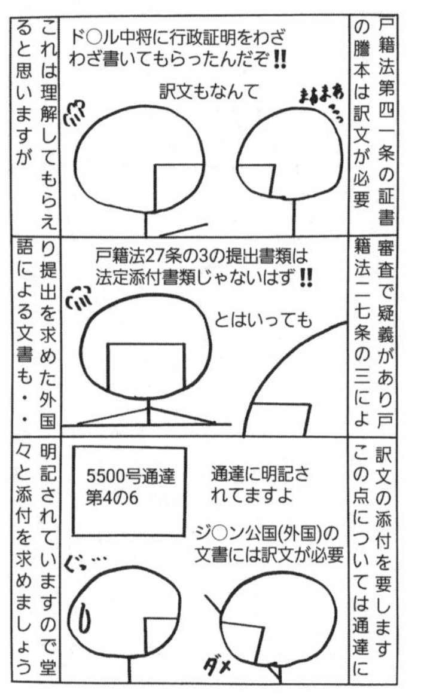

この場合、訳文を提出させることができます（昭和 59 年 11 月 1 日民二第 5500 号通達第 4 の 6）。戸籍法 27 条の 3 に基づいて提出を求める文書は、市区町村の審査のために提出を求めるものであることから、一見、訳文の提出を強いることが難しそうにも思えますが、上記通達に訳文を添付すべきことが明記されています。また、当然ですが、戸籍法 41 条の証書の謄本にも訳文の添付が必要です。なお、戸籍法施行規則改正により、改正前の同規則 63 条は戸籍法 27 条の 3 に改められ、元々あった同規則 63 条の 2 が同規則 63 条になりましたので、この条文の引っ越しとでもいうような改正が行われたことにも古い資料を読むときは注意が必要です。

Q65　日本において難民認定された者に係る戸籍事務の取扱い（その1）

難民認定証明書を持参した者から婚姻届がありましたが、どのように対応すればよいですか。

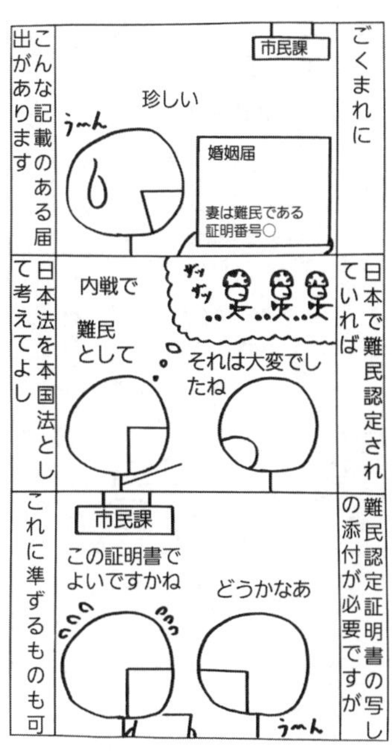

法務大臣から難民と認定された者には、難民認定証明書が交付され、その写し（届書を受領した市区町村長が原本と照合したものに限る。）があれば戸籍事務上難民として扱われます（昭和57年3月30日民二第2495号通達第二の一）。難民に係る属人法は、住所を有する国の法律とされ、住所を有しないときは居所を有する国の法律とされています（難民条約12条1項）。つまり、上記証明書の写しがあれば、民法の婚姻要件を満たせば婚姻することができます。難民の氏名及び国籍の表示は他の外国人と同様とし、その他欄に難民である旨及び証明番号を記載します（上記通達第二の二1）。また、難民と身分行為をした日本人の戸籍の身分事項欄には、相手方に係る難民条約等の条約年及び番号を括弧書きします（上記通達第二の二2）。なお、難民認定証明書に準じるものとしては、例えば、国連難民高等弁務官発行の証明書、裁判所が証拠上ある外国人を難民であると認定し、それを理由としてした身分に関する確定判決の判決書謄本等があるとされています（「詳解処理基準としての戸籍基本先例解説」97頁）。

Q66 日本において難民認定された者に係る戸籍事務の取扱い（その2）

難民が行う報告的届出で注意すべき点はありますか。

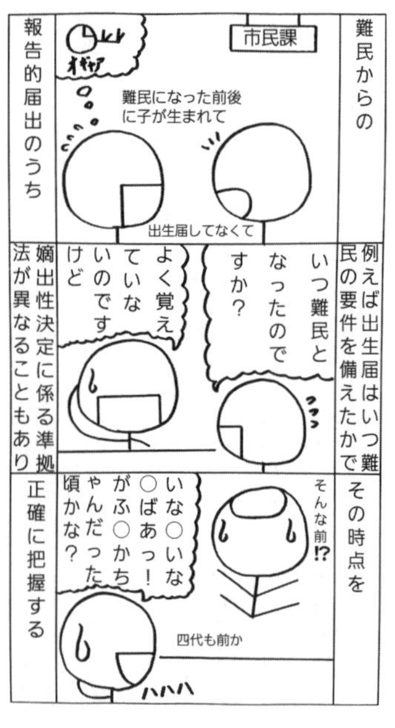

難民認定証明書の所持者のみを難民として取り扱うという戸籍事務の運用から、**Q65**のような創設的届出については、難民の要件を備えた時点（以下「要件具備時点」という。）以後に行われることになるため、当然に難民条約が適用されます。

ところが、報告的届出については、その届出内容が過去の事実又は身分行為の報告であることから、要件具備時点以前の事項が含まれていることがあり得ます。例えば、難民と認定されている外国人夫と日本人妻との間に出生した子の出生日が、要件具備時点より前であれば、法の適用に関する通則法の適用によって父の本国法又は母の本国法のいずれかの法律により嫡出子となる場合、その子は嫡出子となります。一方、要件具備時点以後であれば難民条約の適用により、父母双方の属人法である日本法により嫡出性が判断されます。しかし、難民認定証明書には、要件具備時点がいつかの記載はないので、法務省出入国在留管理庁難民認定室に対し、照会するなどして要件具備時点を確定する必要があります（「詳解処理基準としての戸籍基本先例解説」99頁）。

Q67 外国において難民認定された者に係る戸籍事務の取扱い

外国において難民認定された者が、その証明書を持参し、届出のため来庁したのですが難民として扱ってよいのですか。

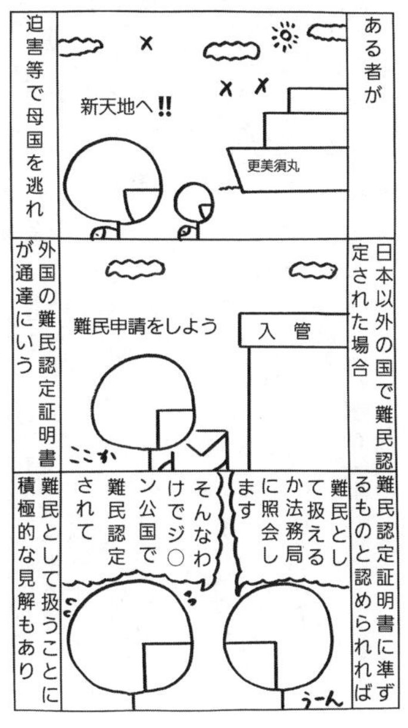

昭和57年3月30日民二第2495号通達第二の一によれば、難民認定証明書の写し、又はこれに準ずるものを添付したときに限り、その者を難民として取り扱うとされています。そのため、持参した証明書が通達にいう「準ずるもの」と認められた場合、届出人等を難民として扱う余地があるようにも思えます。

この点について、戸籍873号47頁の解説では、やや消極的とも思える見解が述べられている一方で、同537号68頁及び同921号62頁の解説では積極的な見解が述べられています。

以上から、本件については、外国において難民として認定された経緯等を確認し、その難民認定証明書の写しを添付させた上で、届出人等を難民として扱って差し支えないか管轄法務局に受理照会することになるかと思われます。

コーヒーブレイク①

公務の職場で窓口業務を委託した業者が破綻するとどうなるか

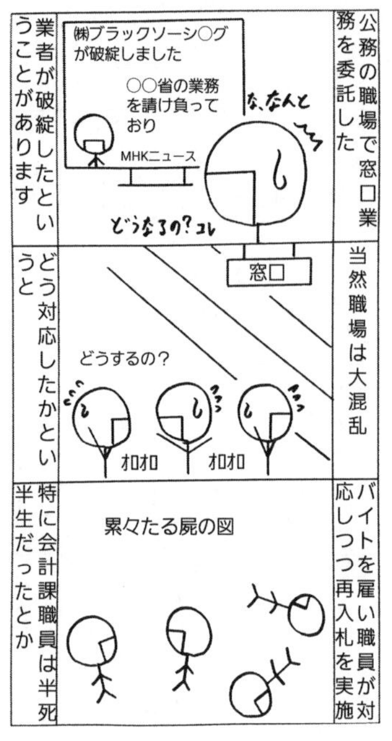

以前、役所においては、公務員が窓口業務を行っていました。しかし、証明書発行業務等に関しては、民間委託をするというところも現れるようになりました。

これは、公務員にとっても悪い話ではなく、窓口業務から解放され、審査業務に注力できるというメリットはたしかにあります。しかしながら、それは、受託業者の健全な経営状態あってこそのことです。万が一、本例のようなことがあると、一夜にして窓口業務が麻痺することになります。また、経験を積んだ賃金職員（パート・アルバイト職員）が流出してしまうおそれもあります。では、新たな業者が決まるまでの間、公務員が事務処理に当たればよいのではと思うかもしれませんが、民間委託が続いた場合、知識の継承ができないため、急に対応することは難しいといわざるを得ません。結果、証明書発行業務に大きな支障が生じることに繋がります。

今後、市区町村の戸籍関係の証明書交付事務等にも民間委託は拡大していくでしょうが、こういった事例が生じないことを願うばかりです。

コーヒーブレイク②

役所的研修

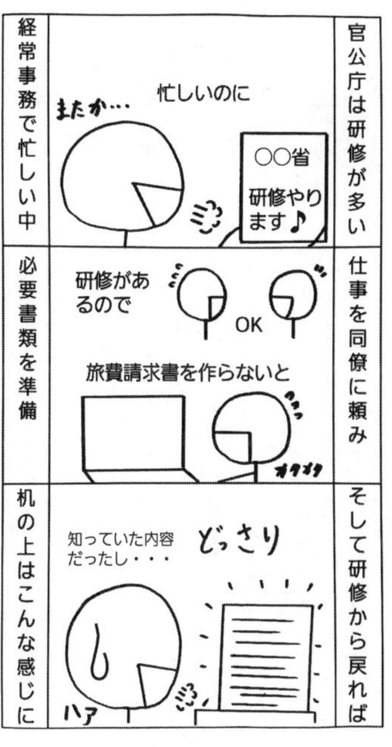

官公庁は研修が多いです。

その研修に職員が参加する場合、当然ですが、研修期間中、代替職員が補充されるということはほとんどありません。そのため、研修参加者が担当している業務を、他の職員が処理しなければならないことになります。

以前のように役所に多くの職員がいればそれも大きな影響はないのですが、現状ではやりくりにも一苦労です。さらに、参加した研修が役立つものであればよいのですが、必ずしもそうとは限らないという愚痴をよく耳にします。職員の研修参加によって事務処理に遅延が生じるようなことがあれば問題です。筆者も研修参加者がいる課などにはもっと事務応援があればよいのに、と思ったことがありました。

研修参加予定の職員がいる場合は、せめて、研修開始前に重要な事件は終わらせるなど、可能な限りの工夫が必要です。

第5　婚　姻

Q68　同性婚のため婚姻要件具備証明書を取得することはできない

私は男性ですが、同性婚が許されている国の男性と同国で婚姻することを考えています。この場合、婚姻要件具備証明書を発行してもらえますか。

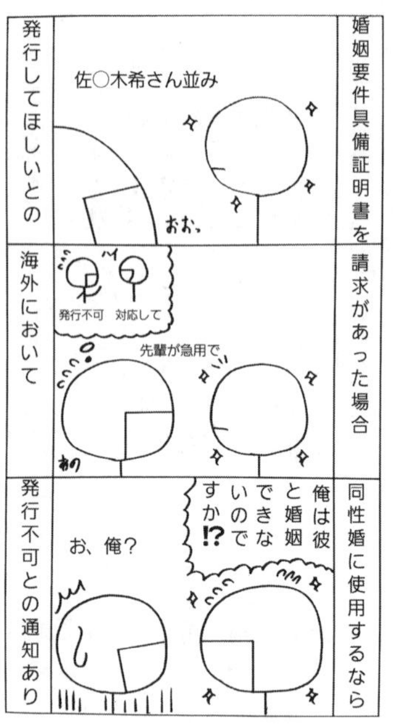

本問の場合、婚姻要件具備証明書を発行することは適切ではありません。従前、同証明書は、婚姻の相手方の性別が記載されない様式で発行されていました。しかしながら、外国において同性婚に使用するため同証明書を取得した事例があったことから、婚姻の相手方である外国人の性別を記載する様式に変更されました。そして、婚姻の相手方が日本人当事者と同性であるときは、日本法上、婚姻は成立しないことから、婚姻要件具備証明書を交付することは相当でないとされました（平成14年5月24日民一第1274号通知）。

Q69　近親婚等の禁止について

近親婚等の禁止について教えてください。

直系血族又は三親等内の傍系血族の間では、婚姻をすることができません。ただし、養子と養方の傍系血族との間では、この限りではありません。民法817条の9の規定により親族関係が終了した後も同様です（民734条）。そのため、兄弟姉妹、おじ・おば、おい・めい等とは婚姻できません。特別養子縁組で実父母及びその血族との親族関係が終了した後も同様です。なお、養子と養方の傍系血族は三親等内の者も婚姻できるので、養子と養親の実子も婚姻できます。

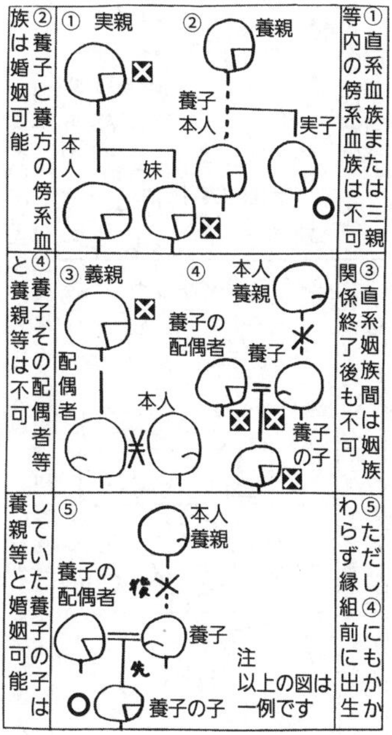

①直系血族または三親等内の傍系血族は不可
① 実親　本人　妹
② 養親　養子本人　実子
②養子と養方の傍系血族は婚姻可能
③直系姻族間は姻族関係終了後も不可
③ 義親　配偶者　本人
④ 本人養親　養子の配偶者　養子　養子の子
④養子、その配偶者等と養親等は不可
⑤ただし④にもかかわらず縁組前に出生していた養子の子は養親等と婚姻可能
⑤ 本人養親　養子の配偶者　養子　養子の子
注　以上の図は一例です

直系姻族の間では、婚姻をすることができません。728条又は817条の9の規定により姻族関係が終了した後も同様です（民735条）。例えば、夫婦の離婚後に夫が妻の母と婚姻することはできません。姻族関係終了届をしても同様です。

養子若しくはその配偶者又は養子の直系卑属若しくはその配偶者と養親又はその直系尊属との間では、729条の規定により親族関係が終了した後でも、婚姻をすることができません（民736条）。例えば、養父母などが養子、養子の配偶者、養子の子又は養子の子の配偶者などと婚姻することはできないことになります。ただし、養子縁組前に生まれた子と養親は親族関係がないので婚姻可能です。

Q70 婚姻届の基礎知識

婚姻届の基礎知識について教えてください。

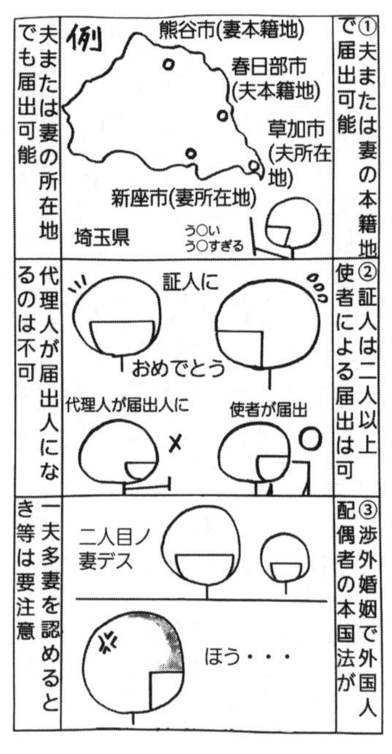

①事件本人の本籍地又は所在地で届出することができます（戸25条1項）。創設的届出なので届出期間の定めはありません。

②成年の証人2人以上の署名が必要です（民739条2項、戸33条）。

③渉外婚姻では、外国人配偶者について、その本国法に基づき婚姻要件を満たすか審査します。なお、婚姻届に婚姻要件具備証明書が添付され、婚姻要件を満たすと判断できるとしても、日本の公序に反する可能性はあります（通則法42条）。その判断は、かなり難しいことから、疑義があるときは、法務局に照会すべきです（「説題解説渉外戸籍実務の処理Ⅱ婚姻編」10頁及び48頁）。

（※）令和4年12月10日法律第102号の民法の一部改正により、民法第733条の再婚禁止期間の規定は廃止された（施行は、同年12月16日の公布の日から起算して1年6月を超えない日からとされている。）。

【参考文献】

「戸籍届書の審査と受理」379頁

Q71 婚姻等により新戸籍を編製、又は他の戸籍に入籍する際、父母の正確な氏名が判明しない場合の対応

私が幼い頃、父母は離婚しました。その後母が再婚したという話は聞いたものの音信不通です。今般、私が婚姻届をする際、母の氏名をどのように記載すればよいですか。

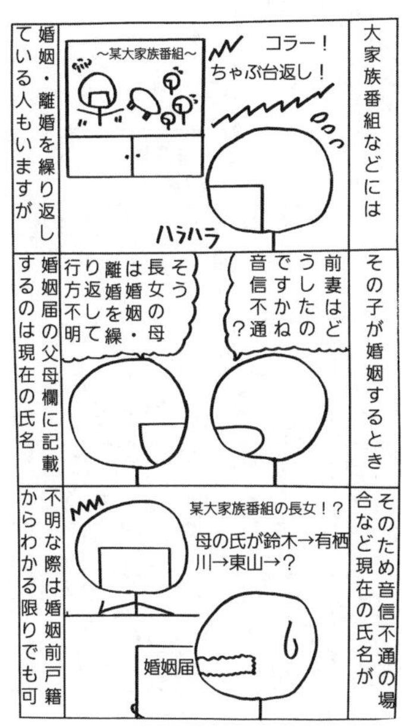

届書に父母の氏名を記載する際は、届出当時の氏名を記載することが望ましいです（明治32年11月9日民刑第1960号回答、大正10年3月15日民事第2206号回答）。しかし、父母が婚姻・離婚などを繰り返しているため、現在の氏名が不明なときは、婚姻前の戸籍から判明する限りの氏名を記載してもよいとされています。なお、後で父母の氏名を更正することは可能です。その際は、戸籍謄本を添付して申出をする必要があります（昭和12年4月7日民事甲第371号回答、昭和25年9月11日津地方法務局管内戸籍現地指導官決議等、昭和27年2月13日民事甲第133号回答）。

【参考文献】

戸籍時報477号46頁

戸籍588号84頁

Q72 戸籍法16条3項が設けられる以前に日本人が外国人と婚姻した場合の処理

日本人が外国人と婚姻したことにより、当該日本人について新戸籍を編製するという戸籍法16条3項が設けられる以前は、どのような処理をしていたのですか。

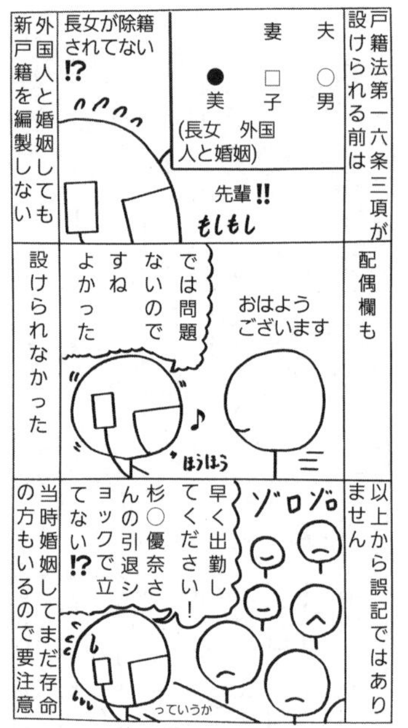

当時、日本人が外国人と婚姻しても新戸籍は編製されませんでした。また、配偶欄も設けられませんでした（昭和59年11月1日民二第5500号通達第2の1(1)及び第2の2)。このような処理をしていた理由としては、例えば、父母の戸籍に在籍する長女が外国人男性と婚姻した場合、配偶欄を設けると、戸籍内に妻が2人いるかのごとき外観を呈するからとのことです。

改正法施行後は、婚姻以外の事由（分籍など）により、日本人配偶者を筆頭者とする新戸籍を編製するときは、配偶欄を設けます。また、日本人配偶者を筆頭者とする戸籍で、従前の取扱いにより配偶欄が設けられていないものは、申出により配偶欄を設けることができます。

Q73　日本人が外国において、その国の方式に従い届出事件に関する証書を作らせたものの、同証書の謄本の提出のないまま死亡した場合などは他の事件本人に届出資格が認められる

外国の方式で婚姻し、戸籍法41条の証書の謄本の提出をしないまま同国で死亡した日本人につき、同人の外国人配偶者から婚姻に係る証書の謄本を提出したいとの相談がありましたが、届出資格を認めてよいですか。それとも、申出として扱うべきですか。

事件本人である外国人配偶者には届出資格が認められますが、それ以外の者からの謄本提出があった場合は申出として取り扱います。なお、死亡した場合に限らず、謄本提出を懈怠している場合も同様です（戸籍621号77頁）。もし、外国人配偶者から上記届出があり、日本人配偶者が戸籍の筆頭者でなかった場合、戸籍法30条3項により婚姻当時の本籍と同一場所に新戸籍を編製することになるかと思われます。

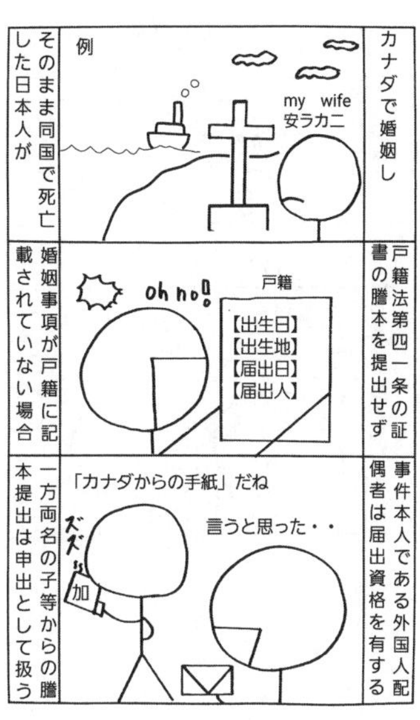

【参考文献】

戸籍時報特別増刊号520号85頁

戸籍時報822号91頁

Q74　随従入籍について

以前、筆頭者と死別した配偶者が、自己の氏を称して再婚するに際し、入籍届によることなく、従前戸籍に在籍する筆頭者との子が新戸籍に入籍していましたが、これは誤記ですか。

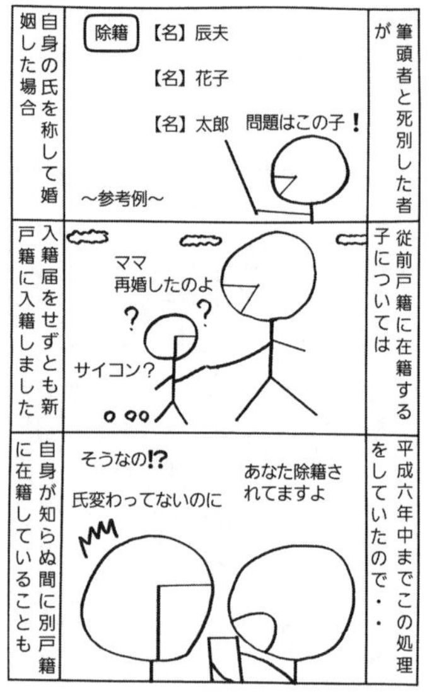

従来、筆頭者の死亡後、その生存配偶者が自己の氏を称して婚姻したときは、その戸籍に同籍する子は、父又は母に従い、その父又は母の新たに編製される戸籍に入籍するものとされていました（昭和29年7月1日民事甲第1335号回答）。

その後、当然にはその父又は母の新戸籍に入籍しないとされ、子がその父又は母の戸籍に入籍するには、同籍する旨の入籍の届出によってすると改められました（平成6年11月16日民二第7005号通達第1の1(1)随従入籍）。

以上から、上記取扱いをしていた時期のものであれば誤記ではありません。

Q75　渉外的重婚の取扱い

後婚が外国の方式で成立した重婚戸籍を見ました。誤記ではないのですか。

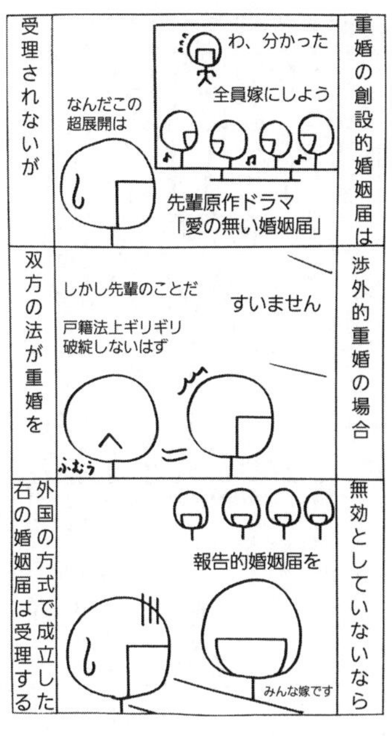

後婚につき、市区町村に創設的婚姻届がされたならば受理されません。しかし、一夫多妻婚を認める国で婚姻するなど外国の方式で後婚が成立し、報告的婚姻届がされることはあり得ます（通則法24条2項、3項）。上記後婚が有効か否かは、当事者双方の本国法次第です。民法は重婚を取消事由としているに過ぎませんが、相手方が外国人の場合、同人の本国法が無効としているなら報告的婚姻届は受理されません（昭和5年9月29日民事第890号回答、昭和43年4月25日東京家裁審判）。

逆に、相手方の本国法が重婚を無効としていないなら、市区町村長は、上記後婚に係る報告的婚姻届を受理し、戸籍記載しなければなりません（大正15年11月26日民事第8355号回答など）。

本問は、後婚の相手方の本国法が重婚を無効としていないことから記載されたもので、誤記とはいえないと思われます（戸籍時報317号69頁）。

Q76 特別養子に係る婚姻届の審査に当たっての注意点

特別養子からの婚姻届を審査する際、婚姻相手が実方の父母又は兄弟姉妹等であるかなどを確認する必要はありませんか。

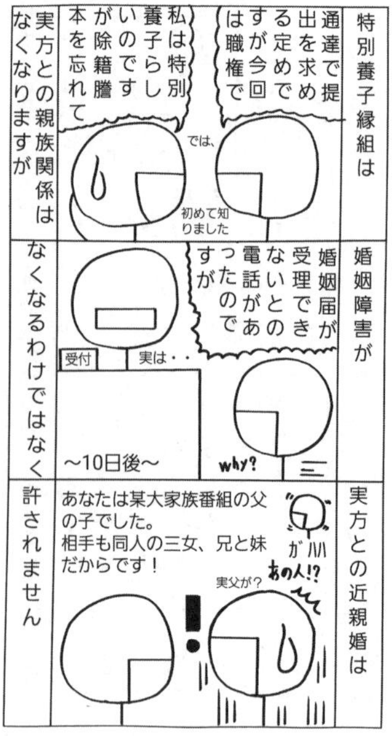

特別養子自体がそれほど多くはないことから盲点になりがちですが、通達に必要である旨明記されています。特別養子は、縁組後も実方の親族との婚姻障害については縁組前と同様とされています（民734条2項、735条）。実方の父母、兄弟姉妹等とは婚姻できないことになります。

そのため、届出に当たっては、戸籍法27条の3により縁組前の養子の戸籍謄本の提出を求め、特別養子の婚姻相手が近親関係にないかを確認します（昭和62年10月1日民二第5000号通達第6の1(4)）。

【参考文献】

「戸籍届書の審査と受理」319頁、369頁

第6　死　亡

Q77　死亡届の基礎知識（その1　届出地）

死亡届の届出地について教えてください。

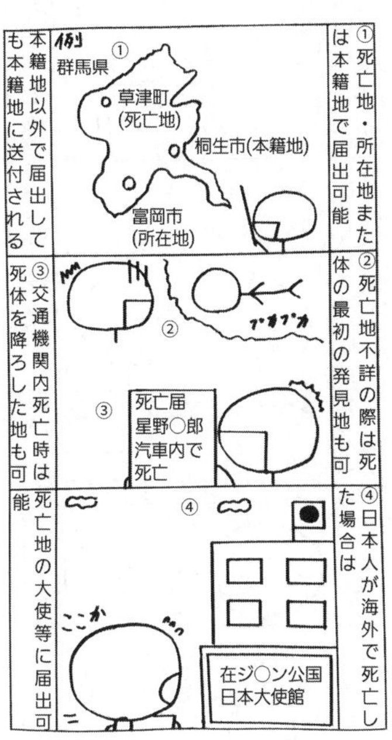

①事件本人の本籍地又は届出人の所在地で届出ができます（戸25条1項）。また、事件本人の死亡地ですることも可能です（戸88条1項）。

②死亡地が明らかでないときは、死体が最初に発見された地で届出できます（同条2項）。

③汽車その他の交通機関の中で死亡があったときは、死体をその交通機関から降ろした地、航海日誌を備えない船舶の中で死亡があったときは、その船舶が最初に入港した地に死亡の届出ができます（同条2項）。

④日本国外において死亡した日本国民については、死亡した国に駐在する日本の大使等に届け出ることもできます（戸40条）。

Q78 死亡届の基礎知識（その2 届出義務者）

死亡届の届出義務者について教えてください。

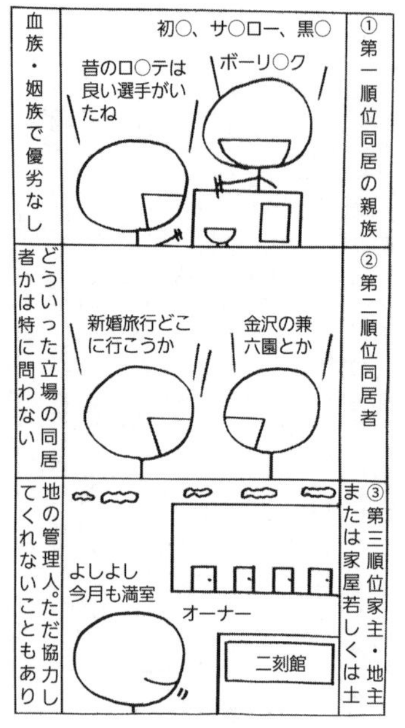

戸籍法87条によれば、次のとおりです。

①第1順位　同居の親族

②第2順位　同居者

両者とも同居の有無は死亡時を基準に判断し、また、住民登録を異にする者から同居者の資格で死亡届があった場合でも、受理して差し支えないとされています。同居の定義は、死亡当時同居していることをいい、必ずしも住民登録上、同住所である者に限られないためです（大正3年11月17日民甲第1110号回答）。また、同居の事実についても市区町村長は審査を要しません（昭和34年12月19日民甲第2946号回答）。

③第3順位　家主、地主又は家屋若しくは土地の管理人

事件本人が死亡した場所である土地又は家屋の所有者又は管理人をいいます。

【参考文献】

「戸籍届書の審査と受理」453頁、454頁

大阪戸籍だより84号30頁、136号23頁、24頁

Q79　死亡届の基礎知識（その3　届出資格者等）

届出義務者以外に死亡届などができる者を教えてください。

①成年後見人、保佐人、補助人、任意後見人、同居していない親族は死亡届をすることができます（戸87条2項）。

②任意後見受任者は死亡届をすることができます。なお、令和2年5月1日より前は、後見監督人が付されないと死亡届はできないとされていましたので、古い資料を読むときは注意が必要です（戸87条2項、令和2年4月3日民一第544号通達）。

③届出義務者又は届出資格者以外の者から死亡届があった場合、同届出は職権記載を促す申出として扱うとされています（戸44条3項、大正5年3月23日民第319号回答、昭和25年6月20日民甲第1722号回答など）。なお、届出義務者が届出をしないとき、又は、同人からの届出が期待できないとき、死亡者と事件本人の同一性に疑義がなければ、福祉事務所長及びこれに準ずる者からの死亡記載申出により、市区町村長に与えられている包括的な職権記載の許可に基づき死亡記載することも可能です（平成25年3月21日民一第285号通知）。

【参考文献】

「戸籍届書の審査と受理」454頁

Q80 死亡届の基礎知識（その4 添付書類）

死亡届の添付書類を教えてください。

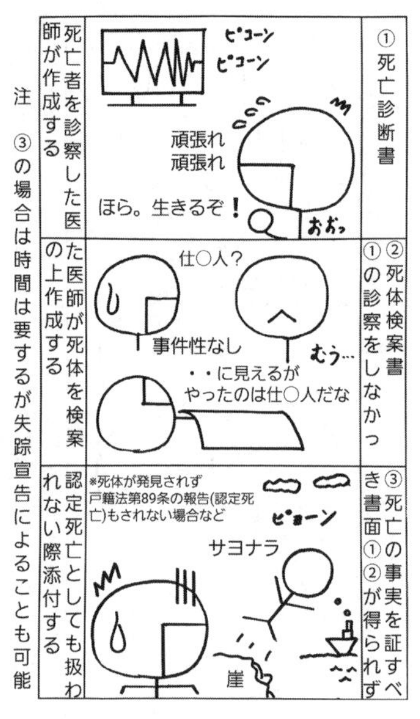

①死亡者を診察していた医師が事件本人の死亡を証明する場合は、死亡診断書を添付します。なお、外国での死亡者につき、外国医師の死亡証明書を添付して死亡届があった場合、受理できるとされています（「設題解説渉外戸籍実務の処理Ⅶ親権・後見・死亡・国籍の得喪・氏の変更等編」113頁）。

②上記①の診察をしていなかった医師が、事件本人の死亡後、その死亡を証明する場合は、死体検案書を添付します（以上戸86条2項参照）。

両資料は、所定の様式に従って作成する必要があります。ただし、海外での死亡者につき、在外邦人が在外公館に届出するに当たって、作成が難しい場合などは、同様式によらないこともできます（昭和26年3月19日民事甲第454号通達）。

③上記①及び②が取得できない場合、「死亡の事実を証すべき書面」をもってこれに代えることができるとされています。この場合、届書その他欄にその旨を記載します（戸86条3項）。また、管轄法務局長に照会した上で処理します（昭和23年12月1日民事甲第1998号回答）。上記資料の一例として、死亡現認書（昭和24年3月25日民事甲第654号通達等）があります。

Q81　土地・家屋管理人等が法人（医療法人を除く。）である場合、死亡届の届出人欄には代表者の住所、氏名、生年月日及び本籍の記載を要する

先日、弊社の敷地内で死体が発見されました。諸般の事情で弊社が土地管理人として死亡届をすることを考えていますが、届出人欄には代表者の住所、氏名、生年月日及び本籍を記載するのですか。

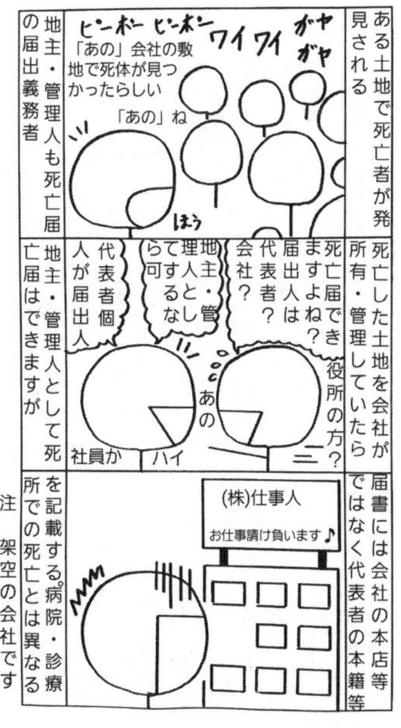

病院、診療所の管理者が家屋管理人として死亡届をする場合、届書に所定の記載をすれば届出人の生年月日及び戸籍の表示を要しないとされています。

一方、その他の法人の代表者が家主、地主又は家屋若しくは土地の管理人として死亡届をするときは、原則どおり代表者に係る標記記載を要するので混同しないよう注意が必要です（平成22年6月24日民一第1551号通知、戸籍846号88頁）。

【参考文献】

大阪戸籍だより144号21頁

Q82　地方自治体が設置した公営住宅で死亡した者に同居者がおらず、親族の所在も判明しない場合、その施設管理者がする死亡届の届出資格は公設所の長、家屋管理人いずれでも差し支えない

相談者

私は、市が設置した公営住宅の管理人ですが、入居者が同居者・親族のいないまま亡くなりました。そのため、私が死亡届をしようと考えているのですが、届出人の資格を公設所の長、家屋管理人のどちらとすべきでしょうか。

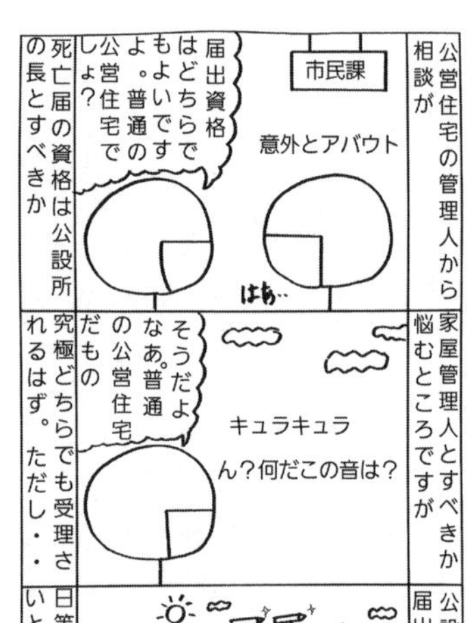

公営住宅の管理人がする死亡届の届出資格について、公設所の長、家屋管理人どちらとしても受理できるとする見解があります（戸87条1項第三、93条、戸籍800号66頁）。届出資格が重複する場合はどちらでもよいとの考えですが、公設所の長として届出をする場合、届出人の戸籍の表示、生年月日を記載しなくてよいので、同人のプライバシーを守ることができるという利点があります（大正4年8月6日民第1293号回答三、戸籍800号66頁）。

Q83　私立病院管理者が家屋管理人として死亡届をする際、届書に所定の記載をすれば、届出人の本籍・生年月日の記載は要しない

私立病院の管理者である病院長が家屋管理人としてした死亡届で、本籍・生年月日の記載を欠くものを見かけましたが、問題ないのでしょうか。

問題ありません（平成22年6月24日民一第1551号通知）。同通知によれば、以下のとおり届書を記載すれば、届出人の本籍及び生年月日を記載する必要はないとされています。

1　届出人の住所欄に、病院の所在地が記載されていること。

2　届出人の署名欄に、病院の名称並びに管理者の資格及び氏名が記載されていること。

3　その他欄に、「届出人の住所の記載は病院の所在地である。」旨が記載されていること。

Q84 失踪宣告を受けた者につき死亡届があった場合の処理

失踪宣告を受けた者につき死亡届がありましたが、当該死亡届は受理してよいのですか。また、失踪宣告による戸籍記載はどのように処理しますか。

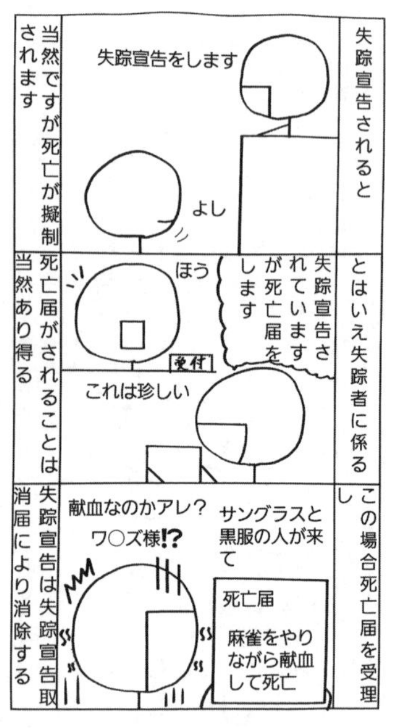

死亡届を受理して死亡の記載をします。失踪事項は失踪宣告取消届に基づいて消除するとされています（昭和29年2月23日民事甲291号通達）。あまりない死亡届ですが、その他欄に「事件本人は失踪宣告がされている」旨記載すべきとされています。なお、失踪宣告取消届は、審判確定日から10日以内に審判の申立人から、失踪宣告を取り消された者の本籍地又は届出人の所在地に審判書の謄本及び確定証明書を添付の上、届出をすることになります（戸94条、戸63条1項など）。

【参考文献】

「注解戸籍届書「その他」欄の記載」383頁

Q85　死亡者の本籍が明らかでないときでも届出義務者がある限り、警察官による本籍を不明とした死亡報告によるのではなく、届出義務者が本籍不明の旨記載の上死亡届をすべきである

私は、ある賃貸住宅の家主ですが、今般、入居者が、その建物の部屋で死亡していました。親族、同居者もいないことから、私が家主として死亡届をすることを考えているのですが、死亡者の本籍がわかりません。この場合は、警察が死亡報告をしてくれるのでしょうか。

戸籍法87条の届出義務者のある限り、それらの者が死亡届をする必要があります。届出義務者がないときには同法92条1項の適用があり、警察官が死亡報告をします（昭和29年4月22日23日福岡県戸籍住民登録協議会決議19等）。本籍不明者の死亡届があったときは、受理の上、届書を本籍不明者の届書とし、本籍分明届があるまで保存します（昭和25年2月16日民事甲第450号回答）。なお、死亡者の本籍は不明の旨届書その他欄に記載の上、届出をします。

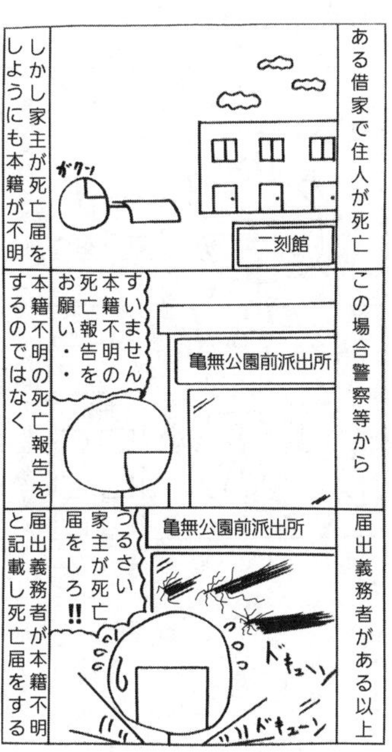

【参考文献】

「注解戸籍届書「その他」欄」の記載370頁
「設題解説戸籍実務の処理Ⅶ死亡・失踪・復氏・姻族関係終了・推定相続人廃除編」40頁
「設題解説戸籍実務の処理XXI追完編」365頁

Q86 本籍不明の死亡者について死亡届をした後、同人の本籍が明らかになったときの対応

本籍が不明でも届出義務者がある場合、届出義務者が死亡届をするのは理解しましたが、その後、本籍が判明した場合はどのように対応すればよいですか。

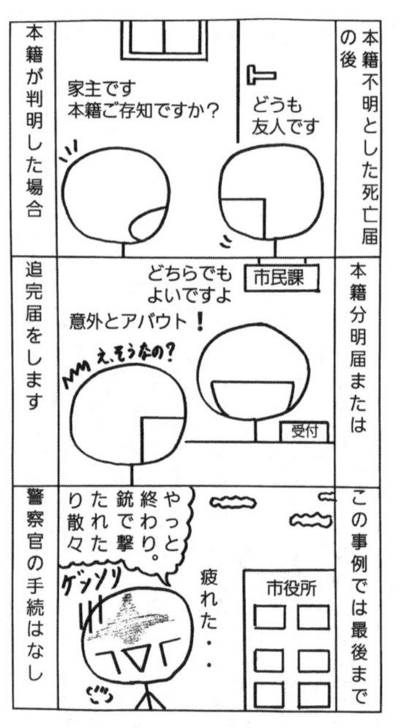

Q85 で届出義務者がいる場合は、戸籍法92条1項による警察官による本籍を不明とした死亡報告をするのではなく、届出義務者からの死亡届をすべきと解説しました。その後、本籍が明らかになった場合はどうするかというと、届出人は、その事実を知った日から10日以内に届出を受理した市町村長に本籍分明届をする必要があります（戸26条）。ただし、追完届があった場合でもこれにより戸籍の処理をして差し支えないとされています（昭和28年10月31日民事甲第2028号電報回答）。この事案では、最後まで警察官のすべき手続はありません。

【参考文献】

「設題解説戸籍実務の処理XXI追完編」365頁

Q87 警察官からの本籍不明の死亡報告後に、死亡者の同居の親族又はその他の同居者が死亡者を認識したときは、その日から10日以内に死亡の届出をしなければならない

警察官から本籍不明としての死亡報告があった後、本来の死亡届の届出義務者が事件本人の死亡を認識したときは何かすべき処理はありますか。

同居の親族又は同居者が死亡者を認識したときは、その日から10日以内に死亡の届出をしなければなりません。なお、地主・家主等は含まれないことに注意が必要です（戸92条3項）。また、認識後は、死亡届の届出義務者は「死亡届」をしなければならず、戸籍法26条の「本籍分明届」をすることはできません（大正5年12月21日民第1938号回答）。この事案では、警察官からの本籍分明報告か死亡者の同居の親族又はその他の同居者からの死亡届のいずれか先になされたものに基づき死亡事項が記載され、後になされたものは戸籍法施行規則50条の規定により10年間保存することになります。（昭和24年9月30日民事甲2175号回答）

【参考文献】

「戸籍届書の審査と受理」450頁

「設題解説戸籍実務の処理Ⅶ死亡・失踪・復氏・姻族関係終了・推定相続人廃除編」39頁

Q88 警察官から本籍不明の死亡報告があった後、本籍分明報告がされた場合、死亡者の同居の親族又はその他の同居者は、死亡者認識後の届出義務を免れる

警察官から本籍不明の死亡報告がされた後、同居の親族又は同居者が死亡者を認識したときは死亡届の届出義務が生じることはわかりましたが、死亡届をする前に警察官が本籍分明報告をした場合、届出義務はどうなりますか。

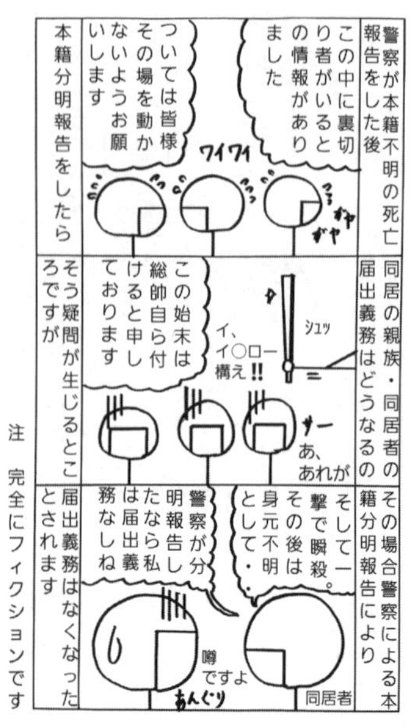

注　完全にフィクションです

戸籍法92条1項に基づく警察官からの本籍を不明とした死亡報告があった後、死亡者の本籍が明らかになり、又は死亡者を認識することができるに至ったときは、警察官は、遅滞なくその旨を報告しなければならないとされています（戸92条2項）。同条3項に基づく届出に先んじて上記報告があった場合、同居の親族又は同居者は届出義務を免れるとされています（昭和24年8月12日佐賀地方法務局管内戸籍事務協議会決議、同年11月22日法務府民事局変更指示）。

Q89　失踪宣告されている者につき、本籍地に検察官から同人が犯罪で逮捕され、生存が判明した旨の戸籍法 24 条 4 項の通知があったときの対応

今般、当市を本籍地とする失踪宣告がされている者につき、検察官から同人が犯罪で逮捕され、生存が判明した旨の戸籍法 24 条 4 項の通知がありましたが、どのように対応したらよいですか。

戸籍法24条2項に基づき法務局長の許可を得て失踪宣告に係る戸籍記載を消除することはできません（大正8年12月16日民事第5357号回答）。このような場合、届出人又は事件本人に失踪宣告取消の審判を受けて届出をするよう、同条1項の通知をすることになります。なお、失踪宣告の取消届は、取消しを請求した者が審判確定日から10日以内に審判書謄本及び確定証明書を添付の上、失踪者の本籍地又は届出人の所在地に届出をする必要があります（戸94条、63条）。届出に当たっては、失踪届の用紙を用いて届書のその他欄に「失踪宣告取消届である。」との記載をした上で届出をすることが通例です。

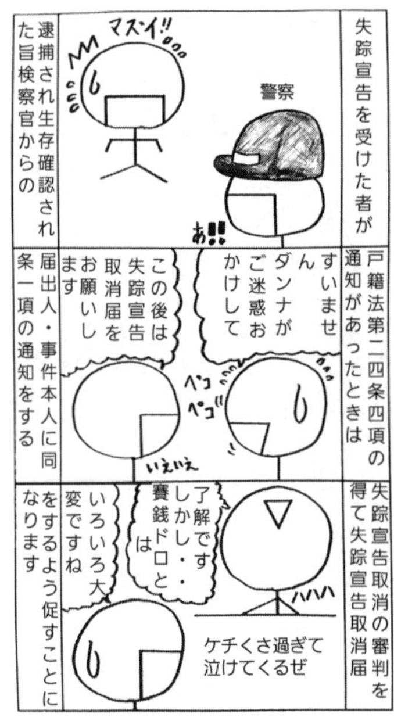

【参考文献】

「戸籍届書の審査と受理」463 頁

「設題解説戸籍実務の処理Ⅶ死亡・失踪・復氏・姻族関係終了・推定相続人廃除編」166 頁、170 頁、171 頁、190 頁

Q90 親族が死亡届をする場合、親族関係の有無は事件本人の死亡時を基準に判断する

兄の死亡当時は出生していなかった弟が成長した後、その兄に係る死亡届をすることはできますか。

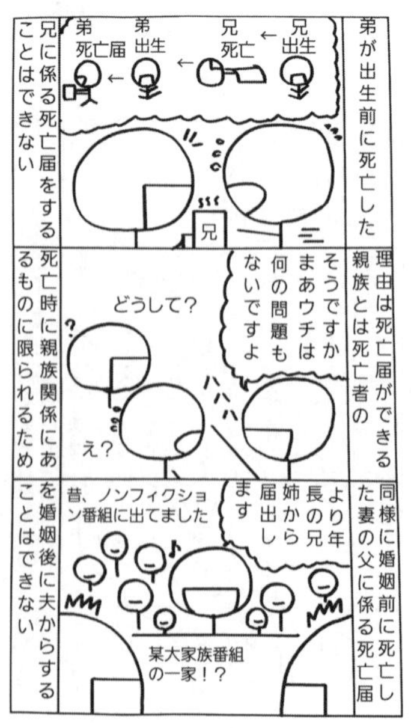

死亡者の親族は同居、別居にかかわらず死亡届をすることはできます（戸87条）。ただし、届出人が死亡者に対して同条にいう親族に当たるかは、死亡時を基準に判断すべきとされています。そのため、例えば、兄の死亡時に出生していない弟が成長し、15歳に達したとしても、兄に係る死亡届をすることはできません。同様に、妻となる女性の父が婚姻前に既に死亡していた場合、婚姻後に夫から死亡届をすることもできません（戸籍542号58頁）。

いわば、「死亡時基準説」とでもいうような考え方ですが、筆者は厳格な印象を受けました。相談があった場合には、適切な説明することができるよう知識として覚えておきましょう。

Q91 家主、地主又は家屋若しくは土地の管理人が死亡届の届出義務を負うのは、原則、死亡者がそれらの場所で死亡したときのみに限られる

ある賃貸住宅の住人が、河原において死体で発見されました。この場合、住所は同住宅にあることから、家主等が死亡届をする義務があるのですか。

ありません。家主、地主又は家屋若しくは土地の管理人が死亡届の義務を負うのは、その住人等がそれらの場所で死亡したときのみに限られます（昭和11年5月4日民事甲第361号回答）。もっとも、入院直後に死亡した者について、病院の長等から届出がされず、親族等の届出人もいないときは、その者がそれまで入所していた老人ホームの長が、家主又は家屋管理人として死亡届の届出資格を有するものとして例外的に死亡届をする事例はありますが、基本的には、死亡した場所により家主等は届出義務の有無が決まることになります（戸籍542号58頁）。

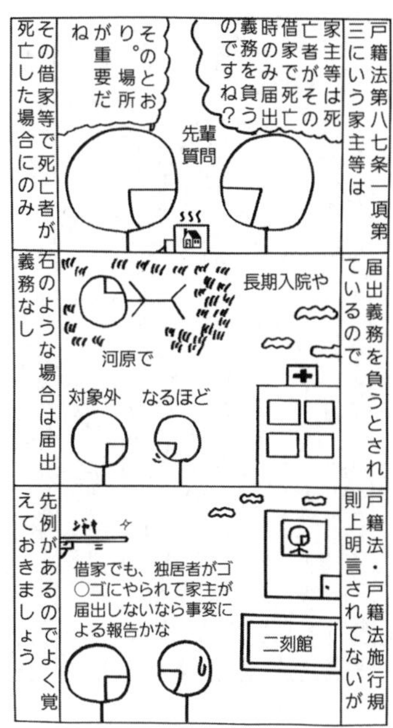

【参考文献】

「こせき相談室」314頁
大阪戸籍だより84号21頁

Q92 夫婦が異なる日時に死亡し同時に死亡届があった場合及び夫婦同時死亡の場合の婚姻解消事項記載の要否

夫婦が異なる日時に死亡し、死亡届が同時にされた場合、婚姻解消事項の記載を要しますか。また、夫婦同時死亡の場合はどうですか。

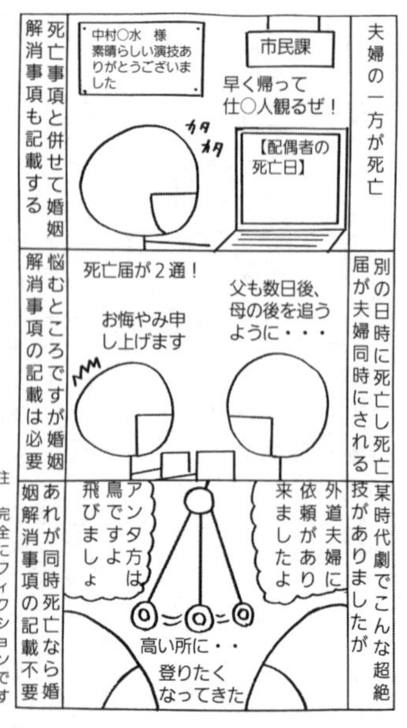

配偶者が死亡したときは婚姻解消事項を記載し、配偶欄の夫又は妻の文字を抹消します。夫婦が異時に死亡し、同時に死亡届が提出された場合の婚姻解消事項記載の要否については、届出が同時なので記載は必要がないとも思えます。しかしながら、戸籍537号57頁の解説によれば、婚姻解消事項の記載を要するとされています。なお、夫婦同時死亡の場合は、婚姻解消事項の記載は要しないとされていますので、併せて注意が必要です（昭和27年4月29日30日山形県連協議会決議）。

【参考文献】

戸籍537号57頁

「こせき相談室」330頁

戸籍591号42頁

戸籍615号56頁

Q93　戸籍の身分事項欄に婚姻・認知・縁組等の相手として記載のない在外外国人から、死亡者の親族として死亡届があった場合の対応

死亡者の戸籍の身分事項欄に婚姻・認知・縁組等の相手として記載のない在外外国人から、死亡者の親族として死亡届があった場合、そのまま受理してよいですか。

属地的効力も属人的効力も及ばない在外外国人でも死亡届ができることについては、**Q2**のとおりです。問題は、届出人が親族であることの確認です。この点は悩ましいところですが、法務通信775号7頁によれば、戸籍法27条の3を根拠として親族関係を証する書面を提出させ、そのような書類がない国で事件本人が死亡した場合、又は、あっても添付がないまま届出がされた場合は、届出人から事情を聴取し、特別疑義がない限り、親族として届出を受理するとされています（昭和34年12月19日民事甲第2946号回答）。なお、疑義があれば受理照会の上、受否を決することになるかと思われます。

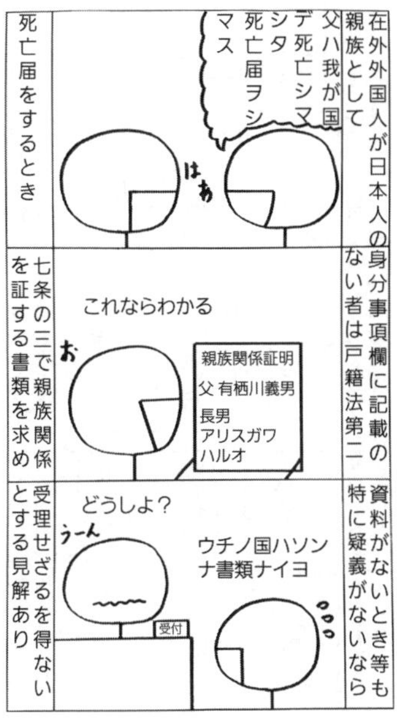

Q94 借家での死亡者から委任されたとする行政書士等が、家屋管理人の資格で死亡届をすることは可能か（任意後見契約は締結していない）

借家での死亡者から委任されたとする行政書士等が、家屋管理人の資格で死亡届をすることはできますか。

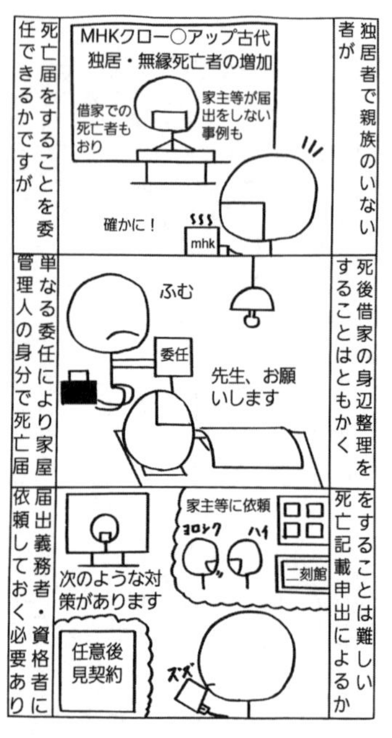

死亡者の借家に係る後始末はともかく、死亡届の可否は別問題です。戸籍法87条1項には第3順位の届出義務者として家屋管理人が挙げられていますが、家屋管理人とは、建物所有者から管理を委託されている者などを指し、借家人が任意で家屋管理人を指定できるというものではないはずです。

以上から本問は、戸籍法87条に定められた届出人がいれば、その者が届出をすべきであり、いないのであれば本事例の行政書士からの死亡届を職権記載を促す申出書とみなして代理権限証書等の資料を添付し、管轄法務局長の許可を得て職権で死亡の記載をすべきと思われます（昭和25年6月20日民事甲第1722号回答、戸籍734号55頁）。

【参考文献】

「戸籍小箱Ⅳ」442頁

Q95 高齢者消除の制度概要及び消除された者に係る死亡届がされた場合の受否について

今般、高齢者消除された者について死亡届がされました。同人については、法務局の許可を得て戸籍を消除していますが、死亡届を受理してよいですか。

高齢者消除は高齢者で所在不明の者につき、市区町村長が死亡の蓋然性が高いと判断した場合、戸籍法44条3項及び同法24条2項の規定に基づき管轄法務局長の許可を得て戸籍の消除をするものです。上記処理で高齢者消除された者については、相続開始原因及び時期が明らかにされるわけではなく、管轄法務局長の許可を得て戸籍を消除したに過ぎないので、その後に死亡届がされることがあり得ます。

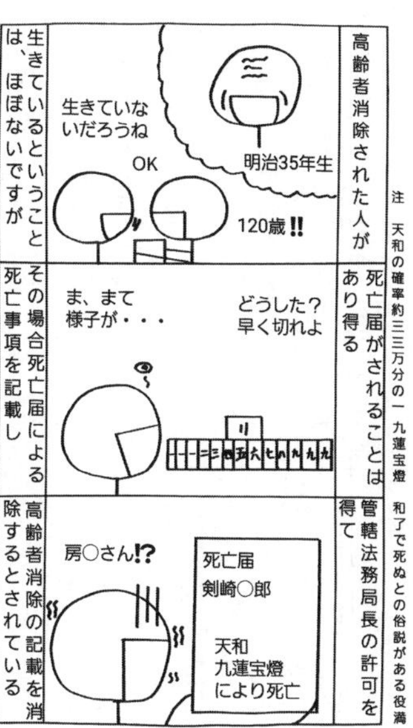

この場合、死亡届を受理の上、死亡事項を記載し、高齢者消除の記載は管轄法務局長の許可を得て消除することとなります（戸籍518号55頁、戸籍時報特別増刊号　520号90頁）。

Q96 外国人（漢字使用国の国民を除く。）に係る死亡届の事件本人氏名に本国法上の文字を付すことができるか

外国人死亡者の本国への届出等のため、死亡届の事件本人氏名に本国法上の文字を付すことは可能ですか。

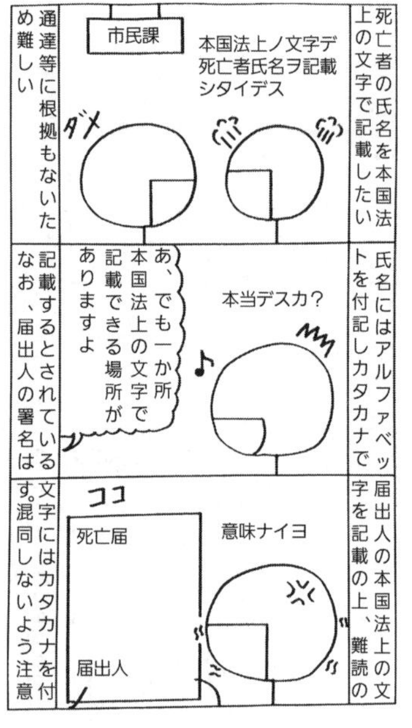

死亡者の氏名はカタカナで表記させ、かつ、その横にアルファベット文字を付記するとされているため、難しいと思われます。**Q107** と比較すると、外国人に係る出生届の出生者氏名は、平成24年に「本国法上の文字」から「ローマ字」を付すと変更された一方、死亡届の死亡者氏名は、昭和58年から一貫して「アルファベット文字」とされています。外国人に係る死亡届の届出人が外国人であるときは届出人に対して、その者の本国における氏名の表記方法により届書の署名欄の記載をさせ、かつ、読み方が明らかでない文字によるものについてはカタカナを付記させます（昭和58年10月24日民二第6115号通達二）。なお、同署名は、日本語でされていても差し支えないとされています（戸籍530号57頁）。

Q97 海外で日本人が死亡した場合に、死亡届に記載する死亡時刻の注意点

相談者

ブラジルで日本人親族が死亡したのですが、死亡届の死亡時刻は死亡地の標準時で書けばよいのですか。

以前は、届出人の希望があれば、日本標準時地外の地で死亡した者の死亡日時の戸籍記載につき、死亡地の標準時による記載に併せて日本標準時による記載も併記していましたが、現在は死亡地の標準時のみによることとされています（平成6年11月16日民二第7005号通達第4）。

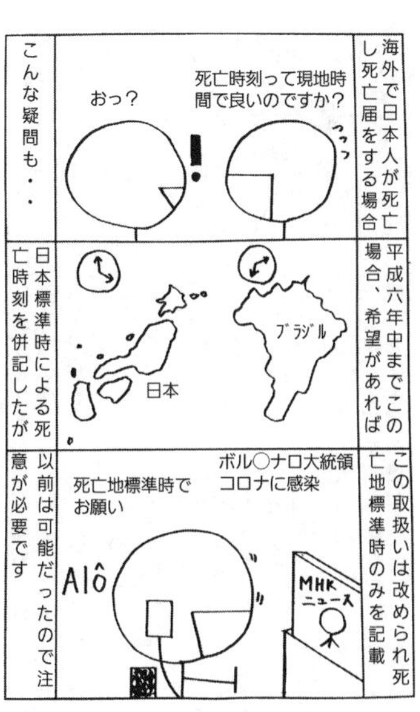

なお、外国での死亡者に係る死亡証明書に死亡時刻の記載がないため、届書にその記載がない場合、添付された他の公的資料に記載されていれば、同資料に基づき死亡時刻を認定し、その旨付箋処理をすることができます（戸籍676号50頁）。

Q98 戸籍法89条の「事変による死亡」とは、どのようなものをいうか。

戸籍法89条の「事変による死亡」とは、どのようなものをいうのですか。

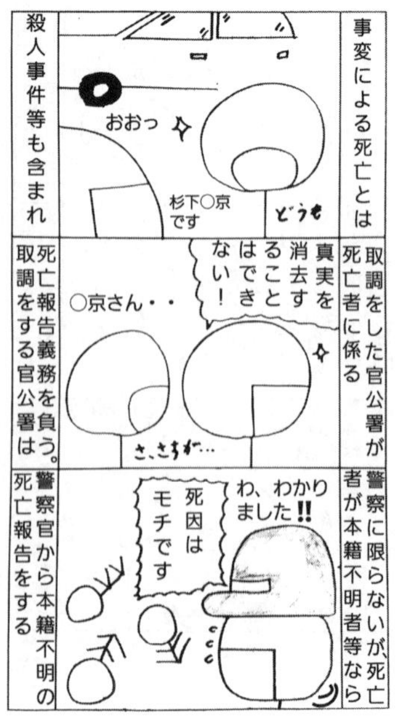

戸籍法89条にいう「事変による死亡」とは戦死・戦病死、空襲による死亡、一家全員が死亡し、又は殺害された場合など相当広い範囲に及びます。

上記事例においては、届出義務者からの届出を期待することが困難であり、また、取調をした官公署の直接資料に基づく死亡報告により処理する方が正確・迅速な対応ができるため特に認められているものです。官公署が取調をした場合、その官公署が死亡の報告義務を負います。同条による取調は、警察官に限定されません（昭和19年5月26日民事甲第385号回答）。ただし、死亡者の本籍が明らかでない場合又は死亡者を認識できない場合の死亡報告は、警察官が報告義務を負います（戸92条）。

【参考文献】

「設題解説戸籍実務の処理Ⅶ死亡・失踪・復氏・姻族関係終了・推定相続人廃除編」11頁、13頁、88頁

Q99 「事変による死亡者」につき、届出義務者から死亡届があったときの取扱いについて

後輩

事変による死亡があったときでも届出義務者が死亡届をすることがあるかとは思いますが、受理しても差し支えないでしょうか。

戸籍法89条による死亡報告ができる状況でも、届出義務者が死体検案書等を添付して届出をすることが考えられます。こういった場合でも、特に届出を受理できないとする規定はないため、受理することは可能です。ただし、届出後に死亡報告があった場合、当該報告書の内容と既に記載した戸籍を対照し、記載に過誤があるときは、必要な訂正をするとされています。また、同報告書は戸籍の記載を要しないものとして戸籍法施行規則50条により保存します（昭和24年9月24日民事甲第2201号回答）。

【参考文献】

「設題解説戸籍実務の処理Ⅶ死亡・失踪・復氏・姻族関係終了・推定相続人廃除編」35頁

第7 失 踪

Q100 失踪宣告の基礎知識について

失踪宣告及びその取消しの基礎知識について教えてください。

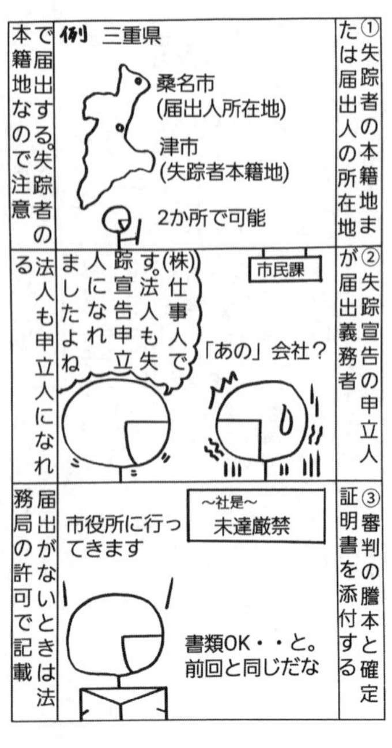

①届出地は失踪者である事件本人の本籍地又は届出人の所在地で届出をします（戸25条1項）。

②届出義務者は失踪宣告又はその取消しを請求をした者です（戸94条、63条1項）。なお、法人もそれらの届出義務者として認められています（昭和37年4月3日民事甲第962号回答）。その場合、戸籍記載の届出人の表記は、「○○企業組合代表理事　有栖川義男」などとなります（「改訂第2版注解コンピュータ記載例対照戸籍記載例集」269頁）。

③届出期間は、審判確定日から10日以内とされています（戸94条、63条1項）。審判書謄本及び確定証明書を添付した上で届出をします。

【参考文献】

「設題解説戸籍実務の処理Ⅶ死亡・失踪・復氏・姻族関係終了・推定相続人廃除編」179頁

「戸籍届書の審査と受理」469頁～472頁

第8　出　生

Q101　出生届の基礎知識（その1　届出地、海外で出生した場合の届出方法及び国籍留保届など）

出生届の届出地、海外で出生した場合の届出方法及び国籍留保届について教えてください。

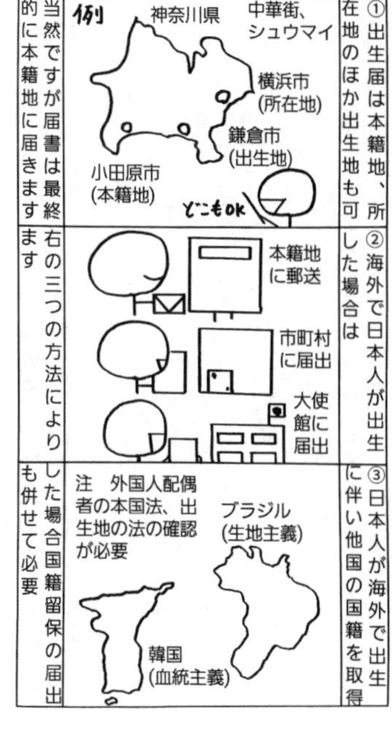

①事件本人の本籍地、届出人の所在地及び子の出生地で出生届ができます（戸25条1項、51条1項）。なお、交通機関、船舶中の出産には特例があります。

②日本国外において出生した日本国民については、本籍地の市区町村長に郵送で届出するか、又は、届出義務者が日本国内に所在するときは、その所在地の市区町村長に届け出ることもできます。戸籍法40条の規定によりその国に駐在する日本の大使、公使又は領事に届け出ることもできます。

③日本国外で出生した子が出生により外国の国籍をも取得したときは、日本国籍を留保する旨の届出をしなければ、子は出生時に遡って日本の国籍を失います（国12条、戸104条1項、2項）。

なお、出生届は子の出生日から起算し14日以内に届出をしなければなりません。また、外国で生まれた日本国籍を有する子の出生届は、出生の日から3か月以内にするとされています（戸49条1項、43条1項）。

Q102 出生届の基礎知識（その2 出生子の氏）

子が出生により称する氏を教えてください。

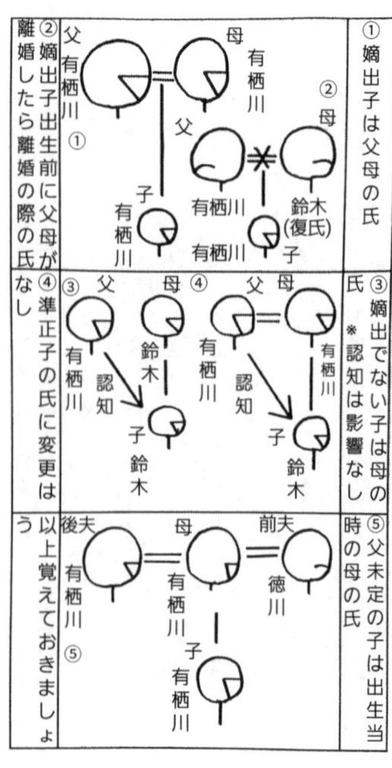

①嫡出子は、父母の氏を称します（民790条1項）。

②出生前に父母が離婚した嫡出子は、父母が離婚の際に称していた氏を称します（民790条1項）。

③嫡出でない子は、母の氏を称します。認知されても当然には父の氏を称することはありません（民790条2項）。

④準正嫡出子の身分を取得しても当然に父母の氏を称することにはなりません（民789条、791条）。

⑤母の重婚による父未定の子は、父を定める裁判確定までの間は、母からの出生届により出生当時の母の氏を称します（戸54条1項）。

Q103 出生届の基礎知識（その3 第1順位の届出義務者）

出生届の第1順位の届出義務者を教えてください。

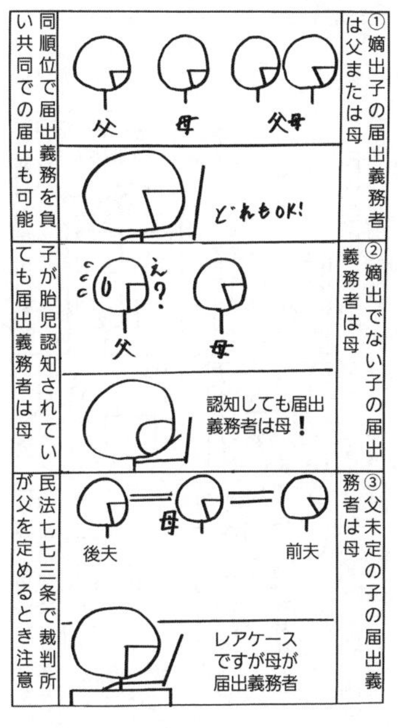

①嫡出子に係る出生届の届出義務者は父又は母であり、同順位で届出義務を負います（戸52条1項）。父又は母のいずれかが届出すればよく、双方が共同して届出も可能です。また、子の出生前に父母が離婚した場合には、母が届出をしなければなりません。

②嫡出でない子の届出義務者は母です（戸52条2項）。胎児認知された子が出生した場合も、その子は嫡出でない子であるため、届出義務者は母となります。

③父未定の子（民773条）は、母が出生の届出義務者となります（戸54条1項）。なお、渉外的な親子関係の成立の場面において、嫡出推定が重複した場合に、民法773条を類推適用して父を定めることを目的とする訴えの適法性を肯定した裁判例があります（戸籍1010号42頁）。筆者も似た事例で質問を受け、上記の訴えによることを検討するよう回答したことがありました。渉外婚姻が増加するに伴い、こういった事案も増えるのではないかと思います。

Q104 出生届の基礎知識（その4 第2、第3順位の届出義務者及び出生届の届出資格者）

父又は母が届出できないときは、誰が出生届をする義務を負いますか。また、届出義務者が届出ができない場合には、父又は母以外の法定代理人も届出ができるとされていますが、これはどのような場合を想定しているのですか。

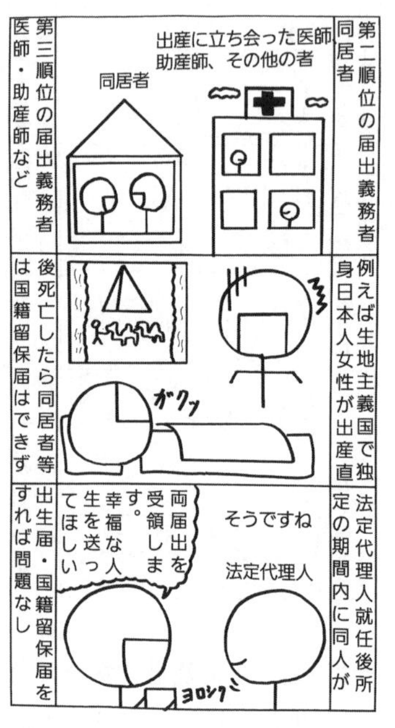

第2順位の届出義務者として同居者が、第3順位の届出義務者として出産に立ち会った医師、助産師又はその他の者が届出義務を負います（戸52条3項）。これらの者が届出する場合は、先順位の者が届出できない事由を届書その他欄に記載します（大正4年2月19日民第220号回答）。なお、「届出をすることができないとき」とは行方不明、病気、死亡その他どのような事由でも差し支えなく、届出を怠っている場合も含まれます（大正8年6月4日民事第1276号回答）。

法定代理人による出生届は、嫡出でない子の母が、出生届の前に死亡した場合などに、未成年後見人に就任した者からする届出をいいます（戸52条4項）。日本人が外国において出生したことに伴い他国の国籍をも取得した場合、同居者など戸籍法52条3項に定められた者は、国籍留保届ができないため、法定代理人からの届出により、出生子が日本国籍を喪失することを防ぐことができます。

Q105 外国で出生登録された日本人の名と、出生届に記載された名が相違している場合の取扱い及び注意点

外国で出生登録した名とは別の名で出生届をしてきた場合、受理することは可能ですか。

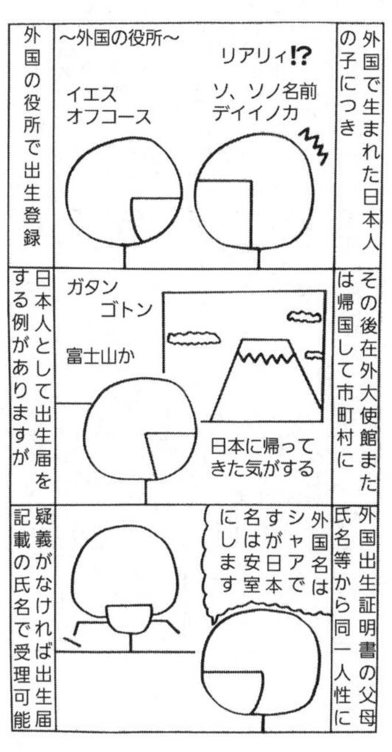

出生証明書に記載された父母の氏名等から判断して、同一人であることについて疑義が生じない限り、出生届に記載された名で受理して差し支えありません。出生届のその他欄に「出生証明書はジョージとされているが日本名は純一郎で届け出る」などと補記します。

上記届出があった場合の注意点としては、戸籍には外国人としての名はジョージであるということは記載されませんので、届出受理後に届出人に対し、出生届記載事項証明書を取得して保管することを案内したほうがよいです。理由は、保存期間経過により、出生届書が廃棄された場合、ジョージ＝純一郎ということを証明することが難しくなるためです。

【参考文献】

戸籍633号94頁

「こせき相談室」119頁

Q106 双子については、出生の前後で長男、二男等の区別をする

出生した双子が同性の場合、続柄はどのように決まるのですか。

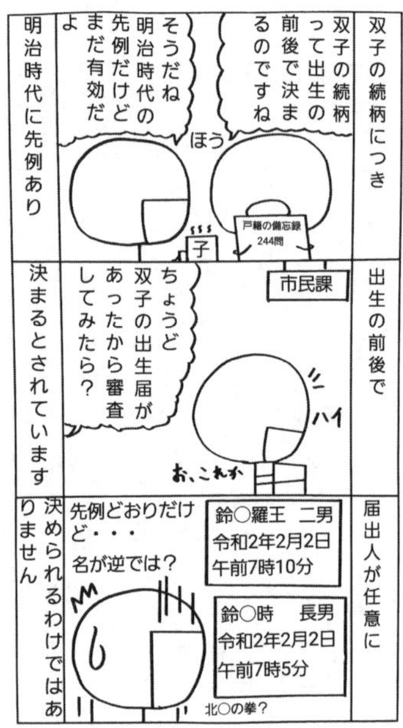

嫡出子は、父母を同じくする嫡出子の出生順に従い、長、二、三男（女）と続柄を数えます（昭和22年10月14日民事甲第1263号通達）。嫡出でない子は、母を同じくする嫡出でない子の出生の順序に従い同様に数えます（平成16年11月1日民一第3008号通達）。

双子の続柄も生まれた順に決まります（明治31年11月10日民刑第1857号回答）。例えば、2人のうち、後に生まれた一方を親の意向で長男にしてしまうことは当然不可ということになります。

そのため、双子で同性の出生届に係る審査に当たっては、出生年月日だけでなく、時分にも注意して出生順に続柄が記載されているかを確認する必要があります。なお、三つ子以上で出生した場合の処理も同様です。

Q107　外国人に係る出生届にカタカナで記載した氏名に本国法上の文字を付すことの可否

本国の役所に提出するため、出生届に記載したカタカナ氏名に本国法上の文字を付すことは可能ですか。

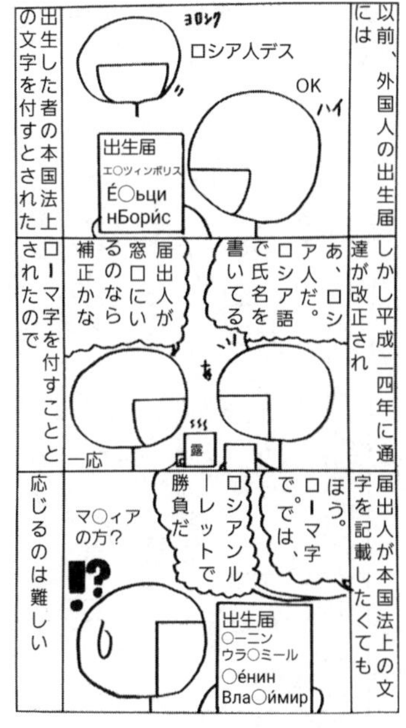

こちらの相談に応じるのは難しいと思われます。本事例で注意しなければならないことは、「かつては可能だった」という点です。昭和56年9月14日民二第5537号通達二前段によれば、外国人に係る出生届には、カタカナで氏名を記載し、「本国法上の文字を付す」ものとされていました。その取扱いが平成24年6月25日民一第1550号通達第2の1により改められ、本国法上の文字に代わって「ローマ字」を付すこととされました。

以上から、外国人に係る出生届に当たって、カタカナで記載した氏名に本国法上の文字を付す根拠を失ったため、上記通達の発出以降、届出人の相談に応じることは難しいと思われます。仮に、その他欄などに本国法上の文字を記載したとしても、それは余事記載という扱いにしかならないはずです。なお、上記通達で、ローマ字を付さなくても便宜受理して差し支えないとされているので注意が必要です。

Q108 日本人と外国人間の嫡出子に係る出生届をする際、戸籍の父母欄に婚姻による氏変更後の外国人である父又は母の氏名を記載できるか

私は外国人です。日本人夫との婚姻により氏が変更した後、子が生まれ、夫から出生届をする予定です。その際、子の戸籍の母欄に現在の私の氏名を記載できますか。なお、夫の戸籍の身分事項欄には変更前の氏名で記載されています。

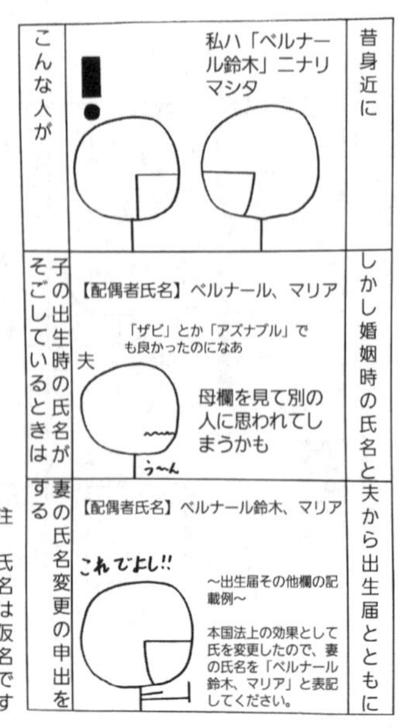

注 氏名は仮名です

出生届のその他欄に妻の氏名変更の申出を記載し、本国官憲発行の疎明資料を添付の上、夫の身分事項欄に変更後の氏名を記載すれば可能です（昭和55年8月27日民二第5218号通達、平成8年12月26日民二第2254号通知、戸籍656号61頁、戸籍時報813号80頁、戸籍時報特別増刊号530号40頁）。

Q109 所定の届出期間内に国籍留保の記載がない出生届があったときは、どのように対応すべきか

海外で出生し、重国籍となった日本人につき、所定の期間内に本籍地である当市に、国籍留保の記載のない出生届が直接送付されてきましたが、どのように対応したらよいですか。

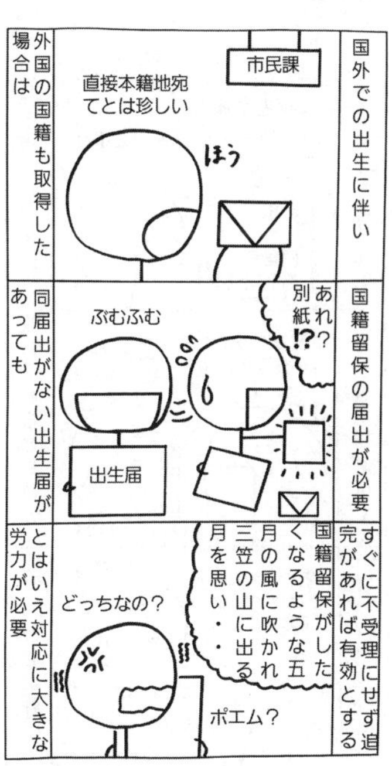

直ちに不受理として返戻するのではなく、その後に国籍留保の追完届があれば有効として処理します（昭和38年2月21日民事甲第526号回答、昭和40年7月19日民事甲第1881号回答）。

本事例は、市区町村で使用している様式を使用して届出をしたものと思われます。在外公館で使用している様式には、届書その他欄にあらかじめ国籍留保に関する届出事項が印刷されています（昭和59年11月15日民二第5815号通達）。

Q110 父母から出生届ができず同居者から届出をする際、届出のあった名で受理できるか

今般、父母から届出ができないため、同居者から出生届があったのですが、届出のあった名で受理して問題ないですか。同居者が出生子の命名をしてよいのか疑問もあります。

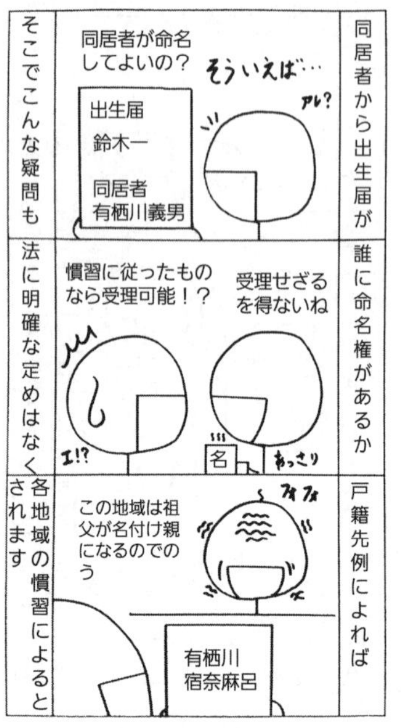

父又は母のいずれも届出できないときは、次順位として同居者が届出義務を負います（戸52条3項第1）。ただし、出生子の名を付す権利義務を誰が有するかは明らかではありません。先例によれば、「従来の慣例に従う」（大正3年12月9日民第1684号回答）、「各地方における慣習によって定まる」（昭和28年6月26日27日北陸都市戸籍事務協議会決議、昭和29年1月13日民事局長変更指示）とされています。

そのため、上記慣習に基づき同居者が命名したのであれば差し支えないということになります。しかしながら、形式的審査権しか持たない市区町村長が、上記慣習を審査することは難しいことなどから、結局、出生子の名の記載がある同居者からの出生届があれば受理せざるを得ないとする見解があります（戸籍694号57頁）。

Q111　父が戸籍法62条による出生届をした際、届出期間を徒過していた場合、母の責任はどうなるか

戸籍法62条の出生届をしたものの、届出期間が経過していた場合、母の責任はどうなるのですか。

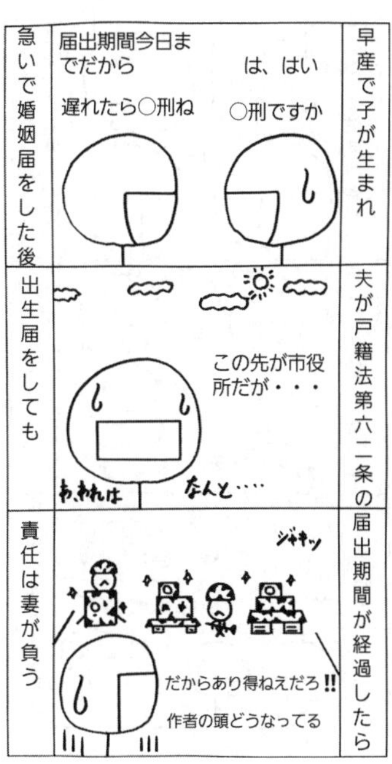

出生時点では、子は嫡出でない子として扱われるため、母が届出義務者であることに変わりはありません（戸52条2項）。そのため、父が戸籍法62条の出生届をしたときも、届出期間を経過していれば、母がその責任を負うことになります（大正5年5月17日民第417号回答）。なお、同条は、「父母が嫡出子出生の届出をしたときは」としていることから、一見、父母が共同で届出する必要があるかのようにも思えますが、父のみからの嫡出子出生届で足りると解されています（大正11年5月16日民事第1688号回答）。もっとも、父母が共同して届出することも可能です（戸籍509号29頁）。

Q112 嫡出でない子について、母と同居者（血縁上の父）が共に出生届の届出人となれるか

嫡出でない子について、母と同居者（血縁上の父）が共に出生届の届出人となれますか。

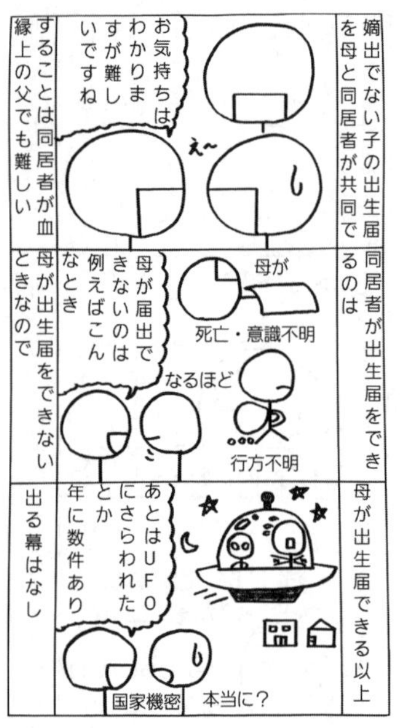

難しいと思われます。嫡出でない子の出生届は母からすべきであり、同居者は、母が届出できない理由があるときに限り届出できます（戸52条）。本事例では、特に母が届出できない理由はないため、仮に同居者が届書に届出人と記載しても余事記載として処理されると思われます（戸籍578号56頁）。

Q113 在留カードの国籍が「無国籍」となっていれば無国籍者と即断してよいか

在留カードの国籍が「無国籍」となっている独身女性が日本において子を出産した場合、出生子は国籍法2条3号により日本国籍になるのですか。

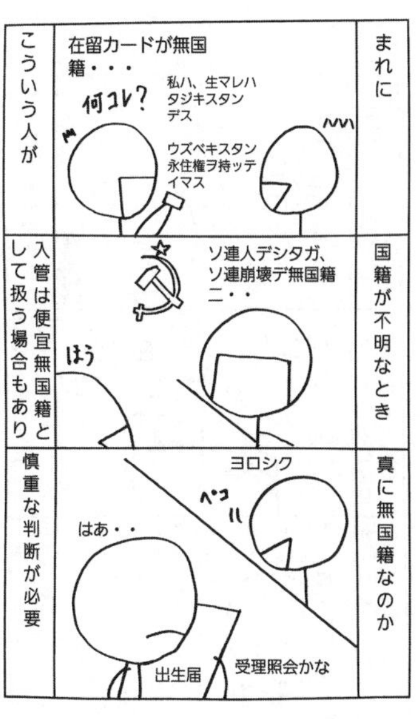

無国籍者を父母として、日本で出生した子又は無国籍者を母として日本で出生した嫡出でない子であるとして出生の届出がされた場合は、管轄法務局に受理照会することになります（昭和57年7月6日民二第4265号通達）。

「無国籍者」と称する者の中には、本来ある国の国籍を有しながら、登録上、その国籍を有することを証明できないために「無国籍者」として登録されているに過ぎない者がおります。照会を受けた法務局は、関係者にその国籍に関する十分な調査を行った上で出生届の受否について指示をする取扱いとなります。なお、当該取扱いは、事件本人が本籍不明者を母として出生した嫡出でない子であるとして、出生の届出がされた場合にも準用されます（戸籍時報821号69頁）。

Q114 出生の届出における出生の年月日時分は、届書に記載すべき重要な事項であり、これを記載しないものは受理できない

海外から本籍地に直送された出生届について、出生の時分に係る記載がないものがありました。時分は戸籍記載しないので、このまま受理してよいですか。

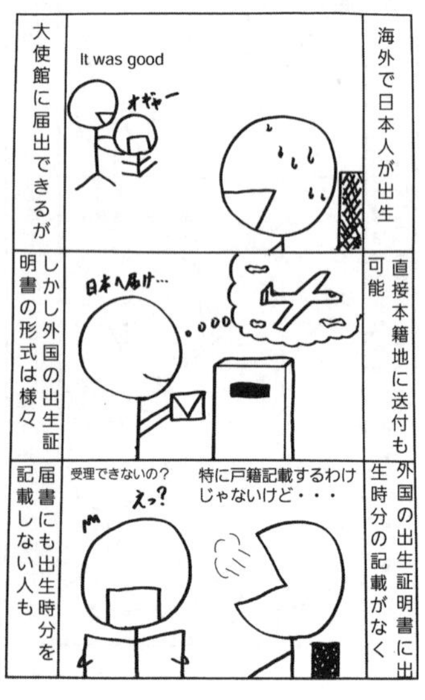

死亡時刻と異なり、出生の時分は戸籍に記載しませんが、本事例は受理できないとされています（明治31年10月26日民刑第1539号回答29項、昭和3年9月14日民事第9252号通達）。出生年の月日はもちろん、「時分」も戸籍法34条2項にいう「特に重要であると認める事項」に該当するためです。外国で発行された出生登録証明書には、出生の時分に係る記載を欠くものもありますが、同時分を明らかにする旨の申述書を提出させるか、その旨を届書のその他欄に補記させた上で、出生の時分の記載をさせるとされています（戸籍784号78頁）。

Q115　分籍前に出生した嫡出でない子について、分籍後に出生届をすることにより分籍後の新戸籍に入籍させることができるか

私は現在21歳で、先日、未婚のまま子を出産しました。ただし、父を筆頭者として母、兄弟、姉妹も在籍する戸籍に子を出産した旨の記載をすることにはためらいがあります。何かよい方法はないですか。

父又は母の戸籍に在籍する者が、子の出生届をしたことにより新戸籍を編製した場合、同人の身分事項欄に「【除籍事由】子の出生届出」との記載がされることになります（法定記載例10番）。

本事例は、相談者が成年者なので、分籍して新戸籍を編製することが可能です（戸21条）。そこで、分籍後に出生届をすれば、直ちに分籍後の新戸籍に子を入籍させることが可能であり、上記戸籍記載がされることを避けられます（昭和24年9月28日山口県戸籍協議会決議14、昭和26年7月26日27日宮城県仙台戸籍協議会決議8）。

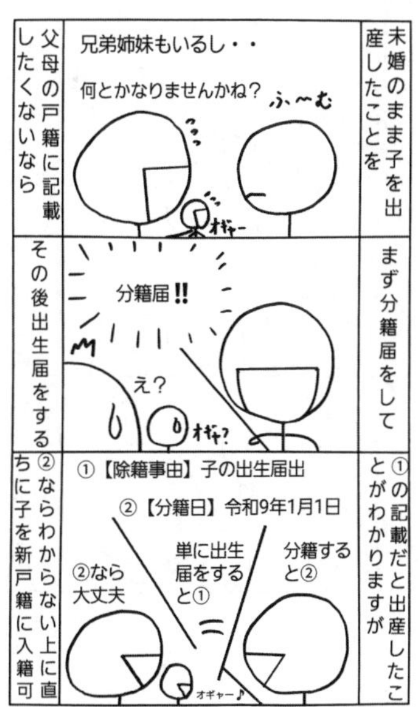

【参考文献】

「注解戸籍届書「その他」欄の記載」61頁
戸籍412号60頁

Q116 出生事項に入籍日が記載される例

先日、当市を本籍地とする者の戸籍で、出生事項に入籍日が記載されているものを見ました。通常であれば、この記載はされないと思うのですが、なぜですか。

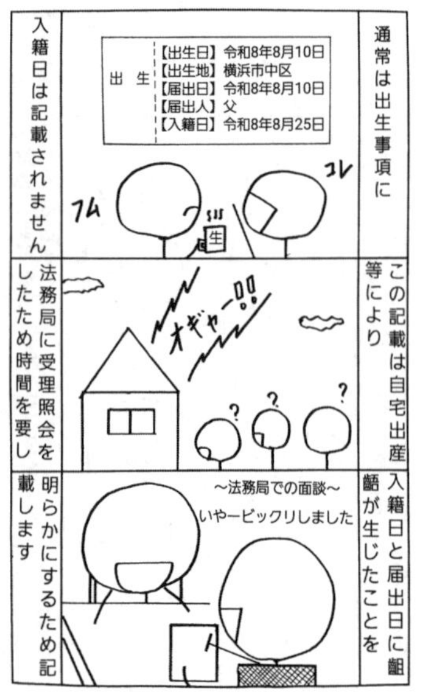

特に問題なく受理された出生届については、入籍日は記載されません（法定記載例1番など）。ただし、出生証明書の添付のない出生届、50歳以上の母から出生した子の出生届、出生子が学齢に達した後にされた出生届、無国籍者を父母とする嫡出子等の出生届など管轄法務局の指示を得て受理した出生届については、入籍日を記載するとされています（参考記載例9番）。出生届に係る受理照会をした際、上記記載を遺漏しないよう注意が必要です。

Q117 外国人母が出産した子について、日本人父から婚姻後戸籍法62条による嫡出子出生届がされた場合の注意点は

外国人母が出産した子について、日本人父から婚姻後戸籍法62条に基づく嫡出子の出生届がされた場合、戸籍記載などで注意することはありますか。

この場合、届出としては出生届ですが、父の戸籍には認知事項を記載することとなります（参考記載例19番）。胎児認知をしたわけではないので外国人として出生届がされることになるため、戸籍の記載を要しないものとして扱ってしまい、誤って戸籍記載を遺漏しないように注意が必要です。なお、出生届のその他欄については、「父母令和○年○月○日婚姻届出、戸籍法62条の出生届出、子の国籍フィリピン共和国」などと記載するとされています。

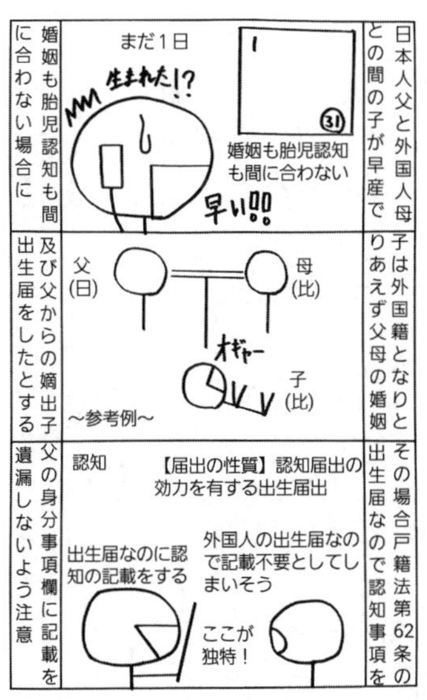

Q118 旧法時代に婚姻外で出生した者が、出生と同時に母の戸籍ではなく父の戸籍に入籍している事例について

祖母は婚姻外で出生した子ですが、祖母の母の戸籍ではなく、祖母の父の戸籍に入籍しています。出生届は祖母の父からされ、父欄には祖母の父の氏名が、母欄には祖母の母の氏名が記載されていますが、これは誤りですか。

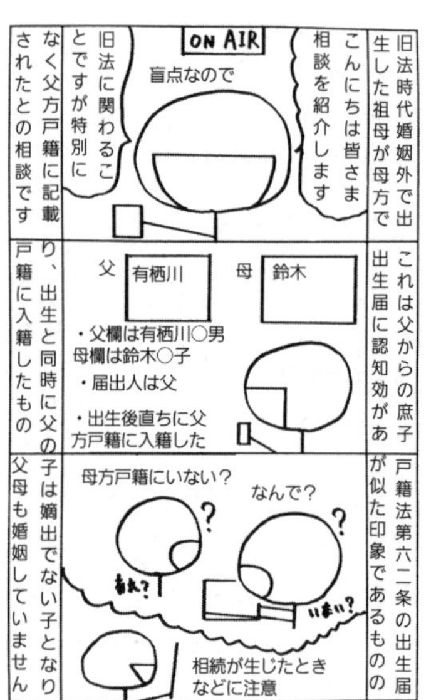

旧法時代に父母の婚姻外に生まれた子で、父から認知を受けた子は、庶子と呼ばれました（旧民法827条2項）。

そして、婚姻外で子が生まれ、父から自身の子として直ちに父の庶子として出生の届出をすれば出生届と認知届の効力を併有するとされ、その届出は庶子出生届と呼ばれていました（旧戸籍法83条）。そして、庶子は戸主の同意があれば原則的に父の家に入ることとされ、現在でいう嫡出でない子であっても父の家に入ることになりました（旧民法733条1項）。

そのため、本事例は、子が出生後、庶子出生届により直ちに父の戸籍に入籍したため、誤りではないと思われます。

※）戸主が同意しない場合など、戸籍編製・戸籍記載については様々なパターンがあります。

Q119 子が韓国、中国等漢字使用国の外国人である場合において、出生届に氏名を記載する際の注意点

先日、中国人夫婦間の嫡出子出生届を見たのですが、カタカナ表記及びローマ字の付記がありませんでした。このような届出は受理できるのですか。

子が韓国、中国等漢字使用国の外国人であり、出生届に正しい日本文字としての漢字を用いるときは、カタカナ表記及びローマ字の付記は不要とされているため、差し支えないということになります（昭和56年9月14日民二第5537号通達二）。なお、中国人に係る出生届の氏名に簡体字が記載され、当該文字が正しい日本文字として存在しない場合には、補正等の対応が必要になります。また、外国人は、戸籍法50条の規定（子の名の文字の制限）は適用されないので注意が必要です（戸籍時報783号74頁）。

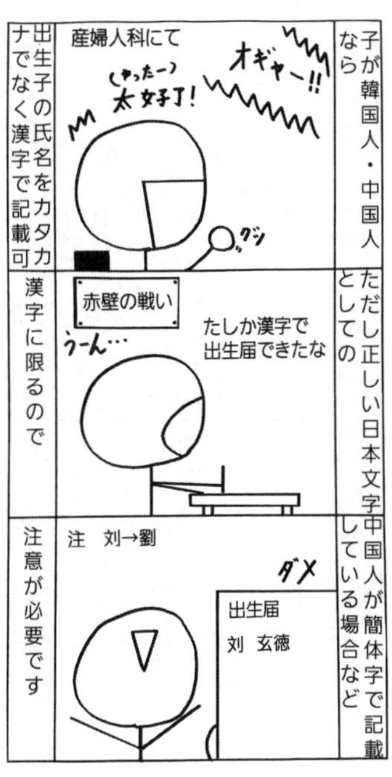

【参考文献】

「戸籍届書の審査と受理」193頁

Q120 戸籍法62条の出生届に係る成年の子の承諾の要否

成年の子の認知についてはその子の承諾が必要と思いますが、戸籍法62条の出生届をするに当たり、承諾は必要ですか。

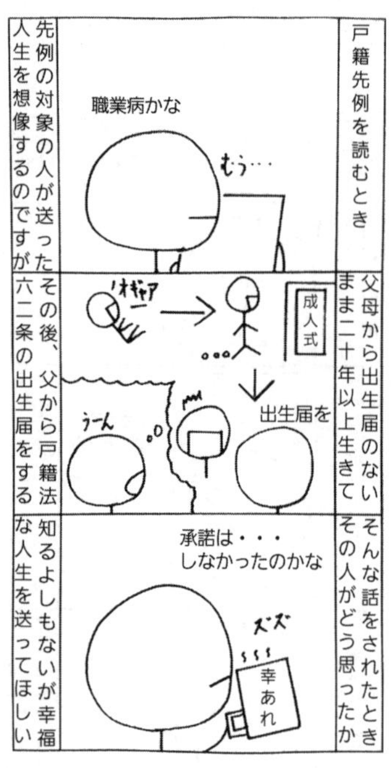

成年の子の認知については、その子の承諾が必要であるとされています（民782条）。これは出生届に認知の効力を認める戸籍法62条の出生届も同様であり、成年者の子の承諾が必要です（昭和43年4月5日民事甲第689号回答）。何らかの理由により無戸籍だった者、親子関係不存在確認の裁判が確定し、これに基づく戸籍訂正申請によって戸籍から消除された者などにつき、上記出生届出がされることが考えられます。もし、届出があった場合、子の承諾を得ていることの確認を遺漏しないよう注意しましょう。

Q121　外国人である子に係る戸籍法62条の嫡出子出生届は、子の本国法上の認知に係る保護要件を備える必要がある

私は外国人妻です。日本人夫との間に婚姻前に出生した外国人である子がいます。その子につき、夫から戸籍法62条の出生届をすることはできますか。

戸籍法62条の出生届は、認知の効力があるので、外国人の子を認知する際に必要な同人の本国法上の保護要件を備えられれば可能です（平成元年10月2日民二第3900号通達第三の1(2)エ）。

フィリピンのように認知制度が存在しない国については、保護要件を考慮する必要はありません。一方、裁判所の許可など何らかの要件を満たすことが必要な国の場合、同要件を満たさないまま された本事例のような出生届は受理されないことになります。

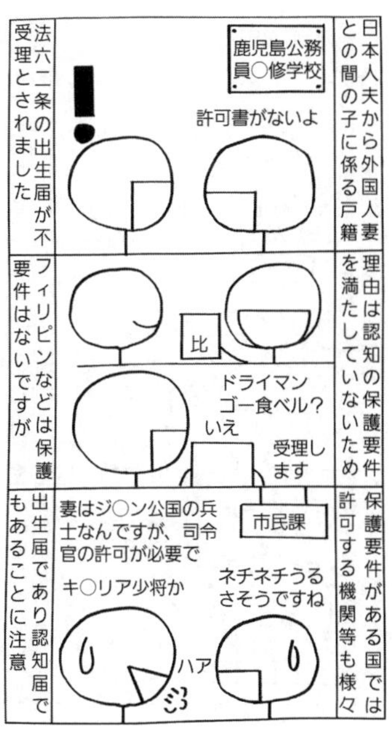

【参考文献】

「注解戸籍届書「その他」欄の記載」98頁、99頁

第9　認　知

Q122　認知届（強制認知及び胎児認知を除く）に係る基礎知識とは

認知届（強制認知及び胎児認知を除く。）に係る処理の基礎知識を教えてください。

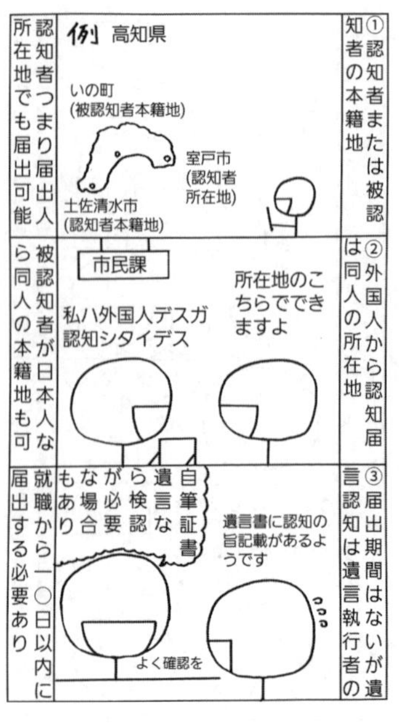

①届出は、事件本人である認知する父又は認知される子の本籍地にするか、届出人の所在地にします（戸25条1項）。認知される子の本籍地にも届出可能な点に注意が必要です（昭和11年3月9日民事甲第238号通牒）。

②外国人が認知届をする際は、届出人の所在地ですることになります。ただし、事件本人の一方が日本人の場合は、その者の本籍地でも届出は可能です（戸25条）。

③届出人は、認知者であり、届出期間はありません（戸60条）。ただし、遺言認知の場合は、遺言執行者の就職の日から10日以内に遺言の謄本を添付して届け出る必要があります（戸64条）。

【参考文献】

「設題解説戸籍実務の処理Ⅲ出生・認知編」337頁、340頁

Q123　裁判等による認知届に係る基礎知識とは

認知の裁判等による認知届について教えてください。

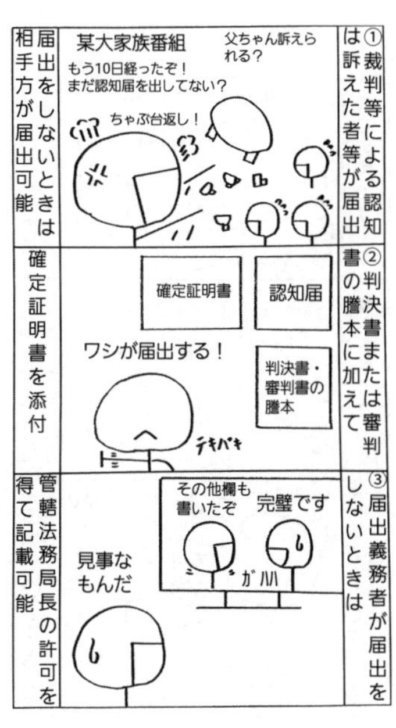

①判決又は審判の確定により父子関係が発生します。報告的届出であるため、裁判等確定日から10日以内に届出をする必要があります（戸63条1項）。届出人は、認知の訴えを提起した者又は調停の申立てをした者です。上記期間内に届出をしないときは、相手方も届出できます（戸63条2項）。なお、相手方から届出をする際は、届書その他欄に「届出期間内に申立人○○から届出がないので、相手方父○○から届出をする。」などと記載します。

②添付書類としては、判決又は審判書の謄本だけでなく確定証明書も添付する必要があります（昭和23年5月20日民事甲第1074号回答、戸63条1項）。

③届出義務者が届出をしないときは、戸籍法44条に基づき届出の催告をして、それでも届出のないときは、管轄法務局長の許可を得て職権で記載することが可能です（昭和23年1月13日民事甲第17号通達㉙）。

【参考文献】

「設題解説戸籍実務の処理Ⅲ出生・認知編」279頁～285頁
「注解戸籍届書「その他」欄の記載」145頁、146頁

Q124 未成年者又は成年被後見人であっても意思能力があれば認知することは可能か

後輩

未成年者が認知について理解し、また、成年被後見人が意思能力を回復している場合は、法定代理人の同意を得ることなく認知をすることはできますか。

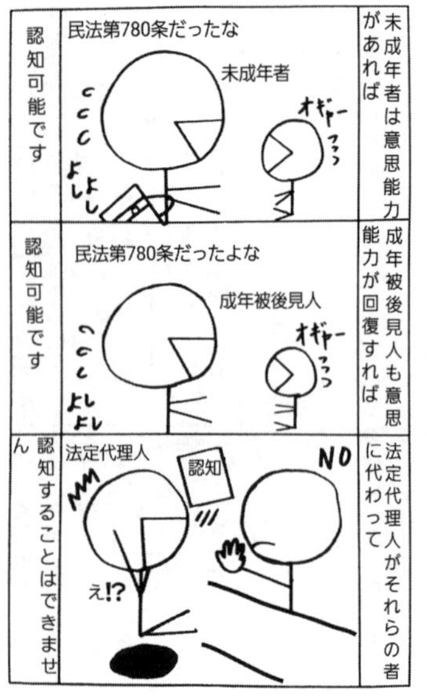

可能です（民780条、戸32条）。もし、未成年者又は成年被後見人に代わってその法定代理人が認知の届出をしても受理すべきではありません（昭和9年2月12日民事甲第175号回答）。なお、15歳以上の者は一般的に意思能力があるものとして扱われることから、未成年者は、同年齢に達して以降、自ら認知をすることができるとされています。なお、平成12年3月31日以前は成年被後見人が届出をする場合には、届書に届出事件の性質及び効果を理解するに足りる能力を有することを証すべき診断書を添付しなければならないとされていました（平成11年法律第152号で改正前の戸32条2項）。

【参考文献】

「設題解説戸籍実務の処理Ⅲ出生・認知編」216頁

Q125 死亡した子を認知するには、同人に直系卑族がいなければならず、そのうち成年者は、認知を承諾した者のみに認知の効力が生じる

死亡した子を認知するには、その子に直系卑族がいなければならないと大学で教わりましたが、直系卑族が複数人おり、一部の者（成年者）が認知を受けることに反対して承諾しないときはどうなるのですか。

死亡した子の認知は、子に直系卑属がある場合に限り認められ、直系卑属が成年者であるときは、その承諾を得なければならないとされています。直系卑属が全員未成年者であるときは、認知の効力も全員に及びますが、成年者である直系卑属が承諾しないときは、承諾した者についてのみ認知の効力が生じます（民783条2項）。

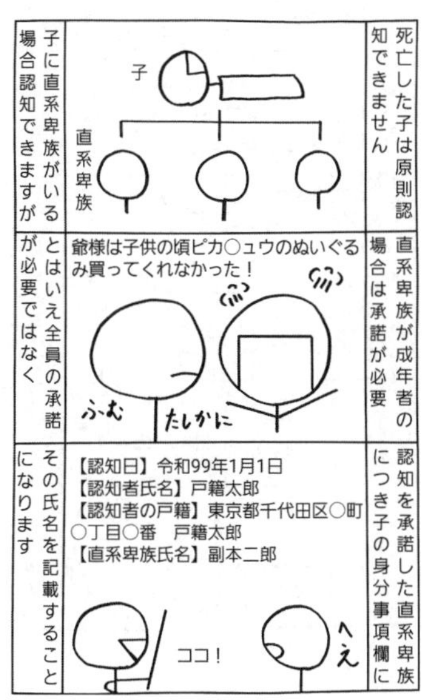

【参考文献】

「設題解説戸籍実務の処理XXI追完編」180頁

Q126 死亡した子に係る認知届に際し、同人の直系卑属のうち承諾をしなかった成年者が、後日認知を承諾した場合の処理

死亡した子に係る認知届に際し、同人の直系卑属のうち承諾をしなかった成年者が、後日、当該認知を承諾した場合はどのように対応すればよいですか。

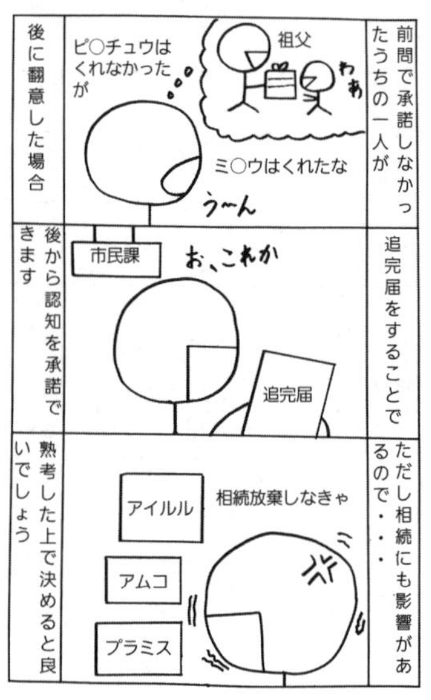

認知者は、承諾書を添付の上、追完届をすることになります。また、その承諾が認知者の死亡後にされた場合には、承諾者から追完届をします（昭和7年6月4日民事甲第250号回答、昭和38年3月30日民事甲第918号回答）。認知の効力は、上記承諾のときから生じるとされています。承諾者から追完届出をすることになる場合もあるという点が独特ですので、注意が必要です。同追完届があった場合、相続にも大きな影響を及ぼす可能性がありますので注意しましょう。

【参考文献】

「設題解説戸籍実務の処理XXI追完編」180頁
「注解戸籍届出追完の実務」159頁

Q127　直系卑族がいる死亡した子を認知する場合の戸籍記載の変遷

以前は、直系卑族がいる死亡した子を認知する場合、同人の身分事項欄には何ら記載を要しなかったのですか。

意外に感じますが、そのとおりです。戸籍法施行規則（昭和22年12月29日司法省令第94号）で示された記載例（昭和23年1月1日から昭和45年6月30日まで使用）では、祖父及び孫（直系卑族）の身分事項欄には標記認知を記載する一方、死亡した子の身分事項欄には何ら記載しなかったので注意が必要です。

上記期間に死亡した者の相続について親子関係を調べたいという人がいた場合、厳密に調べるなら死亡者だけでなく祖父及び孫の戸籍も取得するよう案内する必要があります。

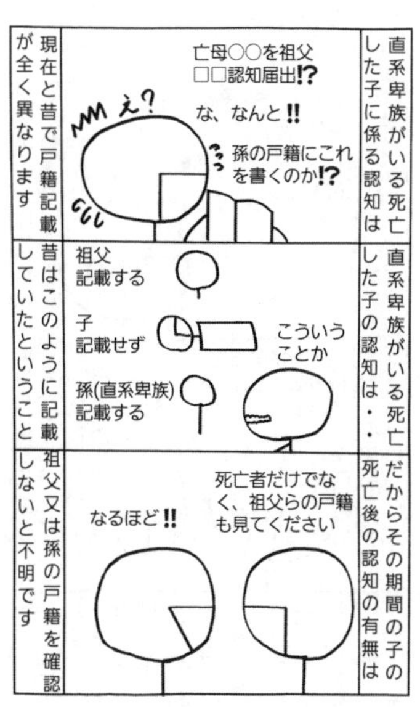

〜参考（上記記載例）〜

祖父の戸籍　「京都市上京区小山初音町○○番地亡乙野梅子を認知届出昭和○年○月○日受附㊞」

孫（直系卑族）の戸籍　「亡母梅子を祖父東京都千代田区平河町一丁目○番地甲野幸雄認知届出昭和○年○月○日千代田区長受附同月○日送付㊞」

【参考文献】

「戸籍届書の審査と受理」231頁、232頁

Q128 胎児認知に係る母の承諾、胎児が２人以上で出生した場合の効力

母の承諾なく胎児認知はできますか。また、母が未成年の場合など、法定代理人が代わって承諾できますか。認知された胎児が２人以上で出生した場合、効力は全員に及びますか。

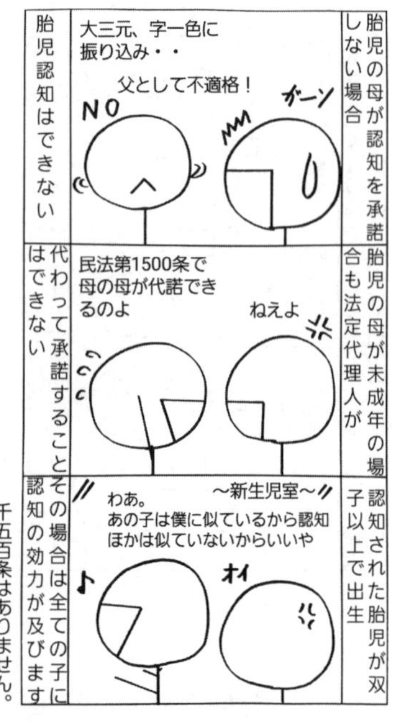

母の承諾なく胎児認知はできません（民783条１項後段）。母の法定代理人等が代わって承諾することもできません。添付書類として母の承諾書が必要ですが、母が認知届その他欄に、認知を承諾する旨を記載して署名することによって承諾書に代えることもできます（戸38条１項）。また、胎児が２人以上で出生した場合も、全ての子に胎児認知の効力が及ぶとされています（明治43年５月28日民刑第416号回答）。

【参考文献】

「設題解説戸籍実務の処理Ⅲ出生・認知編」244頁、248頁

Q129 胎児認知された子の出生前に父母が婚姻した場合及び胎児認知後に父母が婚姻したが、出生前に離婚した場合の認知届の取扱い

胎児認知された子の出生前に父母が婚姻した場合、また、胎児認知後に父母が婚姻したものの、出生前に離婚した場合、認知届をどのように扱うのですか。

どちらの事例も子は嫡出子として扱われるため、胎児に係る認知届は「戸籍の記載を要しない届書類つづり」に綴って10年間保存することになります（戸規50条）。本事例の場合、どちらも嫡出子出生届をすることになり、戸籍には出生事項のみが記載され、胎児認知の記載はされません（大正6年3月19日民第370号回答、大正10年4月11日民事第849号回答）。離婚した場合も嫡出子として出生届をすべきことに注意が必要です。

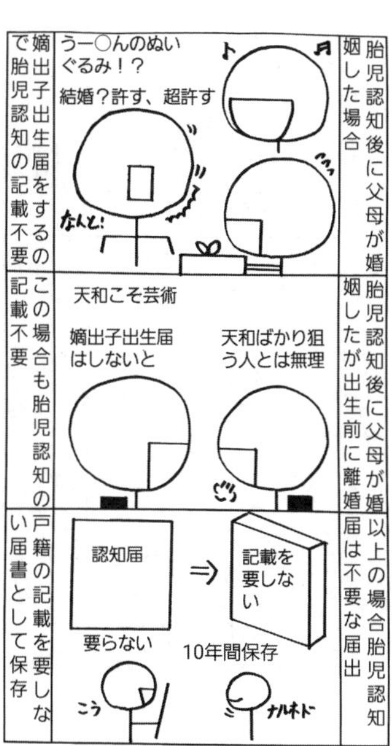

【参考文献】

「設題解説戸籍実務の処理Ⅲ出生・認知編」262頁、263頁

Q130　死亡した子の直系卑属のうち、1人が祖父に対し提起した認知の訴えが認められた場合、成年である兄弟姉妹は、後日、当該認知を承諾できるか

任意認知だけでなく、裁判認知についても、死亡した子の直系卑属である成年者が、後日、当該認知を承諾することは可能ですか。また、未成年者には当然に認知の効力が及びますか。

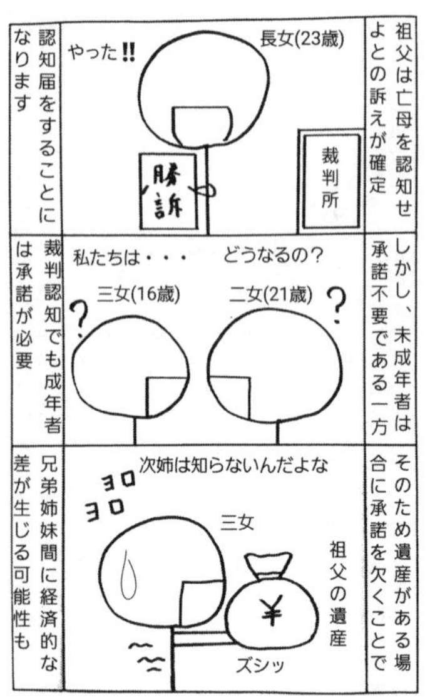

可能です。成年者が認知を承諾する旨の追完届は、認知を承諾した者がすべきとされています（昭和38年3月30日民事甲第918号回答）。また、訴えの提起者以外の未成年の兄弟姉妹には、認知の効力が当然に及ぶことになるので注意が必要です。

【参考文献】

「注解戸籍届出追完の実務」160頁

Q131　認知の訴えができる者について

認知の訴えができる者はだれですか。

意思能力のある嫡出でない子は、認知の訴えを提起できます。つまり、15歳以上であれば意思能力があるとされているため、未成年でも認知の訴えを提起することが可能です。また、子が死亡しているときは、子の直系卑属が認知の訴えを提起できます。なお、意思能力がある場合にも法定代理人が未成年者を代理できるかについては説が分かれているものの判例は肯定しています（民787条、昭和43年8月27日最高裁第3小法廷判決）。

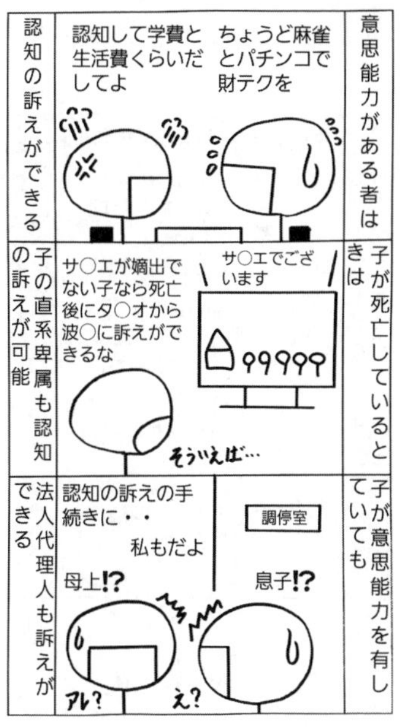

意思能力を有しない子及びその直系卑属については、法定代理人が上記の者を代理して認知の訴えを提起することができます（明治34年12月17日大審院判決）。

【参考文献】

「設題解説戸籍実務の処理Ⅲ出生・認知編」279頁～281頁

第 10　養子縁組

Q132　養子縁組届の基礎知識

養子縁組届の基礎知識について教えてください

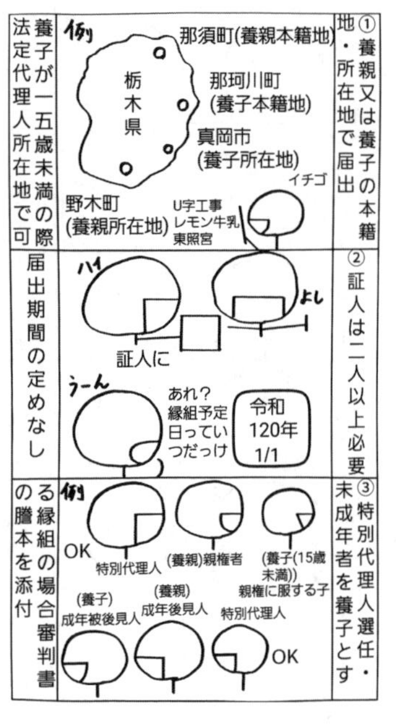

①届出人は縁組の当事者である養親及び養子であり、養親となる者は 20 歳以上でなければなりません（民 792 条）。届出人の所在地のほか、養親又は養子の本籍地でも届出できます（戸 25 条 1 項）。養子が 15 歳未満の場合、その縁組につき承諾する養子の法定代理人が届出人となります。

②養子縁組の届出には成年の証人 2 人以上が必要です（民 799 条、739 条 2 項、戸 33 条）。また、創設的届出なので、届出期間の定めはありません。

③自己又は配偶者の直系卑属を養子とする場合を除き、未成年者を養子とするには、家庭裁判所の許可が必要です（民 798 条）。また、後見人が被後見人を養子とする場合も同様です。なお、15 歳未満の子の養子縁組で代諾を要する場合に、親権者がその親権に服する嫡出でない子を養子とする場合には、特別代理人を選任します（民 826 条）。また、後見人が被後見人を養子とするときには、後見監督人がいなければ特別代理人が代諾すべきとされています（民 851 条 4 号）。

Q133 養子が 15 歳未満である養子縁組に当たって、監護者の有無に係る審査はどのようにすれば審査義務を果たしたといえるか

養子が 15 歳未満である養子縁組に当たって、監護者の有無に係る市区町村の審査は、何を行えば審査義務を果たしたといえますか。また、その根拠はどこにあるのですか。

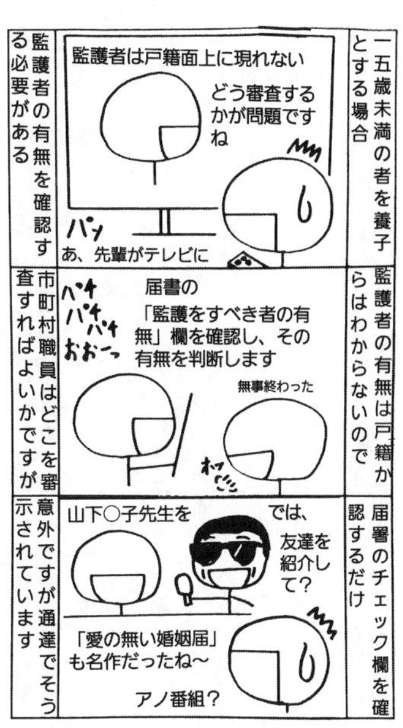

民法 797 条 2 項のとおり、本事例の縁組を法定代理人が代諾するに当たり、養子となる者の父母で、その監護をすべき者が他にあるときは、その同意が必要です。しかしながら、監護者がいても戸籍面上には現れないこともあり、監護者の有無に係る審査は意外と盲点になります。

審査方法については、昭和 62 年 10 月 1 日民二第 5000 号通達第 1 の 2 に具体的な取扱いが明記されています。それによれば、届書の所定欄に同意を要する監護者の有無を記載させ、その記載によって監護者の有無を審査し、同意を要する監護者がある場合には、届書にその同意を証する書面を添付させるか、届書のその他欄に同意する旨を付記させて署名をさせるとされています。

Q134 戸籍の筆頭者又はその配偶者以外の者を養親、夫婦を養子とする養子縁組で、養親につき新戸籍が編製されているものは誤記か

戸籍の筆頭者又はその配偶者以外の者を養親、夫婦を養子とする養子縁組で、養親につき新戸籍が編製されているものは誤記ではないのですか。

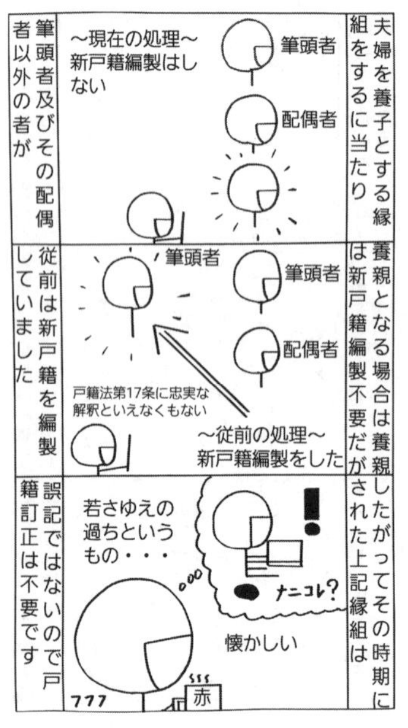

必ずしも誤りとはいえません。従前、本事例のような養子縁組では、新戸籍を編製することとされていました（昭和23年2月17日民事甲第210号回答）。現在の感覚からすると違和感はありますが、ある意味、戸籍法17条に忠実な解釈がなされていたともいえます。上記取扱いは昭和33年3月29日民事甲第633号通達により改められましたので、この間に受理されたものについては、適正な処理であるといえます（戸籍535号71頁）。

【参考文献】

「設題解説戸籍実務の処理Ⅳ養子縁組・養子離縁編」93頁
「こせき相談室」188頁

Q135 自己の 15 歳未満の嫡出でない子を配偶者とともに養子とする養子縁組届があった場合の特別代理人選任の要否

私には嫡出でない子がおり、配偶者とともに養子縁組した際、特別代理人を選任しました。今般、その子が私と同様に、自身の嫡出でない子（4 歳）を夫婦共同で養子縁組する場合、特別代理人の選任は不要なのですか。

以前、本事例のような養子縁組は利益相反のため民法 826 条に基づき特別代理人の選任を要するとされていました（昭和 23 年 7 月 20 日民事甲第 2225 号回答(1)）。しかし、昭和 63 年 9 月 17 日民二第 5165 号通達により、自己の 15 歳未満の嫡出でない子を配偶者とともに養子とする縁組の届出があった場合に限り、特別代理人の選任は不要とされました。

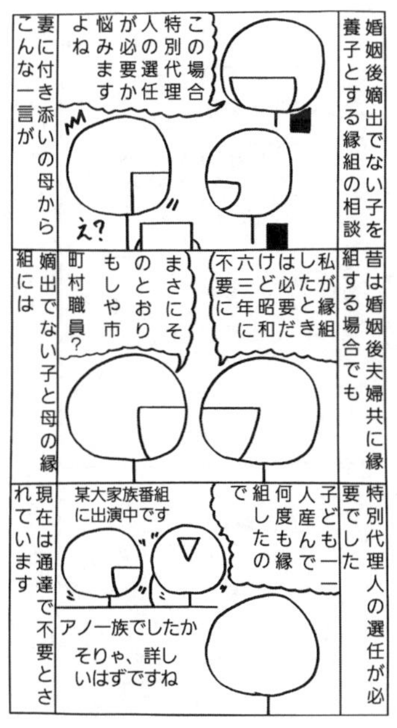

【参考文献】

「設題解説戸籍実務の処理Ⅳ養子縁組・養子離縁編」45 頁～48 頁、176 頁

Q136　婚姻の際に氏を改めた者が、配偶者死亡後、昭和 62 年 12 月 31 日以前に養子となった場合の取扱いについて

昭和 62 年中に受理された養子縁組で、婚姻の際に氏を改めた者が、配偶者の死亡後に養子となった際、婚姻により在籍した戸籍から除籍され、養親の戸籍に入籍していたのですが、誤記ではないのですか。

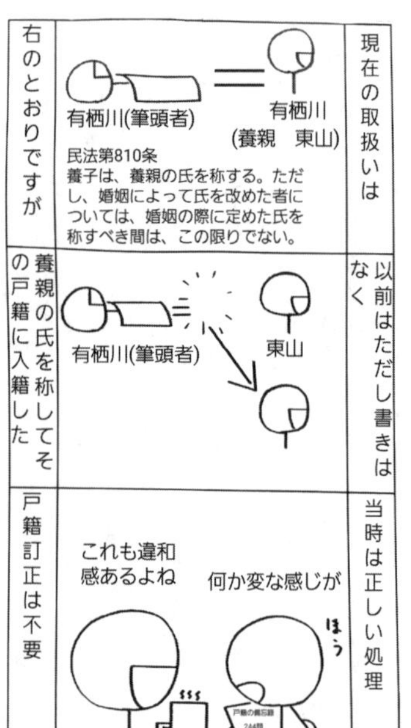

昭和 62 年当時、民法 810 条ただし書はありませんでした。配偶者の死亡後に養子となった場合には、既に婚姻は解消されているため、夫婦同氏の原則は働かず、縁組によって養親の氏を称し、養親の戸籍に入籍するとされていました。そのため、誤記とはいえませんので、誤って戸籍訂正をすることのないよう注意が必要です。

【参考文献】

「設題解説戸籍実務の処理Ⅶ死亡・失踪・復氏・姻族関係終了・推定相続人廃除編」234 頁

Q137　自己の嫡出子又は養子と養子縁組をすることはできないが、自己の嫡出でない子とは養子縁組が可能である

先日、自分が認知した嫡出でない子と養子縁組をしている者がいたのですが、これは問題ないのですか。

自己の嫡出子又は養子をさらに養子とするのは、既に嫡出親子関係が生じているので実益がないものとして許されないこととされています（昭和23年1月13日民事甲第17号通達(17)）ただし、父は自分が認知した嫡出でない子と養子縁組をすることができるとされています（昭和4年5月2日大審院判決、民798条ただし書）。このような養子縁組は、平成25年9月4日に嫡出でない子の相続分を嫡出子の相続分の2分の1とする民法の規定が違憲であるとの最高裁判所決定があるまでは、養子にとって経済的にも利点のあるものでした。

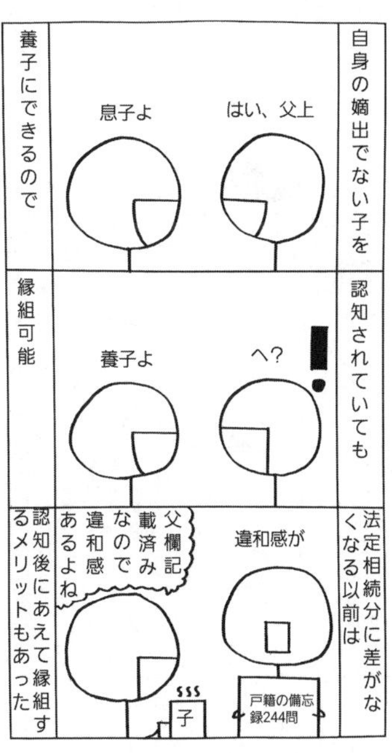

【参考文献】

「設題解説戸籍実務の処理Ⅳ養子縁組・養子離縁編」25頁、26頁

Q138　旧法当時行われた他家にある自己の嫡出子との養子縁組について

旧法当時、自己の嫡出子と養子縁組をしている戸籍を見かけたのですが、これは誤記ではないのですか。

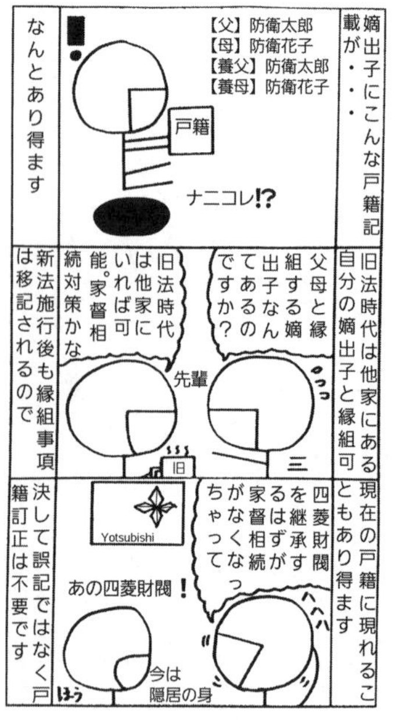

旧法当時、自己の嫡出子であっても、他家にある者については養子縁組により自己の戸籍に入籍させることが認められていました（大正3年4月23日民第157号回答）。これは、他家にある嫡出子を自家に入れる方法としては、親族入籍（旧民法737条）、引取入籍（同法738条）がありましたが、これらによると家督相続の順位に極めて不利に作用するので、それを避けるためでした（旧民法972条、970条2項、大正10年9月16日民第3596号回答等参照）。

また、応急措置法当時も、父母と同籍することに目的は変わりましたが、同様の養子縁組が認められていました（昭和22年6月20日民事甲第522号回答1）。現在では、違和感を感じる戸籍記載ですが、新法施行後も養子の新戸籍又は入籍戸籍に重要な身分事項として移記するとされています（戸規39条1項3号、昭和24年11月11日民事甲第2641号回答(2)）。

【参考文献】

「設題解説戸籍実務の処理Ⅳ養子縁組・養子離縁編」28頁、29頁
「旧法（親族・相続・戸籍）の基礎知識」254頁、459頁、455頁、460頁、458頁

Q139 未成年者である自己又は配偶者の直系卑属を養子とする場合は、家庭裁判所の許可は不要である。ただし、既に死別又は離婚した配偶者の直系卑属を養子とする場合は、同許可は必要である

未成年者である自己又は配偶者の直系卑属を養子とする場合は、家庭裁判所の許可は不要だと思いますが、配偶者と死別又は離婚した場合、同許可は必要ですか。

必要です。

昭和24年2月4日民事甲第3876号回答(1)によれば、既に死別又は離婚した配偶者については、民法798条ただし書にいう「配偶者」には含まれないとされています。本事例の場合、家庭裁判所の許可が必要です。また、養親が養子縁組前に出生した養子の未成年の子を養子とする場合は、縁組前に出生した子とは何ら血縁関係は生じないとされていますので、上記の子は養親の「直系卑属」に該当しないものとして、家庭裁判所の許可を要することになります（昭和7年5月11日大審院判決参照）。

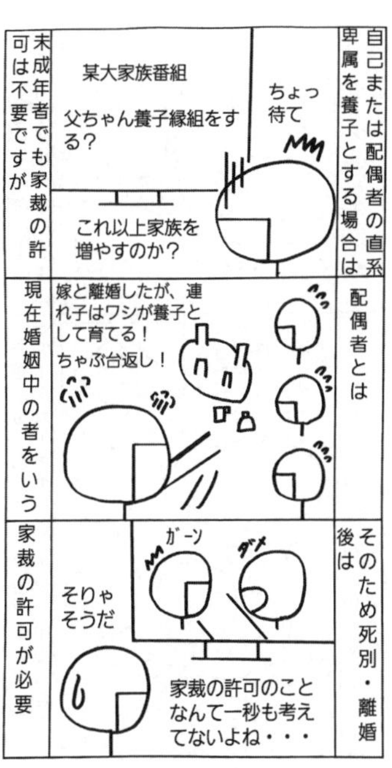

【参考文献】

「設題解説戸籍実務の処理Ⅳ養子縁組・養子離縁編」29頁、32頁、34頁

Q140　父母の共同親権に服する 15 歳未満の子に係る養子縁組の代諾に当たり、父母の一方が意思表示できない場合及び父母の意見が一致しない場合の縁組の可否

15 歳未満の子を養子とする養子縁組につき、法定代理人である父母の一方が所在不明又は意思表示不能のときは、他の一方が単独で代諾できますか。また、父母の意見が一致しないとき縁組は可能ですか。

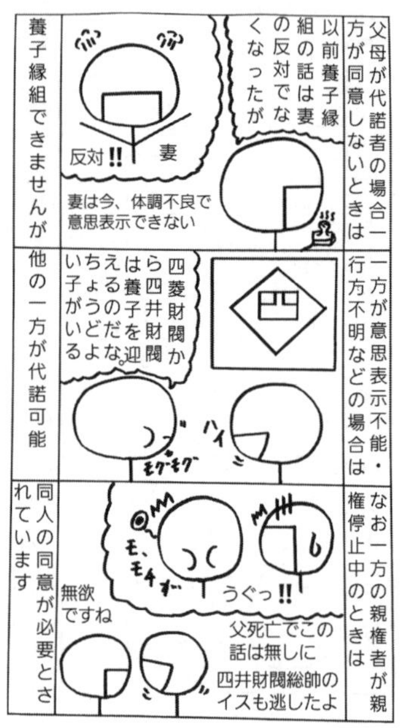

前段については可能です（民 796 条ただし書、818 条 3 項ただし書、昭和 23 年 11 月 12 日民事甲第 3579 号回答）。この場合、届書その他欄に意思表示不能である旨及びその事由を記載するとされています（昭和 62 年 10 月 1 日民二第 5000 号通達第 1 の 1(1)イ）。

後段については不可能です（昭和 23 年 6 月 9 日民事甲第 1636 号回答）。なお、養子となる者の父母で、親権を停止されている者があるときも同意を得なければならないとされているので注意が必要です（民 797 条 2 項後段）。

【参考文献】

「設題解説戸籍実務の処理Ⅳ養子縁組・養子離縁編」42 頁、43 頁

Q141　養子縁組の代諾者等について

①未成年者である母は、その子が養子となるに際して縁組の代諾をすることはできますか。
②成年後見人が成年被後見人に代わって養子縁組をすることはできますか。
③児童福祉施設に在所し、親権者又は未成年後見人がいない 15 歳未満の児童が養子となる場合は誰が代諾者になりますか。

①未成年者である母は、同人の子を養子とする縁組につき代諾することはできず、法定代理人が親権代行者として代諾することになります（民 833 条、867 条 1 項）。

②成年被後見人が養子となる縁組につき、成年後見人が代わって届出をすることはできません（民 799 条、738 条、戸 32 条、平成 12 年 3 月 15 日民二第 600 号通達第 2 の 2(2)イ）。

③児童福祉施設に入所する 15 歳未満の児童が養子となる場合で、親権者又は未成年後見人がいないときは、都道府県知事の許可を得て児童福祉施設の長などが縁組の代諾をすることになります（児童福祉法 47 条、昭和 24 年 8 月 30 日民事甲第 1933 号回答(1)）。

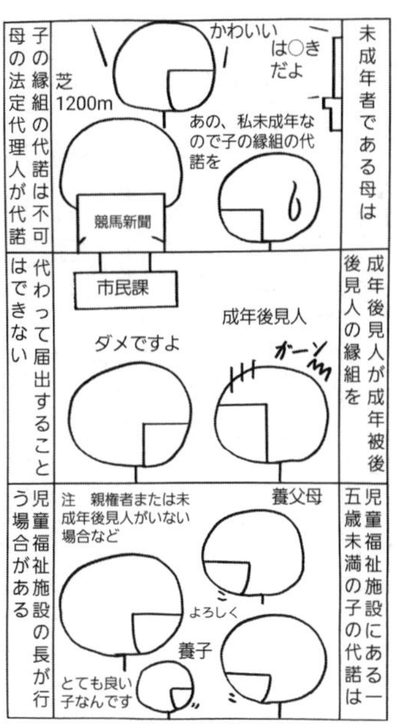

【参考文献】

「設題解説戸籍実務の処理Ⅳ養子縁組・養子離縁編」44 頁〜52 頁

Q142　15 歳未満の者を養子とする養子縁組については、養子の意思能力の有無にかかわらず、一律に法定代理人が代諾する

養子になろうとする者が 14 歳であっても、養子縁組の効力等について詳細に理解している場合は、同人が届出人になれますか。

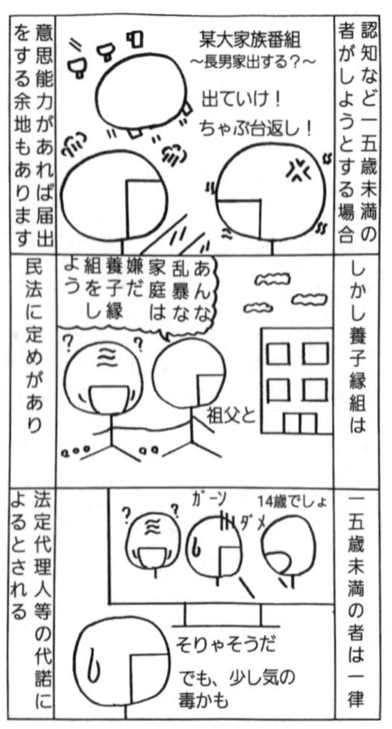

なれません。この場合、養親及び代諾者が養子縁組届をすることになります。すなわち、未成年者のうち、15 歳未満の者については、民法上、意思能力の有無に関係なく、一律に縁組の意義等を正当に判断することができない者として、法定代理人である父母又は後見人が子に代わって承諾する必要があります（民 797 条 1 項、戸 68 条、大正 11 年 7 月 29 日大審院判決）。なお、15 歳未満の者であっても、認知届等については、意思能力を有する場合、届出することができるので比較して覚えておきましょう。

【参考文献】

「設題解説戸籍実務の処理Ⅳ養子縁組・養子離縁編」36 頁

「事例別・戸籍実務解説　養子縁組編」13 頁

Q143　配偶者の15歳未満の嫡出子を養子とする場合の代諾者

私の妻には前婚中に出生した娘（14歳・嫡出子）がおり、離婚に際して、妻が親権者となりました。今般、その子と養子縁組を考えているのですが、妻が娘の代諾をしてよいのですか。

養子縁組の代諾者は、養子となる者の法定代理人とされています（民797条1項）。そのため、父母であっても離婚している場合は、離婚に際して親権者と定められた者が代諾します。本事例では、相談者の妻が親権者なので、同人が代諾すればよいということになりますが、監護者が別に定められていれば、その者の同意も必要です（同条2項前段）。なお、離婚後に親権者と定められた者が死亡するなどにより、未成年後見人が選任されていれば同人が代諾します。

【参考文献】

「設題解説戸籍実務の処理Ⅳ養子縁組・養子離縁編」44頁

Q144　未成年者を養子とする養子縁組に係る家庭裁判所の許可を得た後、届出前に養親が死亡又は離婚した場合、先に得た許可により養子縁組をすることはできない

未成年者を養子とする養子縁組の許可を得た後、養親となる者が死亡又は離婚した場合、先に得た許可により養子縁組をすることは可能ですか。

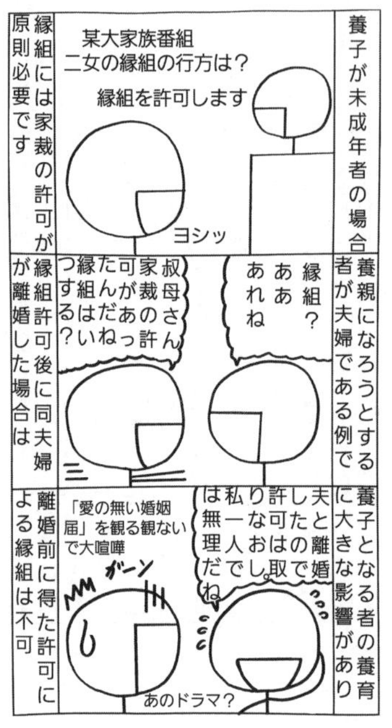

未成年者を養子とする養子縁組をする場合、原則、家庭裁判所の許可が必要です(民 798 条本文)。上記許可を得た後、養親となる者が死亡又は離婚した場合、養子となる者の養育環境に大きな影響があるため、改めて養子縁組の許可を得なければなりません（昭和 24 年 7 月 19 日民事甲第 1648 号回答、昭和 34 年 7 月 22 日民事甲 1568 号回答など）。

【参考文献】

「戸籍届書の審査と受理」272 頁

Q145　法務局への受理照会を要する養子縁組

法務局に受理照会をした上で不受理とした養子縁組届がありましたが、なぜ照会をしたのですか。

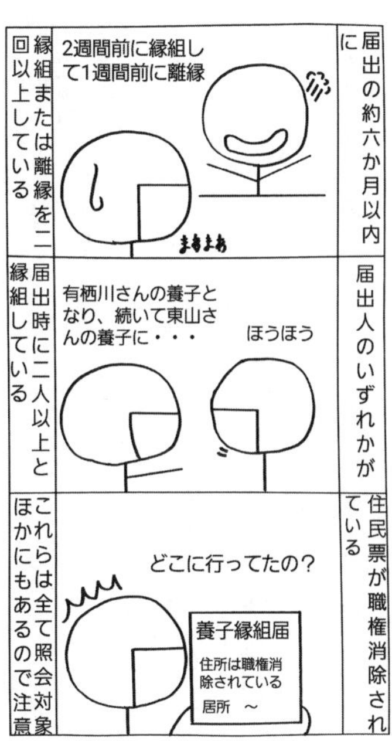

縁組意思のないまま氏を変更することを目的とする成年同士の養子縁組が散見されたことから、平成 22 年 12 月 27 日民一第 3200 号通達が発出され、虚偽と疑われる届出について法務局に照会することになりました。そして、同日付け民一第 3201 号依命通知第 2 の 1 に対象となる具体例が示されました。なお、上記通達によれば、届出人、証人、使者等の事情聴取に当たり、都道府県警察等に協力を求めるとともに、市区町村長に対して受理又は不受理の指示を行った後、必要に応じ、都道府県警察に対し、当該調査に係る情報を提供するとされていますので、照会対象の届出があった場合、上記の対応をする旨、届出人に伝えておくとよいでしょう。

Q146　特別養子縁組届の基礎知識

特別養子縁組の基礎知識について教えてください。

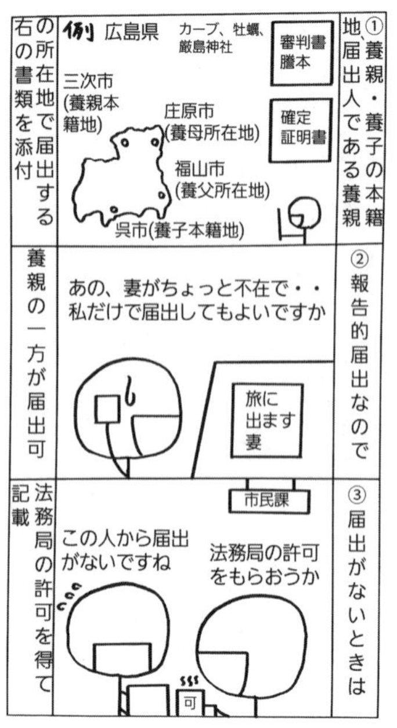

①養親又は養子の本籍地のほか届出人の所在地で届出します（戸 25 条 1 項）。審判書の謄本及び確定証明書を添付した上で審判確定日から 10 日以内に届出する必要があります（戸 68 条の 2、63 条 1 項）。

②届出義務者は、裁判を請求した者、すなわち養親です（戸 68 条の 2、63 条 1 項、民 817 条の 2）。報告的届出であることから、審判を請求した養父母の一方が届出をすればよいことになります。

③審判確定日から 10 日以内に届出をしないときは、届出義務者に催告し、届出がないときは、管轄法務局長の許可を得て職権記載することができます（戸 44 条、24 条 2 項）。養親に他の子がありその子の父母との続柄が特別養子縁組によって変更することとなる場合、届書その他欄にその旨を記載する必要があります。

【参考文献】

「戸籍届書の審査と受理」331 頁～333 頁

第 11　養子離縁

Q147　離縁届の基礎知識（その 1　届出地など）

離縁届の基礎知識について教えてください。

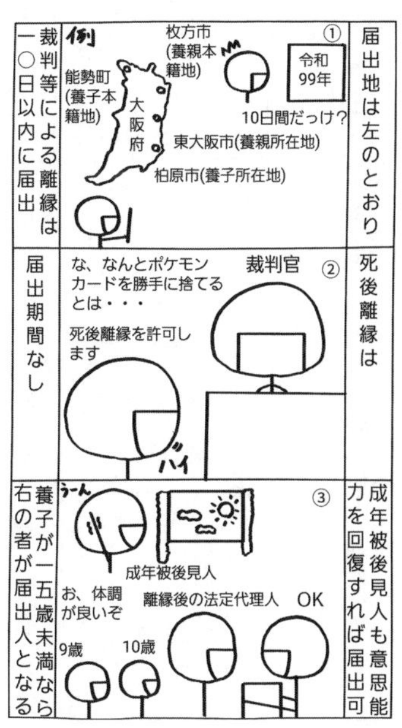

①届出地は、養親又は養子の本籍地、届出人の所在地です（戸 25 条 1 項）。協議離縁は届出期間がない一方、裁判等による離縁は、判決又は審判の確定日、調停成立日から 10 日以内に届出する必要があります（戸 73 条 1 項）。

②死後離縁は、家庭裁判所が関与するものの、届出期間の定めはありません。死後離縁の届出人は、生存当事者です。ただし、15 歳未満の養子が死亡養親と離縁する際は、法定代理人が届出します。例えば養父母の一方が死亡した場合、当該死亡養親と死後離縁するときは、親権者である生存養親が届出人となります。

③協議離縁の届出人は、養親及び養子です（戸 70 条）。ただし、養子が 15 歳未満であるときは、養子の離縁後に法定代理人となるべき者が離縁協議を行い届出人にもなります（戸 71 条、民 811 条 2 項）。成年被後見人も意思能力があれば自ら届出可能であり、後見人の同意は要しません（民 812 条、738 条）。

【参考文献】

「設題解説戸籍実務の処理Ⅳ養子縁組・養子離縁編」274 頁～280 頁

Q148　離縁届の基礎知識（その 2　添付書類等）

離縁届の添付書類を教えてください。

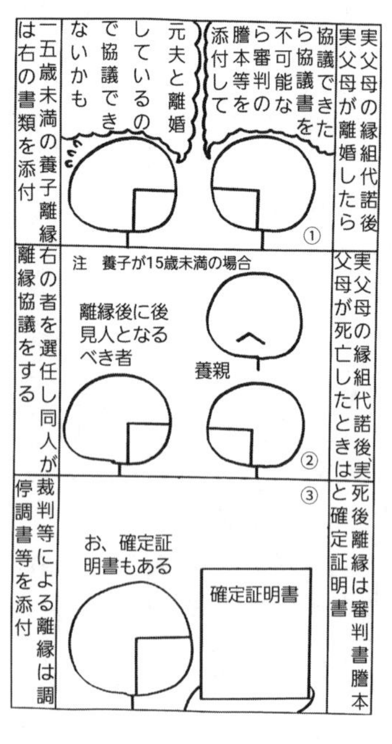

①養子が 15 歳未満のとき、実父母が縁組を代諾した場合は、戸籍記載から確認できるので離縁協議者としての資格を証する書面は不要です。しかしながら、養子縁組の代諾後、実父母が離婚した場合、実父母の協議又は家庭裁判所の審判で離縁後に親権者となる父母の一方を定めることになります（民 811 条 3 項及び 4 項）。そのため、父母の協議を証する書面又は調停調書若しくは審判書の謄本を添付します。

②養子が 15 歳未満のとき、縁組の代諾をした実父母が既に死亡しているときは、離縁前に未成年後見人となるべき者を選任し、その者が養子に代わって離縁協議をして届出をすることになります（民 811 条 5 項）。そのため、後見人選任の審判書の謄本を添付する必要があります。

③死後離縁に当たっては、離縁を許可する審判書の謄本及び確定証明書を添付します（民 811 条 6 項、家事 162 条 4 項）。また、裁判等の離縁に当たっては、調停調書、審判書又は裁判の謄本、和解調書・認諾調書の謄本を添付し、判決又は審判の場合は確定証明書も添付します。

Q149　15 歳未満の者から戸籍法 73 条の 2 の届がされた場合の取扱いなど

15 歳未満の者に係る戸籍法 73 条の 2 の届を、法定代理人がすることができますか。

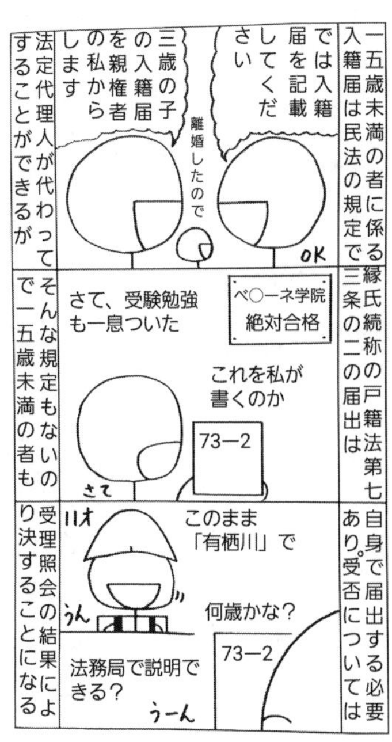

できません。

戸籍法 73 条の 2 の届、いわゆる縁氏続称は、法定代理人が届出をすることができる規定がないので、15 歳未満の者も意思能力を有する限り、自ら届出をすることになります。15 歳未満の者から届出があった場合は、管轄法務局長に受理照会をします（平成 27 年 3 月 9 日民一第 308 号通知）。届出人に対しては、法務局において上記届出の効力等につき理解しているかなどを聴取されることになる旨説明しておくとよいでしょう。

Q150 離縁届があった際に称する氏に係る誤りやすい事例

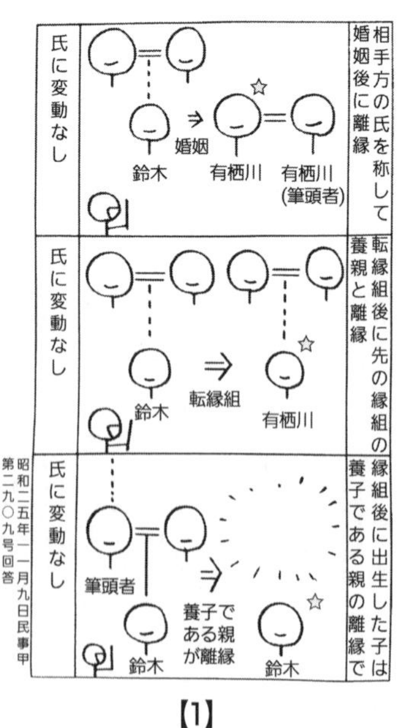

【1】

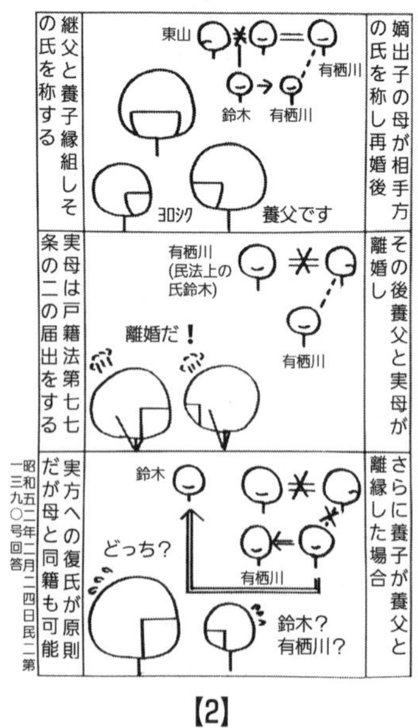

【2】

3コマ目：養子の子と養親及び養親の血族との親族関係は終了します（民 729）。

本事例で養子が離縁後に母と同籍を望む場合は、離縁届の「離縁後の本籍」欄は「もとの戸籍にもどる」をチェックし、その他欄には『養子は、離縁後母と同籍することを望む』などと記載します（「設題解説戸籍実務の処理Ⅳ養子縁組・養子離縁編」260 頁）。

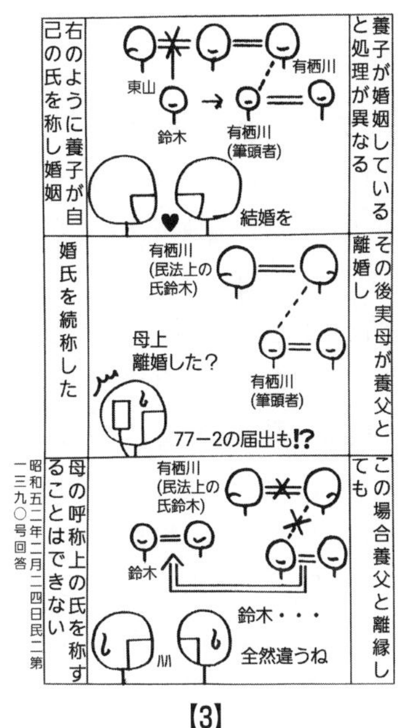

【3】

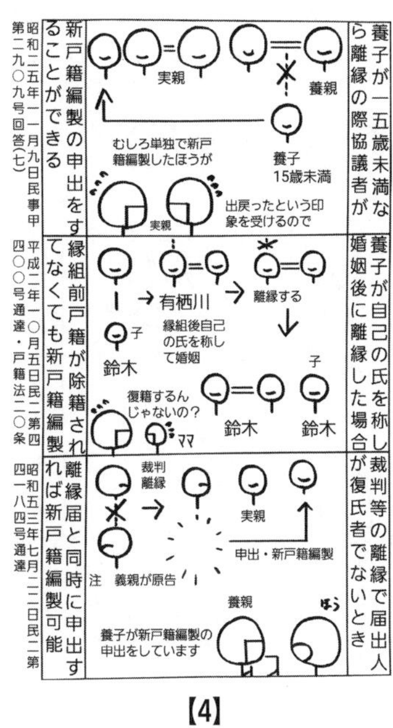

【4】

母の子が自身の氏を称して婚姻後、母の夫との養子縁組により新戸籍を編製している場合も同様に、離縁に当たって母の呼称上の氏を称することはできません（上記回答）。

1コマ目：戸籍法19条第1項ただし書の適用があります。

2コマ目：離縁によって他の戸籍に入るべき者に配偶者があるときは、その夫婦について新戸籍を編製します（戸20）。

3コマ目：離縁届その他欄に『養子の○○は新戸籍編製の申出をします。新本籍　東京都杉並区高円寺3丁目○○番地』などと記載の上、署名します（「注解戸籍届書「その他」欄の記載」236頁）。

コーヒーブレイク③

あれなくてもよいでしょ？（会計課長）→ダメです（市民課長）

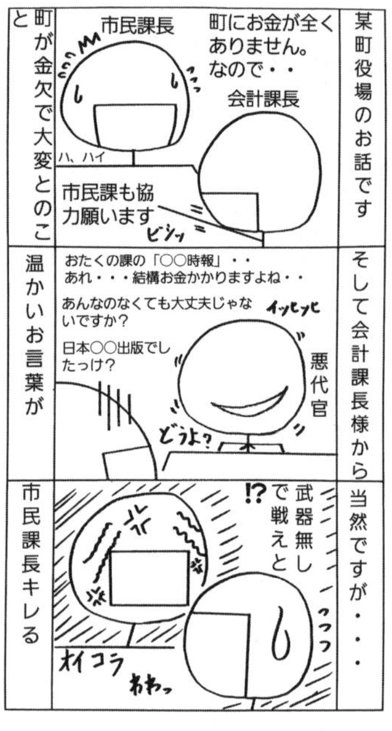

これは、筆者が戸籍の現地指導で、ある町役場を訪れたときに聞いた話です。

歳出削減に取り組む中でこんなやりとりがあったと当時の担当係長が明かしてくれました。その結果、重要な資料だけは、なんとか買い続けてもらえたとのことでした。

この町にはこの町なりの財政事情があったのでしょうが、事務処理に当たり、最新の資料は可能な限り入手できるよう努力すべきです。古い資料を用いて事務処理をした場合、重大過誤を引き起こすことも考えられます。その場合、わずかな金銭を惜しんで、大きな負担を負うことになりますので、なんとか書籍等の購入につき理解を得られるように努めましょう。

コーヒーブレイク④

官公庁新規採用者に贈る言葉

読者の中には新規採用者の方もいらっしゃるかと思います。

採用を祝して筆者から、まずは正確性を重視すべしという言葉を贈ります。

職員数も少ない中で、迅速な処理が求められると、早く処理しようとするあまり、過誤を発生させてしまいがちです。戸籍は人の身分関係を公証するものであり、過誤が生じた場合、他の関係者にも影響が生じる可能性もあります。誤った届出を受理したことなどにより、人の人生を狂わせることがないよう、一つ一つの事務を確実に処理するよう心がけましょう。

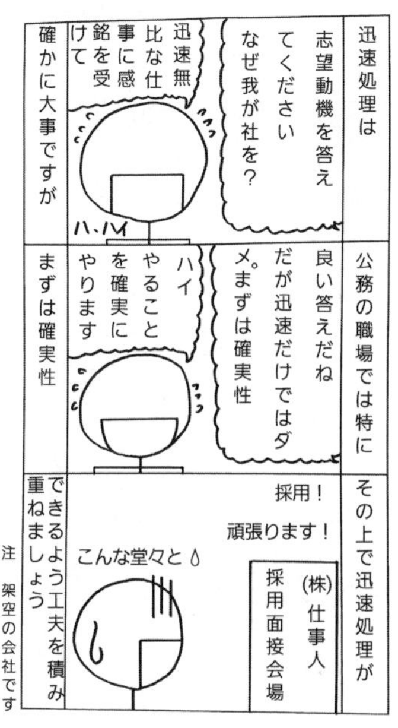

第 12　国籍の得喪

Q151　重国籍者が、国籍選択届をした後、他国の国籍を離脱した場合、外国国籍喪失届をすることができるか

先般、国籍選択届をしたのですが、外国国籍喪失届もすることができますか。

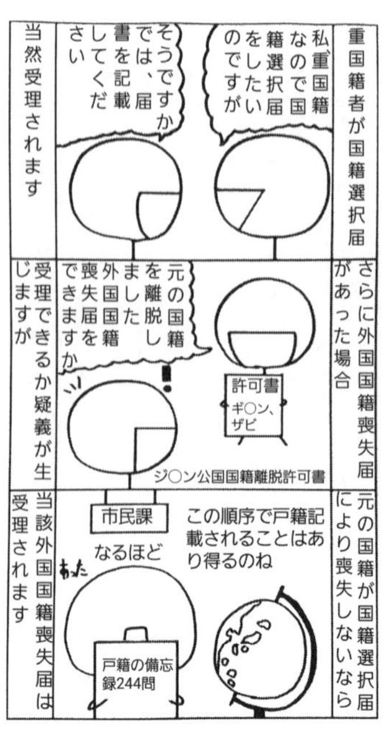

重国籍者は、法定の期限内にいずれかの国籍を離脱又は選択する必要があります（国 14 条）。外国国籍を離脱した者は、外国国籍喪失届により、日本国籍の選択宣言をする者は、国籍選択届によります。どちらの方法によるかは、重国籍者の任意とされています。問題は、国籍選択届をした後、外国国籍喪失届ができるかです。

国籍法 16 条 1 項は、選択宣言後も外国国籍の離脱に努めるとしていますが、届出の要否については特に触れていません。この点につき、【参考文献】によれば、重国籍者が日本の国籍を選択する旨の宣言の届出をしても、それのみによって国籍を喪失しない法制の外国籍を有する場合、国籍選択宣言の届出に続き、外国国籍喪失届をすることができるとされています。

【参考文献】

「戸籍法施行規則解説体系戸籍の実務とその理論 2 各論」（加除式）

Q152 国籍留保に係る取扱いの変更点について

父母の血統により、出生に伴い外国の国籍を取得した日本国民で国外での出生者は、国籍留保届をしなくてよかった時期があったのですか。

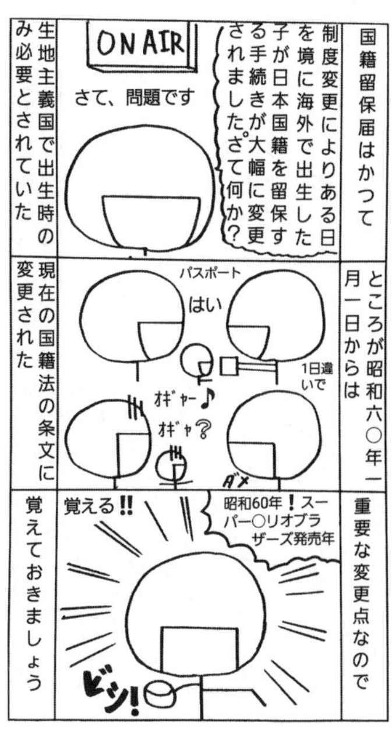

昭和25年7月1日から昭和59年12月31日までの出生者で「生地主義国」（例：米国、ブラジルなど）で出生したことにより、その国の国籍を取得した日本国民は、国籍留保の届出をしなければ、出生時に遡って日本国籍を喪失するとされていました（改正前国籍法9条）。改正前は「生地主義国」に限られていたことに注意が必要です。

上記取扱いは大幅に変更され、昭和60年1月1日以後、国外での出生者で出生により外国の国籍を取得した日本国民は、国籍留保の届出をしなければ出生時に遡って日本国籍を喪失するとされました（国12条）。そのため、例えば、令和4年2月5日、日韓夫婦の嫡出子が韓国で出生した場合も国籍留保届が必要になりました。

Q153　日本人男性に胎児認知された子が日本国外で出生した場合の出生届及び国籍留保の届出人について

私は、外国人女性の胎児を認知しました。彼女は自国で出産する予定ですが、他の手続きもあるため同行する私が出生届及び国籍留保の届出の届出人となりたいのですが可能ですか。

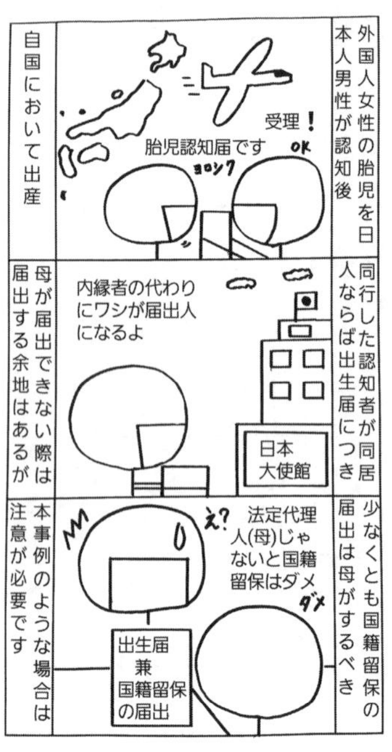

日本人男性に胎児認知されていても本事例の子は嫡出でない子であるため、母が第1順位の届出人です。もっとも、同人が届出できない理由があり、かつ、父が同居人であれば出生届自体はできるケースはあります（昭和 54 年 9 月 5 日民二第 4504 号回答）。しかし、日本国外において出生により他国の国籍を取得した子について日本国籍を留保したい場合、国籍留保の届出も必要になります。そして、同届出は、法定代理人からするべきとされていることから、結局、母が届出する必要があります（昭和 59 年 11 月 1 日民二第 5500 号通達第 3 の 4⑵、昭和 39 年 3 月 6 日民事第 554 号回答、戸籍 542 号 59 頁）。

Q154　日本国内で出生し、日本国籍と外国籍を取得する者が日本国籍取得を望まない場合の対応

韓国人男と日本人女間の日本国内で出生した嫡出子について出生による日本国籍取得を望まない場合、どうすればよいですか。

日本は出生による国籍の取得につき、父母両系血統主義を採っているので、本事例の場合、子は出生により当然に日本国籍を取得します（国2条1号）。日本国籍と外国籍を有する者は日本国籍の離脱届によって日本国籍を離脱可能です。本事例の場合、出生は届出義務があるので出生届をする必要がありますので、その後に国籍離脱届をすることとなります（国13条、国規3条）。なお、国籍離脱届については、法務局又は地方法務局の長にすることを要します。

韓国人と婚姻中で
妊娠中の日本人女性からこんな相談が
この子は韓流スターになるのです
第二のヨ○様
宿命
へ?
なので
出生による日本国籍は要らないので
ドン
日本国籍は不要！
韓国単一国籍にしたいとのこと
当然それは不可能なので
市民課
まぁ…
いろいろな人がいるなあ
しぶしぶ帰りました
出生届の後で国籍離脱届をしてもらいます

【参考文献】

戸籍時報特別増刊号520号33頁

Q155　台湾（中華民国）に帰化した日本人の国籍喪失届の可否

自分は日本人です。本日、台湾への帰化が認められました。国籍喪失届はどのようにしたらよいですか。

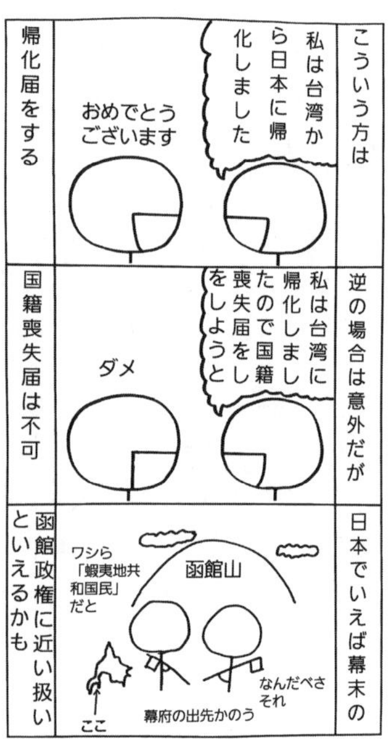

令和３年末、台湾で社会人野球チームに所属する日本人選手が台湾代表候補に選ばれ、帰化を申請しているという報道がありました。同選手のように、台湾に帰化を申請し、同申請が許可されたとしても、昭和47 年９月 29 日以降は中華人民共和国を正統政府と扱うとされているため、国籍喪失届があっても受理できません。この点については、台湾国籍の取得は、国籍法 11 条１項にいう「外国の国籍を取得したとき」に当たらないため、このような対応をすることになります。結局、当該日本人は、日本国籍を喪失しないということになります。他の未承認・分裂国家に帰化する者もいないとはいえないと思いますので、注意が必要です。

【参考文献】

戸籍 535 号 71 頁

「こせき相談室」374 頁

Q156　身分行為の効果として外国籍を取得した場合、日本国籍は喪失しない

○○国民と婚姻すると、その国の国民になってしまう。そんな話を聞いたことがあるのですが本当ですか。その場合、日本国籍を喪失するのですか。

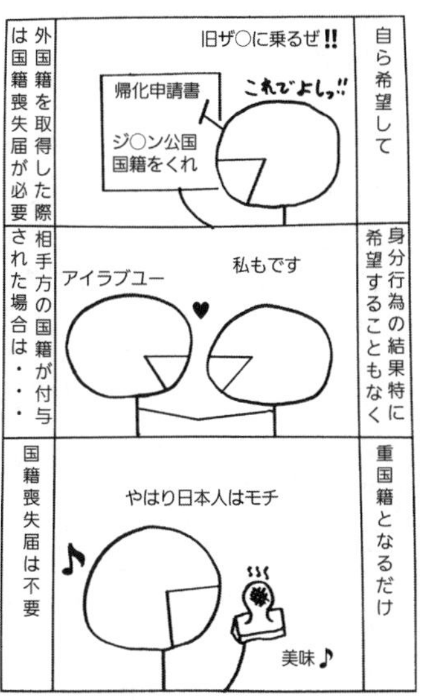

婚姻に限らず、身分行為の効果として外国国籍が付与されることはあり得ます。しかし、その場合、日本国籍を失うわけではありませんので、正しくは、重国籍となることがあり得るということになります。国籍法 11 条 1 項は、「自己の志望により」外国国籍を取得した場合、日本国籍を喪失するとされています。外国籍の取得を希望するという行為がないにもかかわらず外国籍が付与された場合は、日本国籍は失わないということになります。なお、外国へ帰化した場合などは、日本国籍を喪失し、国籍喪失届をする必要があります。

【参考文献】

「戸籍届書の審査と受理Ⅱ」151 頁

Q157 外国人と婚姻（認知、養子縁組等も含む）した効果により付与された同国の国籍を離脱したい場合の対応など

私は某外国人の男性と婚姻し、その後、離婚したのですが、同国は、外国人女性が同国人男性と婚姻すると国籍が付与される法制であり、私は重国籍となってしまっているようです。その国籍を抜け、心機一転したいのですがどうしたらよいですか。なお、婚姻及び離婚は戸籍に記載されています。

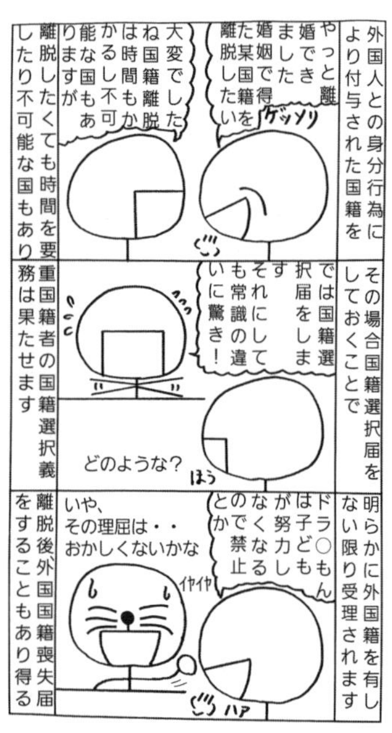

付与された国籍を離脱し外国国籍喪失届をするか、それが容易にできなければ国籍選択届をすることも一方策です。昭和 59 年 11 月 1 日民二第 5500 号通達第 3 の 5(1)で「明らかに外国の国籍を有しないものと認められるときを除き、届出を受理して差し支えない。」とされているので、通常は受理されると思われます。なお、現在、婚姻等により国籍が付与される法制を採用している国だけでなく、過去に上記法制を採用していた国の国民とその期間内に婚姻等をした者も重国籍である可能性があるので、相談があった場合は注意が必要です（戸籍 655 号 70 頁）。

Q158　15 歳未満の者に係る国籍選択届について、法定代理人が外国在住の外国人である場合の同届出の可否

事件本人が 15 歳未満の場合、日本国籍の選択届は、法定代理人が手続きをするのですか。また、法定代理人が外国にいる外国人の場合、届出は可能ですか。

15 歳以上の場合は本人、15 歳未満の場合は法定代理人が代わって届出をします（国 18 条）。また、この場合、法定代理人が外国在住の外国人であってもその国に駐在する日本の大使、公使又は領事に届出をすることができます（昭和 59 年 11 月 1 日民二第 5500 号通達第 3 の 5(2)、戸 40 条）。在外外国人による届出であることから、戸籍法の属地的・属人的効力の例外的な取扱いといえます。

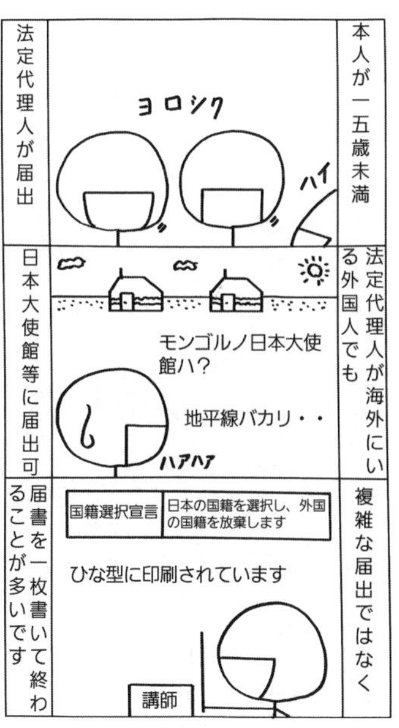

Q159 外国国籍喪失届が設けられる以前に外国国籍を喪失した者の届出義務の有無及び届出の可否

外国国籍喪失届は戸籍法の一部改正（昭和 59 年 5 月 25 日法律第 45 号（施行日昭和 60 年 1 月 1 日））により戸籍法 106 条が全改され導入されましたが、それ以前に外国国籍を喪失した者に届出義務はないのですか。また、届出をすることもできないのでしょうか。

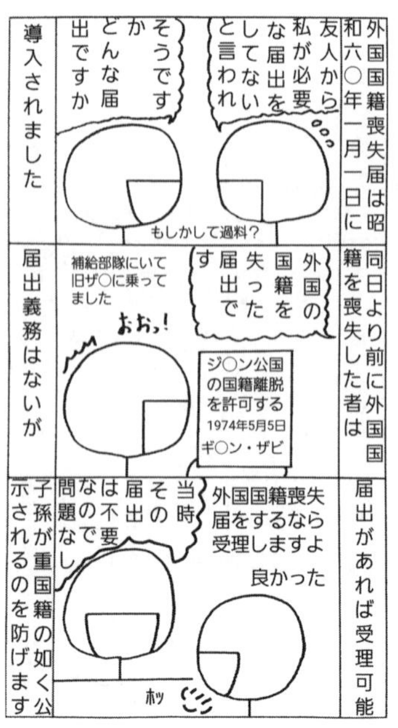

届出義務はありませんが、届出をすることは可能とされています（上記改正戸籍法附則 10 条、昭和 59 年 11 月 1 日民二第 5500 号通達第 3 の 6 (2)）。上記改正前に外国国籍を離脱などした者が、外国国籍喪失届をしないまま死亡した場合、同人の子孫が戸籍を確認しただけでは、自身が重国籍であるか否か判明しなくなるということもあり得るので、外国国籍喪失届をしておくメリットもあると思われます。

Q160　帰化届の基礎知識

帰化届の基礎知識について教えてください。

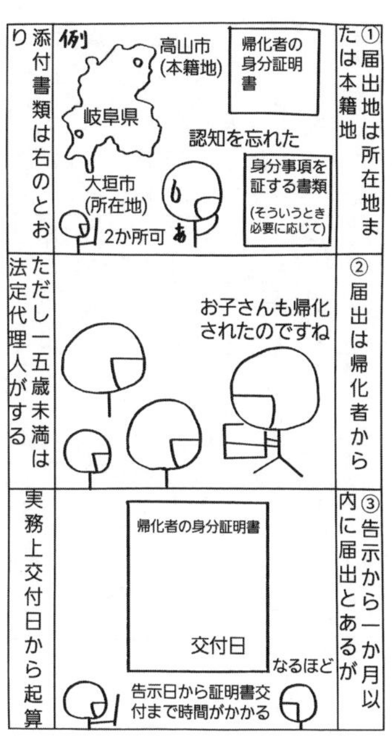

①届出地は、事件本人の本籍地又は所在地です（戸25条1項）。帰化者は、帰化届により本籍が決定することから、帰化届の時点で厳密には本籍地があるとはいえないものの、就籍届に準じてその新本籍地での届出が可能です。（昭和30年12月5日民事二発第596号回答）。届出に当たっては、「帰化者の身分証明書」を添付します（昭和30年2月26日民事甲第379号回答、昭和59年11月1日民二第5500号通達第3の2(1)）。また、帰化者の身分証明書に記載のない事項については、帰化者の身分事項を証すべき書面（戸規58条の2）に訳文を付した上で添付します（戸規63条）。

②届出義務者は帰化者本人です（戸102条の2）。ただし、15歳未満の者については、その法定代理人が届出義務者となります（戸31条）。

③届出期間は、官報告示の日から1か月以内です（戸102条の2）。ただし、帰化者の身分証明書交付の日から届出期間を計算して差し支えないとされています（昭和37年8月7～9日第23回秋田県連合戸籍住民登録事務協議会決議参照）。

【参考文献】

「戸籍届書の審査と受理Ⅱ」181頁～186頁

Q161　帰化届・国籍取得届の連署にはどういう意味があるか

帰化届・国籍取得届の日本人配偶者の連署にはどういう意味があるのですか。

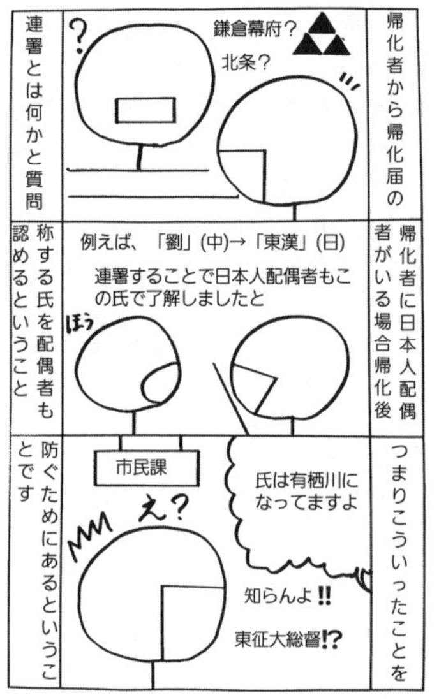

帰化届・国籍取得届に当たって、配偶者が日本人である場合、同人の同意なく帰化者が帰化・国籍取得後の夫婦の氏を定めることを防止するためです（昭和 59 年 11 月 1 日民二第 5500 号通達第 3 の 1⑵エ参照）。連署人は、夫又は妻の別を明らかにした上で、住所、本籍及び生年月日を記載の上、署名する必要があります。連署人である日本人配偶者の署名を欠く帰化届・国籍取得届は、日本人配偶者の意思の確認ができませんので、受理することはできないとされています（戸籍 675 号 63 頁）。

Q162 帰化告示の日午前0時以降に死亡した帰化者は日本人として扱い、帰化告示の日午前0時以降に出生した帰化者の子は生来の日本人として扱う

帰化者が帰化告示の日に死亡した場合、どのように扱うのですか。また、帰化告示の日に出生した帰化者の子は生来の日本人として扱うのですか。

帰化者が帰化告示の日午前0時以降に死亡した場合は、既に帰化の効力は発生しているため職権で戸籍を編製し、その後、死亡の記載をします。また、帰化告示の日の午前0時以降に出生した帰化者の子は生来の日本人として扱います（昭和30年9月17日民事二発第444号回答）。なお、余談ですが、帰化許可申請中の者に告示前に子が出生した場合は、筆者の経験上、出生子について帰化の追加申請をするケースが多かったです。

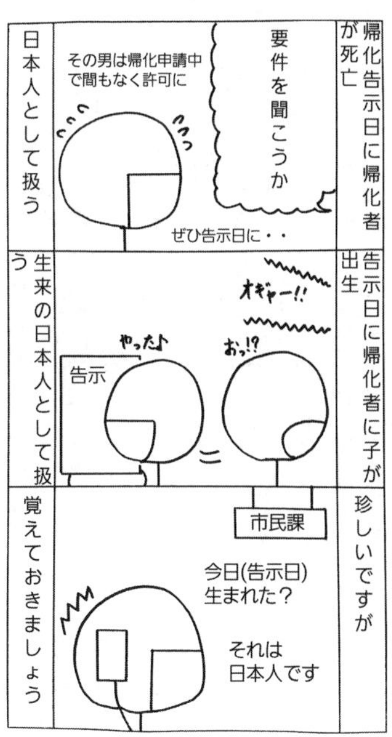

【参考文献】

「戸籍届書の審査と受理Ⅱ」170頁

Q163 重国籍者の外国国籍選択による国籍喪失届及び同届の基礎知識

重国籍者の外国国籍選択に伴う国籍喪失届及び同届の基礎知識について教えてください。

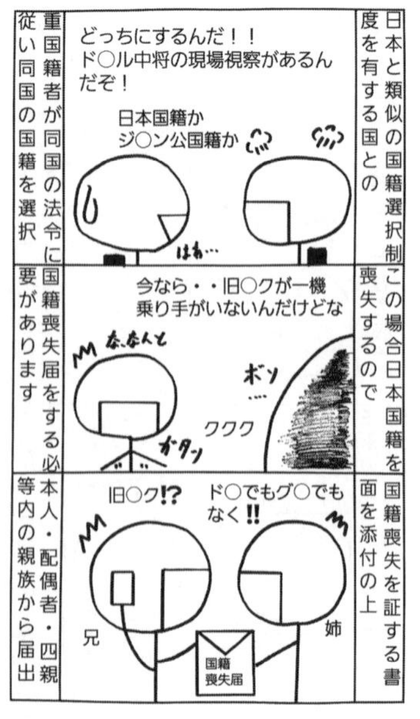

日本の国籍選択届と類似した制度がある国の国籍を有する者が、その制度に従い、同国の国籍を選択した場合がこれに該当します（国11条2項）。この場合、日本国籍を喪失するため、国籍喪失届をする必要があります。

届出義務者は、本人、配偶者及び四親等内の親族です（戸103条1項）。国籍喪失者は外国人であるため、届出義務は国内に在住する場合にのみ課されますが、国外にある本人からも可能です。届出地は事件本人の本籍地又は届出人の所在地です（戸25条1項）。ただし、事件本人が外国にいるときは、その国に駐在する日本の大使等に届出できます（戸40条）。届出期間は、届出義務者が、国籍喪失の事実を知った日から1か月以内です。ただし、同日に国外に在る場合は、その日から3か月以内です（戸103条1項）。添付書類は、国籍喪失を証すべき書面を添付します（同条2項）。

【参考文献】

「戸籍届書の審査と受理Ⅱ」151頁

Q164　国籍取得届の基礎知識

国籍取得届の基礎知識について教えてください。

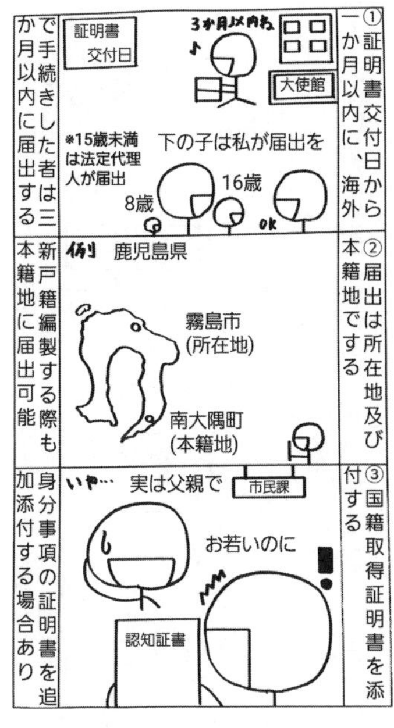

①国籍取得の日（法務大臣への届出日）から1か月以内に届出をします（戸102条1項）。国籍取得者が取得日に国外にあるときは3か月以内に届出をします。もっとも、届出期間は、国籍取得証明書交付日から起算して差し支えないとされています。届出人は国籍取得者本人ですが、未成年者の場合、戸籍法31条により、届出義務は法定代理人が負います。15歳以上であれば自ら届出可能です。届出義務者が届出をしないときは、戸籍法44条3項の規定により市区町村長が職権で戸籍記載をします。

②届出地は、国籍取得者の本籍地又は所在地です（戸25条1項）。また、外国人を母とする嫡出でない子が日本人父から認知を受け、国籍取得届により日本国籍を取得した際、国籍取得者を筆頭者として新戸籍を編製しますが、国籍取得届により定まる新本籍地は厳密には本籍地とはいえないものの就籍に準じて、新本籍地でも届出を認めてよいとの見解があります。

③国籍取得証明書を添付します。また、同証明書に記載を欠く身分行為がある場合は、国籍取得届に同身分行為を証する書面を添付の上届出できます（戸規58条の2、昭和59年11月1日民二第5500号通第3の1(4)参照）。

Q165 虚偽の認知届がされたことを理由として法務大臣に対する国籍取得届が不受理とされた場合の戸籍訂正手続きはどうするか

認知届が虚偽だったとして、法務局への国籍取得届が不受理とされた場合の対応を教えてください。

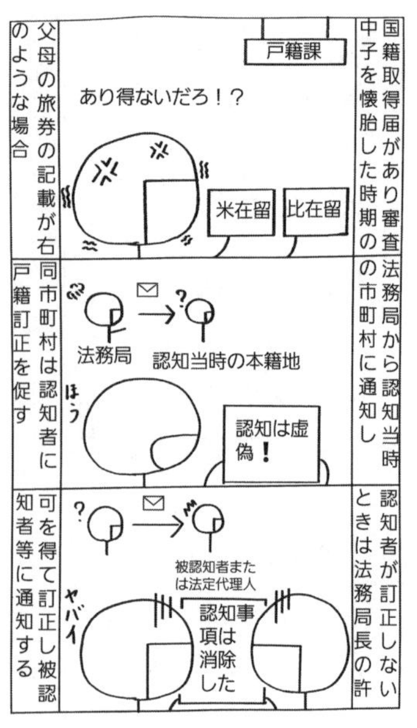

法務局又は地方法務局の長等から戸籍法24条4項により、当該認知事項の記載が法律上許されないものであることを「認知当時」の認知者の本籍地市区町村長に通知されることになります。当該通知を受けた市区町村長は、同条1項により遅滞なく認知者に対し認知事項の記載が法律上許されないものであることを通知します。その通知ができないとき又は通知をしても戸籍訂正の申請をする者がいないときは、市区町村長は戸籍法24条2項により法務局長等の許可を得て、認知者の戸籍の認知事項を消除することになります。認知事項を職権により消除した市区町村長は、被認知者にその旨を通知するものとされています。なお、被認知者が15歳未満の場合はその法定代理人に通知します（平成20年12月18日民一第3302号通達第2）。

Q166　届出による国籍離脱の基礎知識

私は日本と外国の国籍を保有していますが、日本国籍を離脱するにはどうしたらよいですか。

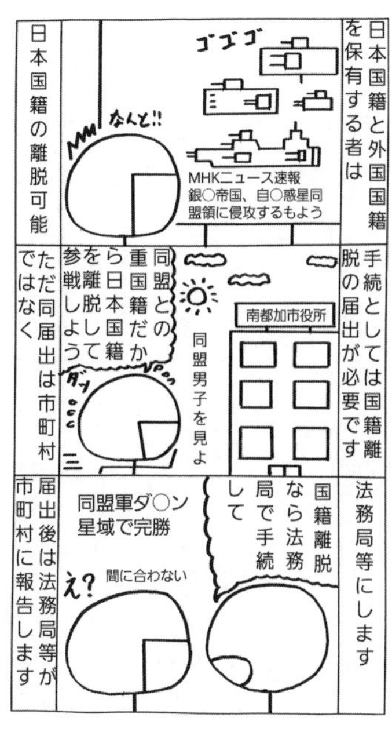

日本及び外国の国籍を保有する者は、届出による国籍離脱をすることができます（国13条1項）。国籍を離脱しようとする者が15歳未満であるときは、法定代理人が届出できます（国18条）。15歳以上の者は本人が届出しなければなりません。

国籍離脱の効力は、法務局又は在外公館への届出時に発生します（国13条2項）。届出は、届出人自らが、住所地（居所地）を管轄する法務局又は、在留している国にある在外公館に出頭して行います（国規3条1項、1条3項）。郵送、任意代理人又は使者がすることはできません。法務省民事局長、法務局若しくは地方法務局の長から市町村に国籍喪失報告が行われるため、市町村への届出は不要です。

届出は書面で行い、戸籍謄本、現に外国国籍を有することを証明するに足りる書面（原則として本国官憲が発行した国籍証明書）、本人が15歳未満であるときは法定代理人の資格を証する書面、住所を証する書面、訳文などを添付します。

【参考文献】

「設題解説戸籍実務の処理Ⅷ入籍・分籍・国籍の得喪編」335頁、357頁〜362頁

第 13　復氏及び姻族関係終了

Q167　復氏届の基礎知識

復氏届の基礎知識を教えてください。

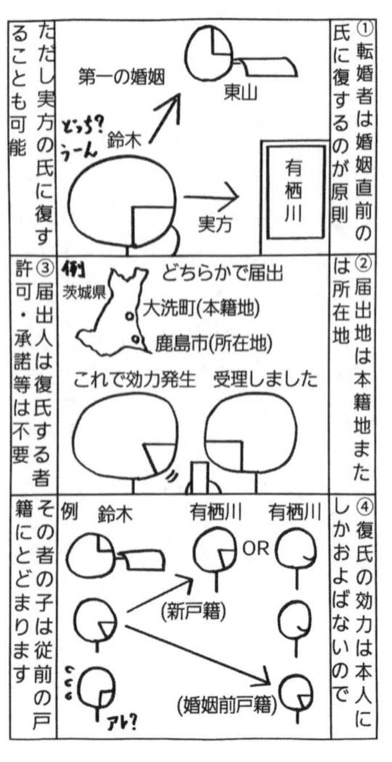

①婚姻によって氏を改めた者は、相手方と死別した後、復氏届によって復氏できます。復する氏は、原則として婚姻直前の氏ですが、転婚者は、実方の氏に復することも、第1の婚姻の氏に復することもできます（昭和23年1月13日民事甲第17号通達、民751条1項、戸95条）。

②届出地は、本籍地又は届出人の所在地になります（戸25条1項）。

③届出人は、復氏する者であり、許可や承諾は不要です（戸95条）。復氏の効力は、復氏届の受理によって生じます。

④復氏の効力は復氏する者本人にしか及ばないため、同人の子は、婚姻中の父母の氏を称して、そのまま従前の戸籍にとどまります（昭和23年3月8日民事甲第165号回答）。また、復氏する者は、婚姻前の戸籍に復籍しますが、復籍する戸籍が除かれているとき、又は、復氏する者が新戸籍編製の申出をしたときは、その者につき新戸籍を編製します（戸19条2項、1項）。

Q168 婚姻で氏を改めた者が養子となった後、筆頭者である配偶者が死亡した。この場合、復氏届があった際は、婚姻前の氏ではなく養親の氏を称する

婚姻で氏を改めた者が養子となった後、筆頭者である配偶者が死亡しました。今般、養子となった者から復氏届を考えているが、その場合どの氏を称することになるのかとの相談がありましたが、どう回答したらよいですか。

婚姻によって氏を改めた者については婚姻の際に定めた氏を称すべき間は養親の氏を称しないとされ、いわゆる婚氏が縁氏に優先します（民 810 条ただし書）。ところで、養子は養親の氏を称するとされています（同条本文）。そのため、復氏届で復すべき婚姻前の氏は、縁組により実方の氏から養方の氏に変更していることになります。なお、復氏届の記載に際しては、養子縁組がされて婚姻前の氏である実方に復することができない旨を届書その他欄に記載します。例えば、「養子縁組しているので実方戸籍に復することなく〇〇の氏を称し〇〇の戸籍に入る」などと記載します。また、「復氏した後の本籍」欄のうち、「もとの戸籍にもどる」、「新しい戸籍をつくる」共にチェックは不要です（戸籍 534 号 63 頁）。

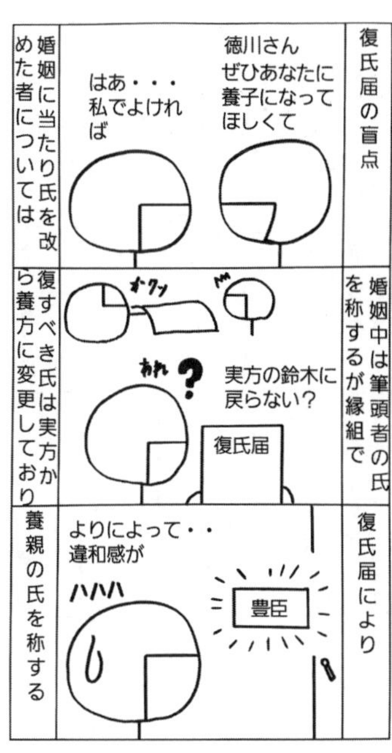

Q169　復氏届に際し、実方の氏が婚姻後に戸籍法 107 条 1 項の氏の変更届により変更されている場合の復すべき氏

復氏届に際し、実方の氏が婚姻後に戸籍法 107 条 1 項の氏の変更届により変更されている場合、婚姻前の氏と変更後の氏どちらに復することになるのですか。

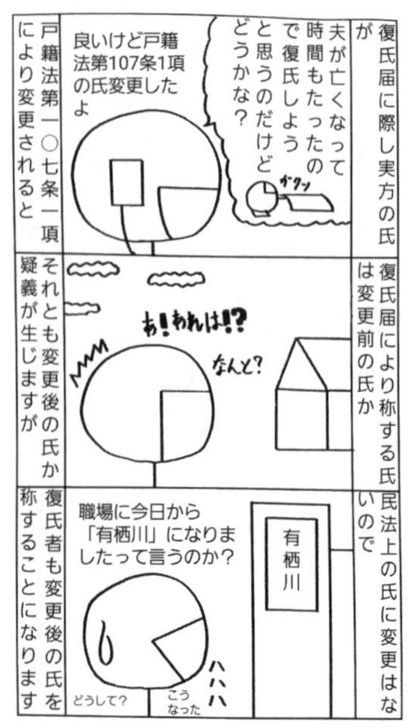

変更後の氏に復することになります（昭和 23 年 1 月 13 日民事甲第 17 号通達(5)）。理由としては、戸籍法 107 条 1 項の氏変更は、民法上の氏（民法が夫婦・親子が共通に称すべきとする氏）の変更ではなく、単に呼称上の氏の変更であるためということになります。筆者の経験では、戸籍法 77 条の 2 の届出により編製された親の戸籍に在籍する子が、婚姻により除籍された後、親が戸籍法 107 条 1 項により氏を変更していたというケースがありました。

【参考文献】

「設題解説戸籍実務の処理Ⅶ死亡・失踪・復氏・姻族関係終了・推定相続人廃除編」231 頁

Q170 夫婦の一方に失踪宣告があった場合、姻族関係終了届が可能であるが、失踪宣告の取消しがあったときは失踪者ではない夫婦の一方の再婚の有無等で姻族関係終了届の効力の有無が左右される

夫婦の一方に失踪宣告がされた場合、姻族関係終了届はできますか。

離婚は当然に姻族関係が終了しますが、夫婦の一方が死亡した場合は、これを終了させる意思表示が必要です。失踪宣告は失踪者に死亡が擬制されるため、姻族関係終了届により上記意思表示が可能です。ただし、失踪宣告は取消しがあり得ます。その場合、失踪者でない夫婦の一方が姻族関係終了届をしても、婚姻が復活し、同届は無効な届出となるため、戸籍訂正が必要です。もっとも、失踪者でない夫婦の一方が再婚しているなら、後婚につき、当事者双方が共に善意である限り前婚は復活しないので、上記戸籍訂正は不要です。

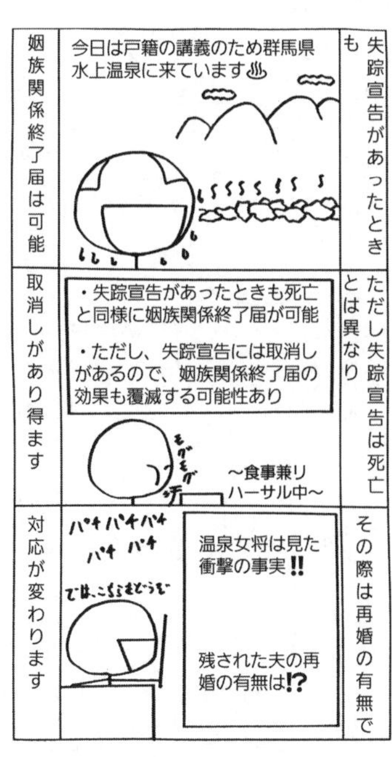

【参考文献】

「設題解説戸籍実務の処理Ⅶ死亡・失踪・復氏・姻族関係終了・推定相続人廃除編」172 頁

戸籍 853 号 66 頁

戸籍 566 号 31 頁

Q171　姻族関係終了届の基礎知識

姻族関係終了届の基礎知識について教えてください。なお、関係者は全員日本人の場合です。

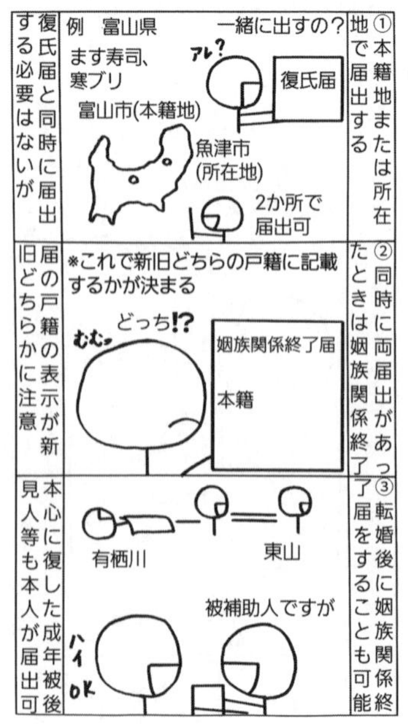

①届出地は、届出人の本籍地又は所在地です（戸25条1項）。

②姻族関係終了届以前に婚姻当時の戸籍から復氏届等により他の戸籍に入籍している場合、届出時に届出人が在籍する戸籍に記載します（昭和23年4月8日民事甲第467号）。復氏届と姻族関係終了届が同時に提出され、姻族関係終了届の戸籍の表示が届出時の戸籍を記載してあるときは、同届を先に処理するので、姻族関係終了事項は、届出時の戸籍に記載され、復氏後の戸籍には記載されません。

③届出人は生存配偶者に限られます（民728条2項、戸96条）。また、被補助人、被保佐人は単独で届出でき、成年被後見人も本心に復しているときは、単独で届出できます（民738条、764条、戸32条等）。届出期間の制限はなく、再婚して氏を改めても既存の姻族関係は、なお存続するので生存配偶者の再婚後も届出可能です（昭和23年4月20日民事甲第208号回答、昭和23年4月21日民事甲658号回答）。

【参考文献】

「設題解説戸籍実務の処理Ⅶ死亡・失踪・復氏・姻族関係終了・推定相続人廃除編」277頁、284頁、297頁、298頁

Q172　外国人配偶者の死亡後、日本人配偶者から姻族関係終了届ができるか

私は外国人の夫と婚姻していたのですが、先般、夫は亡くなりました。ついては、姻族関係終了届をすることは可能ですか。

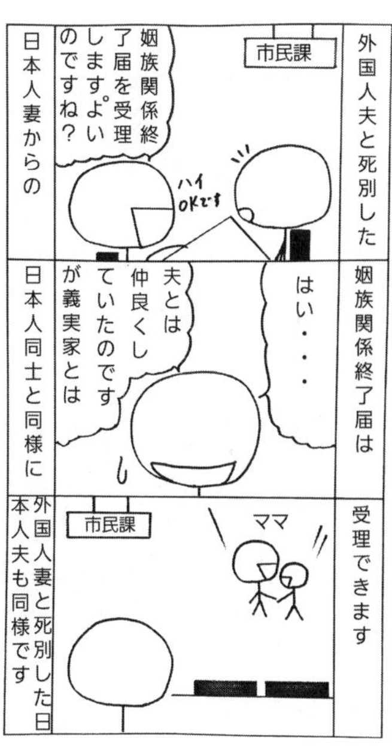

渉外姻族関係の発生・継続は、法の適用に関する通則法33条により当事者に係る本国法の一方的適用によります。相談者の本国法である民法では、夫婦の一方が死亡後、いつでも自由な意思により亡夫（妻）との姻族関係を終了させる意思表示ができるため、姻族関係終了届をすることは可能です（昭和35年12月19日民事甲第3195号回答）。姻族関係終了届に伴い、最も影響があるのは、扶養を命じられる地位であると思われます（民877条2項）。上記義務などを断ち切りたいとの相談があった場合、適切に説明できるようにしましょう（戸籍655号71頁）。

【参考文献】

「設題解説渉外戸籍実務の処理Ⅶ親権・後見・死亡・国籍の得喪・氏の変更等編」157頁

「設題解説戸籍実務の処理Ⅶ死亡・失踪・復氏・姻族関係終了・推定相続人廃除編」290頁

Q173　日本人が配偶者である外国人からの姻族関係終了届の可否について

私は外国人で、日本人の夫と婚姻していたのですが、先般、夫は亡くなりました。ついては、姻族関係終了届をすることは可能ですか。

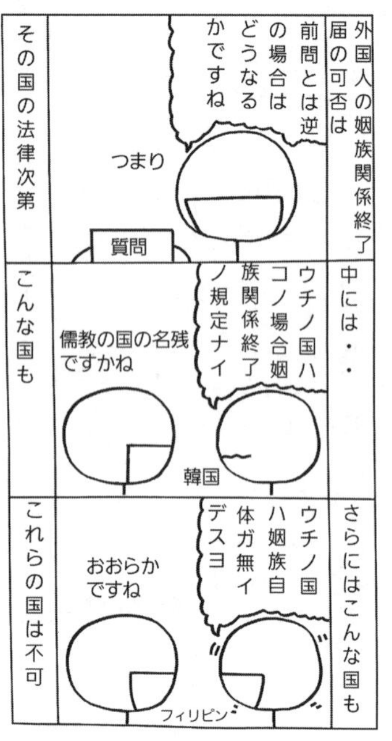

Q172 同様、当事者に係る本国法の一方的適用によります。そのため、姻族関係終了届の可否は、相談者に係る本国法の姻族に関する規定次第です。なお、届出可能な場合、届書は受理された後、戸籍に記載を要しない届書として当該年度の翌年から50年保管されます。もっとも、筆者の経験上、外国人配偶者からの姻族関係終了届は、ほぼ見たことはありません。日本と類似した姻族の概念を持つ国は少ないのではないかと思います（戸籍 665 号 64 頁）。

【参考文献】

「設題解説渉外戸籍実務の処理Ⅶ親権・後見・死亡・国籍の得喪・氏の変更等編」157 頁

「設題解説戸籍実務の処理Ⅶ死亡・失踪・復氏・姻族関係終了・推定相続人廃除編」290 頁

第14　追完届

Q174　追完届の基礎知識

追完届の基礎知識について教えてください。

①追完届は、基本の届出を受理した市区町村に限られず、届書の送付を受けた市町村にも届出可能です（大正3年5月19日民第793号回答、大正3年12月28日民第1125号回答）。

②市区町村長は、一般の催告と同様、相当の期間を定めてその期間内に追完届をするよう催告します（戸45条、44条1項）。期間内に届出がない場合、報告的届出、創設的届出とを問わず、戸籍法138条の罰則の適用があります。なお、再度の催告にも応じないときは、管轄法務局長等の許可を得て、判明している事項につき戸籍記載可能です（大正4年6月26日民第519号回答、戸45条、44条3項）。

③届出人は、不備のある届出をした者ですが、報告的届出については、その届出事件の届出義務者又は届出資格者が届出できます。（昭和38年1月7日民事甲第3771号回答参照）

【参考文献】

「設題解説戸籍実務の処理XXI追完編」10頁～26頁

Q175　外国人に関する追完届は基本の届出をした市区町村にさせることが望ましいとの見解がある

外国人は本籍がないはずですが、基本の届出をした後、追完届をする必要が生じたとき、どこの市区町村に追完届をすればよいのですか。

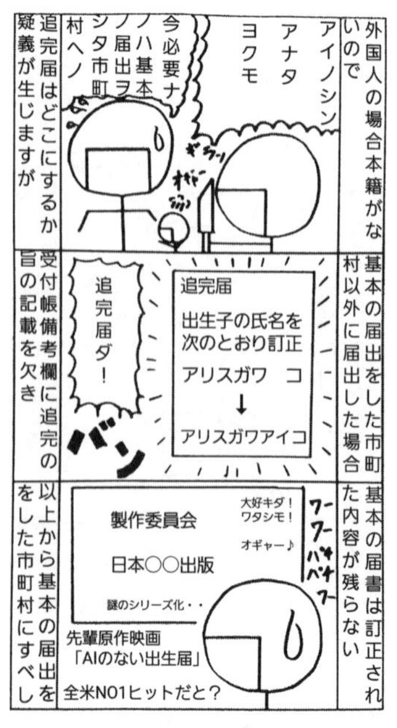

外国人は本籍がなく、基本の届書は、その届出をした市区町村に保管されているため、基本の届出をした市区町村に追完届をすべきとの見解があります。もっとも、戸籍法等で明確に基本の届出をした市区町村に限るとされているわけではないので、追完届があったとき、不受理とすることまでできるかは疑義もあります。しかし、基本の届出をした市区町村以外で届出をするには、同届出に係る受理証明書又は記載事項証明書の交付を受けた上でこれを添付する必要があります。加えて、追完届がされたときは、受附帳備考欄に先に受理した基本の届出との関連（「　年　月　日受付第○号参照」等）を付記する必要があるものの、それもできず、基本の届書の誤りが訂正されたことも明らかになりません（標準準則 32 条）。以上から、基本の届出をした市区町村に追完届をすることが望ましいと思われます（戸籍 519 号 80 頁）。

【参考文献】

「設題解説渉外戸籍実務の処理Ⅸ戸籍訂正・追完編（2）」134 頁、135 頁

「こせき相談室」78 頁

Q176　出生者が性別不明の出生届及び性別判明後の追完届について

子が生まれたのですが、医師から現段階では性別がわからないと言われました。出生届の届出期限も迫ってきていますが、どうしたらよいですか。

出生証明書の男女の別欄は空白にした上で「性別については検査中につき、後日決定する」などと出生届のその他欄に記載した上で届出をします（昭和 35 年 5 月 25 日民事二発第 210 号回答）。性別判明後、医師の証明書を添付した追完届を提出させ身分事項欄に追完届があった旨記載します。なお、おそらく、名も未定として出生届をすることになるかと思われますが、名及び性別の追完届に係る記載例について戸籍時報 823 号 43 頁に詳細な解説がありますので、上記追完届の審査を担当する場合は参考にしてください。

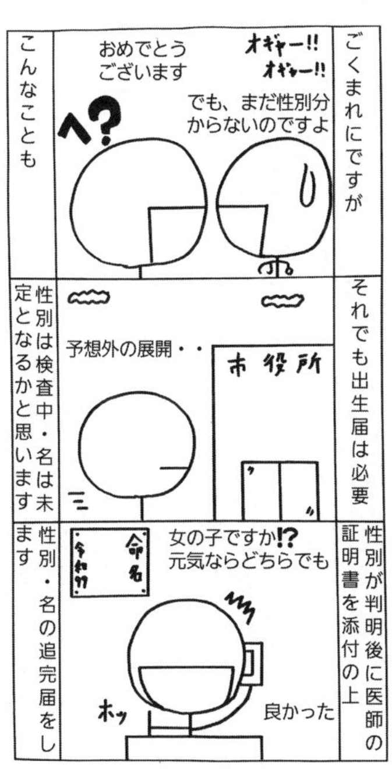

Q177 帰化申請時に証明書を提出しなかったことから戸籍記載されなかった身分行為を帰化届後に追加記載する方法

私は日本に帰化したのですが、帰化申請の際、子を認知した証明書の提出を遺漏してしまいました。当該認知を私の戸籍に記載するにはどうしたらよいですか。

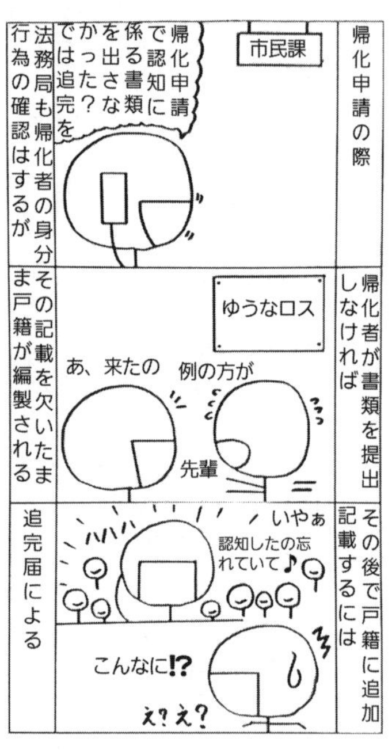

帰化申請の審査に当たっては、法務局職員が可能な限り帰化者の身分事項を確認します。しかしながら、日本のように、身分行為が一元的に記録される戸籍制度又はそれに類似する制度がある国はほとんどありません。そのため、帰化者自ら帰化申請に当たって既に成立した身分行為に係る証明書を持参しなかった場合は、帰化者の身分証明書にその記載を欠くため、戸籍記載されないことになります。その場合には、後日、追完届により帰化者の身分事項欄に記載します（昭和 30 年 1 月 18 日民事甲第 76 号通達、戸籍 667 号 55 頁、同 659 号 53 頁、同 493 号 75 頁）。

Q178 基本の届出をした届出人全員から追完届をしなくてよい事例

先日遠方から郵送で届出のあった婚姻届ですが、一部に軽微な誤りがあったので、追完届をしてもらおうと考えています。ただし、一方が所要のため長期間不在らしいのですが、両者から届出をしてもらわないといけませんか。

婚姻、養子縁組などに係る追完届は、基本の届出の届出人全員が届出人になることが原則です。ただし、追完すべき事項が、届出により生じる効力に影響がない限り届出人の１人から届出することができるとされています（大正 8 年 6 月 26 日民事第 841 号回答）。例えば、正当な代諾権者以外の者からした養子縁組について養親の死亡後、養子のみからの一方的な追完が可能です（昭和 34 年 5 月 29 日民二第 265 号回答）。また、夫婦の氏の選択は、一方の死亡又は所在不明等で夫婦双方から追完できないときは便宜他の一方から追完届が可能です（昭和 30 年 6 月 28 日民二第 255 号回答、昭和 42 年 9 月 27 日 28 日高知地方法務局管内戸籍住民登録事務協議会決議）。

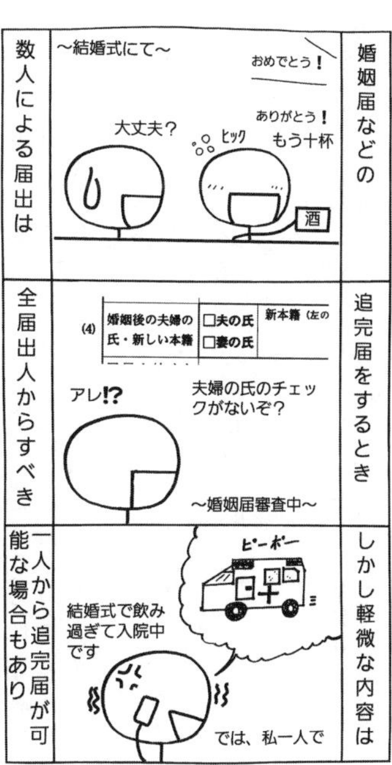

【参考文献】

「戸籍届書の審査と受理」151 頁、152 頁

第 15　推定相続人の廃除

Q179　推定相続人廃除届の基礎知識

推定相続人廃除届は滅多に見ませんが、概要を教えてください。

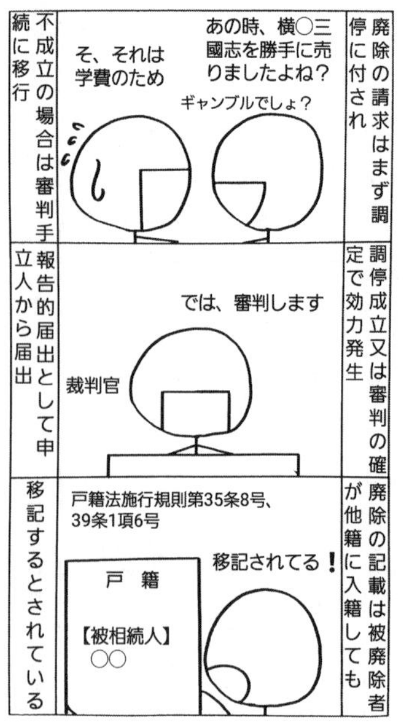

遺留分を有する推定相続人が被相続人に対して虐待をした場合等、被相続人はその推定相続人の廃除を家庭裁判所に請求することができます（民 892 条）。被相続人は遺言で廃除の意思表示をすることもでき、その際は遺言執行者が廃除の請求をしなければなりません（民 893 条）。

届出地は、推定相続人の本籍地又は届出人の所在地となります（戸 25 条 1 項）。審判の申立人が審判確定日から 10 日以内に届出をします（戸 97 条、63 条 1 項）。また、審判書の謄本及び確定証明書を添付します。なお、遺言による請求に基づく廃除の届出には遺言書の添付は不要です（大正 4 年 8 月 6 日民第 1293 号回答）。

第16　入　籍

Q180　入籍届の基礎知識

入籍届の基礎知識について教えてください。

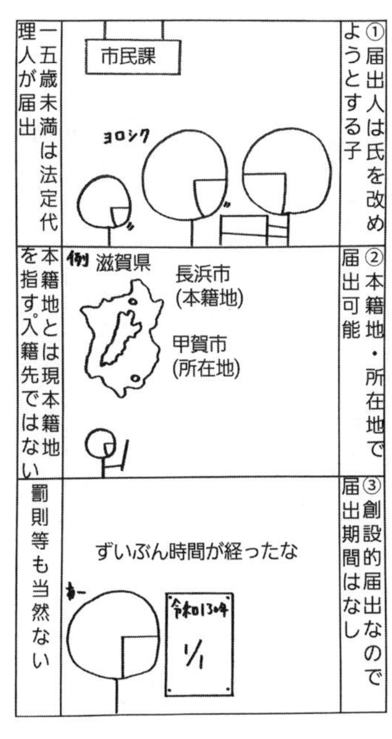

①届出人は氏を改めようとする子です。子が15歳未満のときは法定代理人が届出をします（民791条3項）。たとえ、意思能力があっても法定代理人がしなければなりません。15歳以上の場合は、本人が届出をしなければならず、法定代理人が届出をすることはできません。なお、家庭裁判所への申立ての時点では15歳未満であったため、法定代理人が申立てをしたものの、届出時には15歳に達していた場合、本人から届出をします（昭和24年7月19日民事甲第1648号回答）。

②届出地は、事件本人の本籍地又は所在地です（戸25条1項）。なお、「本籍地」とは、現在の本籍地のことを指し、入籍先の戸籍が存する市町村をいうのではありませんので注意が必要です（昭和29年7月8日宮崎県連戸籍住民登録事務協議会決議）。

③入籍届は創設的届出であるため届出期間はありません。

【参考文献】

「設題解説戸籍実務の処理Ⅷ入籍・分籍・国籍の得喪編」14頁、102頁

Q181　父の戸籍に在籍する15歳未満の子につき、親権者である母が、離婚後の母の氏を称する家庭裁判所の許可を得たものの届出前に翻意した場合の対応

私は、離婚後夫を筆頭者とする戸籍に在籍する子（親権者は相談者）の氏を私の氏に変更する家庭裁判所の許可を得たのですが、諸般の事情から届出前に入籍届をすることを翻意しました。どうすればよいですか。

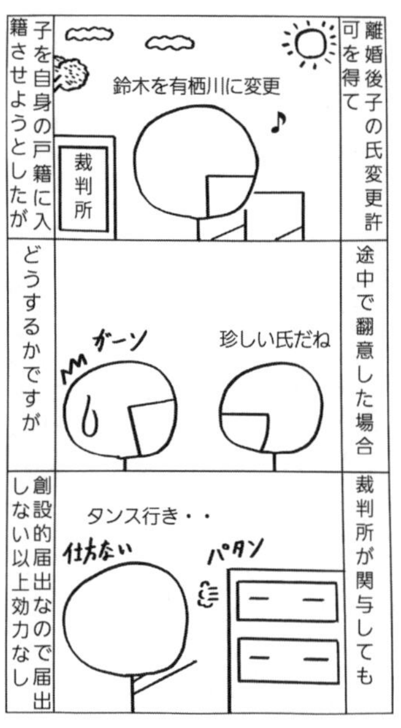

民法791条1項及び3項に基づく入籍届は、創設的届出とされ、裁判所の許可があっても届出があって初めて効力が生じるものです。家庭裁判所の許可を得ることから、一見届出義務があるかのようにも思えますが、市区町村への届出をしなければ氏が変更されることはありません。こういった状況は極めて珍しいと思いますが、筆者は1回上記相談を受けたことがありますので、知識として覚えておいて無駄にならないと思います。

【参考文献】

「設題解説戸籍実務の処理Ⅷ入籍・分籍・国籍の得喪編」103頁

Q182 民法上の氏・呼称上の氏等について

民法上の氏→民法上の身分変動に伴い取得する氏

呼称上の氏→やむを得ない事由などにより一定の条件を満たす場合に戸籍法に定める届出により民法上の氏に代わって称する氏

民法791条による入籍届→親子の民法上の氏が異なる場合にする入籍届

同籍する旨の入籍届→父又は母の身分行為の結果、父又は母と民法上の氏が同一であるが戸籍を異にする子が、氏を同じくする父又は母と同籍するため、家庭裁判所の許可を得ずに行う先例で認められた入籍届

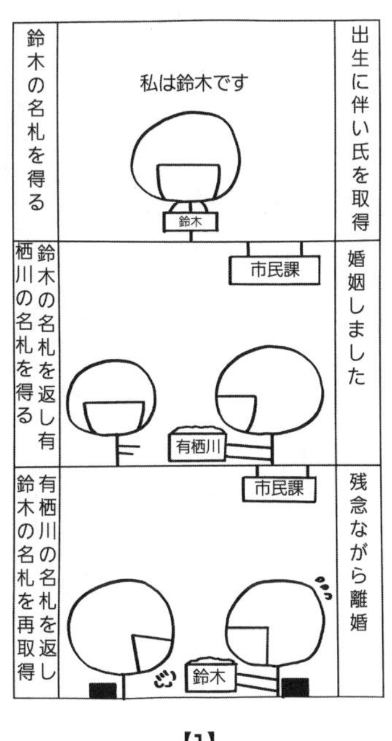

【1】

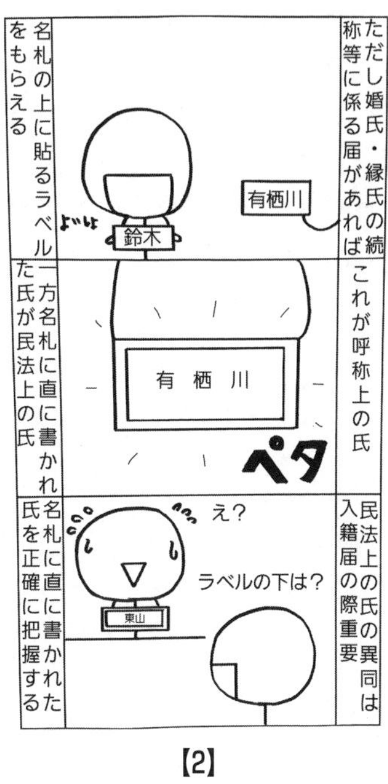

【2】

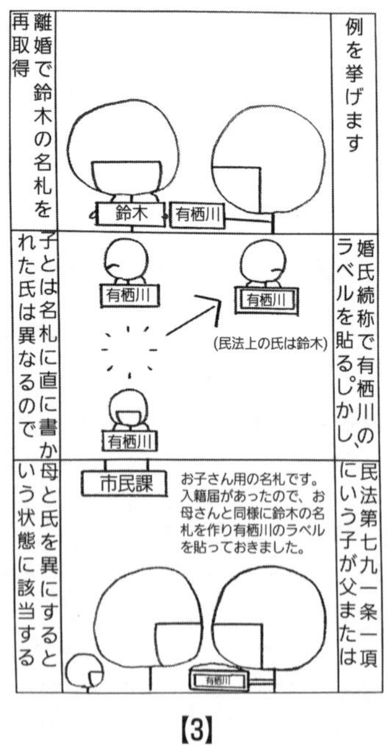

【3】

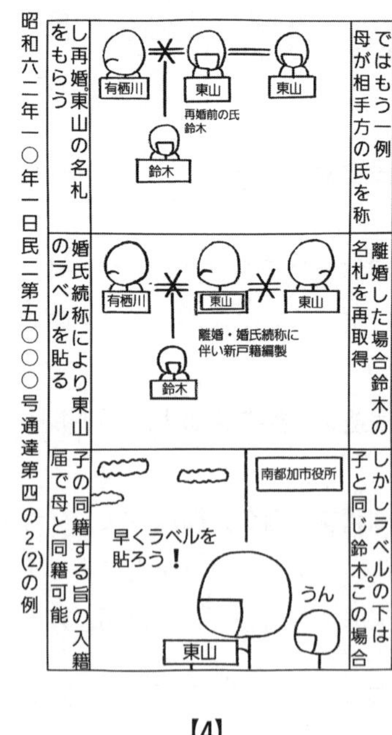

【4】

【参考文献】

「設題解説戸籍実務の処理Ⅷ入籍・分籍・国籍の得喪編」3頁～12頁

Q183　民法 791 条にいう氏の定義等について

民法 791 条にいう「子が父又は母と氏を異にする。」というのはどのような状態のことをいうのですか。

①民法 791 条にいう「子が父又は母と氏を異にする。」とは、民法上の氏が異なることをいいます。実務上よく見かける、父母が離婚後、母が戸籍法 77 条の 2 の届出をした後、表記上は同じ氏を称している子を自身の戸籍に入籍させることができるのは上記の理由によるものです。

②民法 791 条の「父又は母」とは養父母も含まれると解されます（昭和 23 年 3 月 12 日民事甲第 5 号回答）。養父母が離婚し、一方が婚姻前の氏に復した場合は、氏を異にすることになるため、家庭裁判所の許可を得て入籍届をすることが可能です。

③養子縁組後に実親と養親が婚姻、又は、実親と養親が婚姻後に養子縁組したことにより、その夫婦と養子が同一の氏を称することとなったものの、同夫婦が離婚し、実親が婚姻前の氏に復したときは、婚姻中の養父母が離婚した場合に準じ、養子縁組を継続したまま民法 791 条 1 項の規定により家庭裁判所の許可を得て実親の氏を称することができます（昭和 26 年 9 月 4 日民事甲第 1787 号通達）。

①実父母が離婚	父 有栖川／母 有栖川（鈴木）／有栖川／有栖川を称していても本来は鈴木だから	婚氏続称しても民法上の氏は異なる
②養父母が離婚	養父 有栖川／養母 有栖川（鈴木）／有栖川／同上	実親と同様に考える
③実親・養親が離婚	養父 有栖川／母 有栖川（鈴木）／有栖川／迷うけど、三者みな同じ氏だったという点で②と同じなので	②に準じて考える

【参考文献】

「設題解説戸籍実務の処理Ⅷ入籍・分籍・国籍の得喪編」16 頁～20 頁、104 頁

Q184　複籍すべき父母の戸籍が除かれていないにもかかわらず離婚により復氏する者の申出により新戸籍が編製されたときは、その後に同籍する旨の入籍届により父母の戸籍に入籍することはできない

私は数年前に離婚した際、父母の戸籍は除籍されていないにもかかわらず、事情があって婚姻前の氏で私単独の戸籍を編製しました。今般、父母の戸籍への入籍を考えているのですが可能ですか。なお、離婚後、私も父母も身分行為はありません。

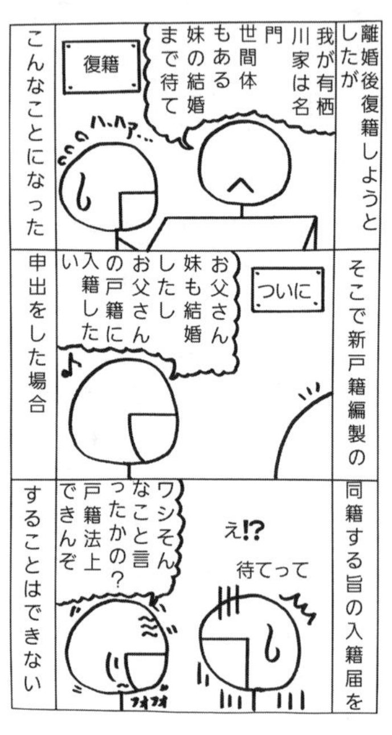

子と父母の民法上の氏が同じ場合、同籍する旨の入籍届をできる例がありますが、それは、「自己の意思によらないで」新戸籍が編製され、引き続き単身の場合です（昭和34年2月18日民事甲第269号通達三）。そのため、自己の氏を称して婚姻した子が、離婚で単身になっても、上記入籍届はできません（昭和34年1月23日民事甲第106号回答一の2）。また、本事例のように父母の戸籍が除かれていないものの、自己の意思で戸籍法19条1項ただし書後段により新戸籍編製の申出をした場合も、父母と氏を同じくしたまま再び同籍する旨の入籍届はできません（昭和26年12月5日民事甲第1673号回答、戸籍時報571号93頁）。

Q185　筆頭者に配偶者がある場合、民法791条1項による入籍届は、筆頭者のみが届出人となればよいか

自己の氏を称して婚姻した者が、民法791条1項による入籍届をする際、配偶者と共に届出をする必要がありますか。

民法791条2項及び4項に基づく入籍届は、筆頭者が配偶者と共に届出する必要があります。しかしながら、同条1項に基づく入籍届は、配偶者の意向は家庭裁判所における審査過程で考慮されているため、氏の変更に係る配偶者の意思を、同人が届出人となることで確認する必要がないので不要です（戸98条1項及び2項）。

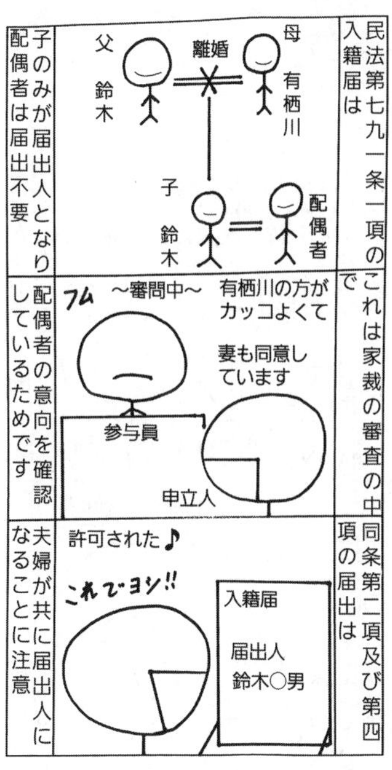

【参考文献】

「設題解説戸籍実務の処理XIII入籍・分籍・国籍の得喪編」49頁、66頁
大阪戸籍だより127号48頁

Q186　民法791条2項により婚姻中の父母の氏を称する入籍届をする場合、子が婚姻しているときは、配偶者も共に届出人にならなければならない

婚姻中の父又は母が養子縁組等により、氏が変更されている者がいます。この場合、変更前の氏を称して自身を筆頭者として婚姻した子が、民法791条2項により、変更後の父又は母の氏を称しようとするとき、その配偶者が届出人とならなくても入籍届をすることは可能ですか。

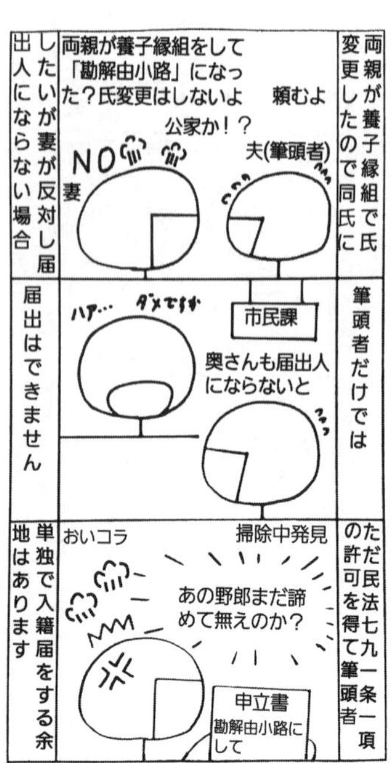

できません（戸98条2項）。婚姻に際し氏を改めた配偶者も届出人になる必要があります。また、転籍等のときは夫婦の一方が意思表示不能、行方不明の場合は、他の一方から届出可能ですが、本事例の届出はそういった例外的な取扱いもできません。もっとも、民法791条1項により家庭裁判所の許可を得て、筆頭者単独で届出をすることはできます（戸98条1項）。なお、昭和62年10月1日民二第5000号通達第5の1(1)に、本事例のように父又は母が氏を改めたことによる子の入籍届の対象となる例が挙げられていますので参照願います。

【参考文献】

「戸籍届書の審査と受理」477頁

「設題解説戸籍実務の処理Ⅷ入籍・分籍・国籍の得喪編」50頁、51頁

Q187　民法 791 条 1 項による父又は母の氏を称する家庭裁判所の許可を得た後に、その父又は母が死亡した場合の届出の可否などについて

民法 791 条 1 項に基づき母の氏への変更に係る家庭裁判所の許可を得たのですが、母は急に体調を崩してしまいました。仮に母が亡くなった場合、母の氏を称する入籍届をすることはできますか。

できません。父又は母の氏を称する家庭裁判所の許可を得た後に、当該父又は母が死亡した場合は、父又は母の氏を称する旨の届出をすることはできないとされています（昭和 23 年 7 月 1 日民事甲第 1676 号回答、昭和 23 年 12 月 9 日民事甲第 3780 号回答）。なお、死亡していなくても、許可後、届出前に当該父又は母が氏を変更しているときは、その変更後の氏に改めることについて更に許可を得ていなければ、その届出は受理すべきではないとされています（昭和 24 年 9 月 17 日民事甲第 2109 号回答）。

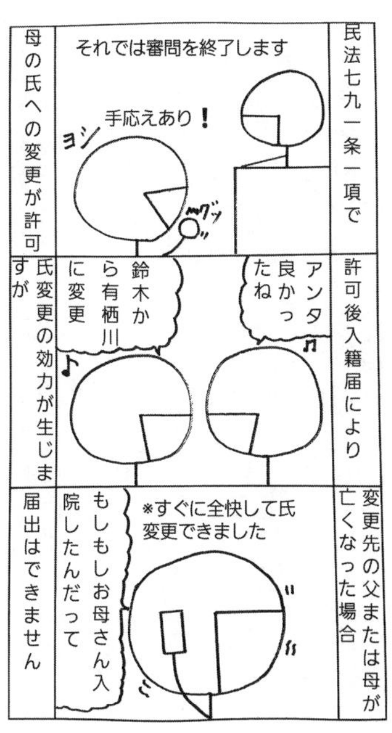

【参考文献】

「戸籍届書の審査と受理」486 頁

第17 分 籍

Q188 分籍届の基礎知識

分籍届の基礎知識について教えてください。

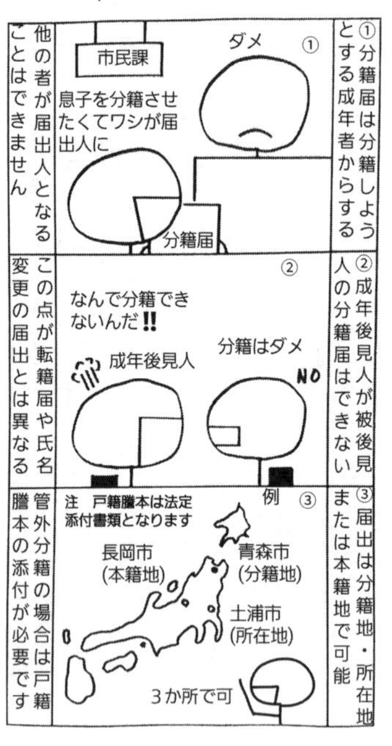

①分籍届は、親（養親を含む。）の戸籍に在籍する成年の子からします。本人が15歳に達し、届出の性質を理解していたとしても未成年者に届出はできません（戸21条1項）。また、筆頭者死亡後も、生存配偶者は、分籍できません（昭和38年5月9日民事甲第1327号回答）。姻族関係終了届をしても同様です（昭和24年2月4日民事甲第200号回答）。

②分籍届は、成年後見人が成年被後見人に代わってすることはできないとされています（昭和32年9月17日法曹会決議、昭和35年11月8日三重戸籍協議会決議）。届出の性質・効力を理解した上で成年被後見人自らが届出する必要があります（大正5年4月19日民第481号回答）。

③届出は、本籍地又は所在地ですることができます（戸25条1項）。また、分籍地でも可能です（戸101条）。他の市区町村に新本籍を定める分籍届には、戸籍謄本を添付する必要があります（戸100条2項）。なお、届出期間の定めはありません。

第 18　転籍及び就籍

Q189　転籍届の基礎知識

転籍届の基礎知識について教えてください。

①転籍届は、本籍地、所在地又は転籍地ですることができます（戸 109 条、25 条 1 項）。

②届出人は、筆頭者及びその配偶者です（戸 108 条 1 項）。一方が行方不明、意思能力を欠くことなどにより、意思を表示することができないときは、他の一方が届出することができます（昭和 23 年 2 月 20 日民事甲第 87 号回答、昭和 23 年 4 月 15 日民事甲第 926 号回答）。筆頭者、配偶者が死亡、離婚などにより除籍されているときも同様です（昭和 23 年 4 月 12 日民事甲第 53 号回答、昭和 23 年 5 月 6 日民事甲第 1131 回答）。ただし、筆頭者及びその配偶者両名が死亡等により除籍されている場合、在籍者は転籍できません。

③管外転籍の場合は、戸籍謄本を添付します。これは、婚姻、養子縁組などとは異なり法定添付書類であるため必ず添付を要します（戸 108 条 2 項）。

①転籍届は左記三か所で届出可能

例　北海道

小樽市(転籍地)

釧路市(所在地)

函館市(本籍地)

いわゆる北方領土に転籍することもできます

②筆頭者及び配偶者が届出人。両名が死亡等により除籍されたときは転籍届はできません

死亡　養子縁組

転籍できない在籍者は分籍するしかない

③転籍届には管外転籍の場合、法定添付書類として戸籍謄本を添付する必要があります

そうだよ

婚姻届等と違い添付は必須ですね

受付

MHK のどじまん

【参考文献】

「戸籍届書の審査と受理」504 頁、514 頁、515 頁

Q190　戸籍の筆頭者の死亡後に外国人配偶者から転籍届をすることはできない

私は外国人ですが、先日、日本人の夫が死亡しました。夫との間に生まれた子が１人おり、今般、転居に伴い転籍することを考えていますが可能でしょうか。

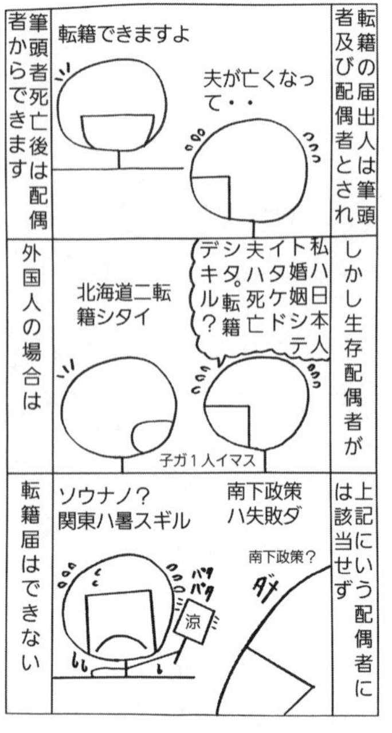

転籍届の届出人は、戸籍の筆頭者及びその配偶者とされ、筆頭者が死亡したときは生存配偶者のみで届出が可能とされています（戸 108 条 1 項、昭和 23 年 5 月 18 日民事甲第 934 号回答）。そのため、一見、外国人配偶者も転籍届ができそうにも思えます。しかし、単独で届出できる「配偶者」とは、戸籍に在籍している配偶者、つまり、日本人である配偶者を指すものとされ、身分事項欄の婚姻事項として氏名が記載されるに過ぎない外国人配偶者は届出人になれません（昭和 47 年 1 月 20 日仙台家裁判決、戸籍 523 号 45 頁）。

Q191　戸籍の筆頭者及びその配偶者の生死がわからない場合でも、当該夫婦の戸籍に在籍する子から転籍届をすることはできない

私は父を筆頭者、母をその配偶者とする戸籍に在籍していますが、父母は約 2 年間生死不明です。このような場合、私から転籍届をすることはできませんか。

できません（昭和 25 年 5 月 18 日山口地方法務局徳山支局管内戸籍協議会決議）。転籍届は戸籍の筆頭者及びその配偶者から届け出るべきものとされています（戸 108 条 1 項）。もっとも、夫婦の一方が所在不明等により転籍の意思表示ができないときは、その旨を届書に記載の上、他の一方から届出することは可能です（昭和 23 年 2 月 20 日民事甲第 87 号回答、昭和 23 年 4 月 15 日民事甲第 926 号回答）。しかしながら、本問のように戸籍の筆頭者及びその配偶者のどちらも届出人にならない場合、届出はできませんので注意が必要です。

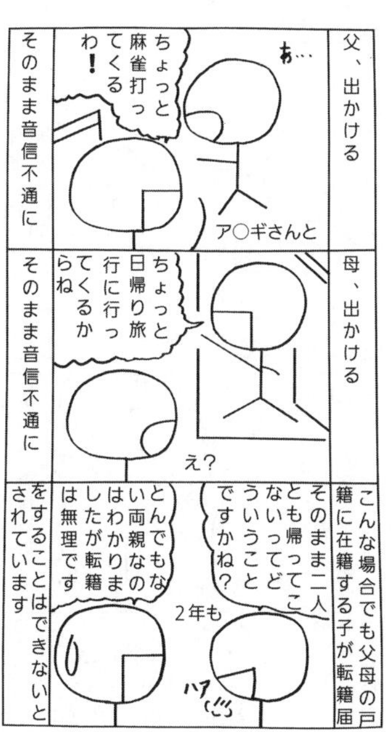

【参考文献】

「戸籍届書の審査と受理」504 頁、514 頁、515 頁

Q192 筆頭者と死別した配偶者が別の者と相手方の氏を称して婚姻した後、離婚し復籍した場合、その者が筆頭者の配偶者であることに変わりはなく、転籍届をすることができる

私は、筆頭者と死別後、別の者と相手方の氏を称して婚姻しました。しかし、その後離婚し再婚前の戸籍に復籍したのですが、この場合でも私が筆頭者の配偶者として転籍届をすることは可能ですか。

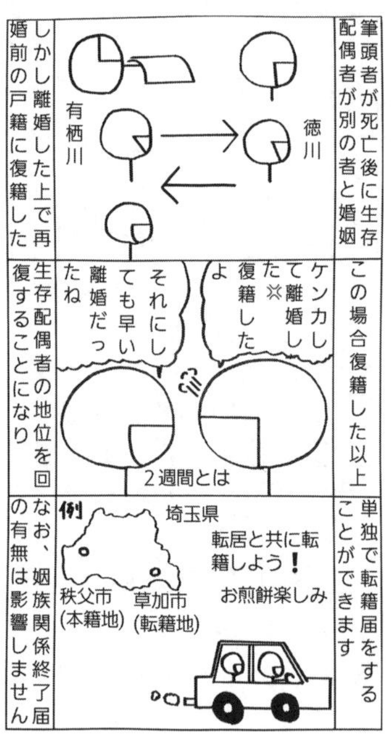

可能です。

生存配偶者が相手方の氏を称して婚姻したものの、後に離婚し、復籍した際は、再び生存配偶者の地位に復し、単独で転籍届をすることができると解されています（昭和 23 年 10 月 23 日民事甲第 1994 号回答、昭和 25 年 10 月 10 日民事甲第 2633 号回答）。なお、仮に生存配偶者が姻族関係終了届をしていたとしても、そのことは筆頭者の配偶者という立場に変動を生じさせるものではありません（昭和 23 年 9 月 11 日民事甲第 2077 号回答）。

【参考文献】

「戸籍届書の審査と受理」504 頁

Q193 就籍の要件（その 1　日本国民であること）

外国人が就籍を認められることはあるのですか。

認められません。就籍は、日本国民のみ認められます。もっとも、外国籍を保有しており、日本国籍も併有しているものの、何らかの理由で戸籍に記載されていない者については、就籍を許可された場合、届出があれば受理します（昭和 30 年 12 月 13 日民事甲第 2646 号回答）。なお、就籍者が外国人であることが判明した場合、戸籍法 24 条 4 項の検察官等の通知に基づき、本籍地市区町村長は管轄法務局長等の許可を得て就籍戸籍を消除します（昭和 35 年 6 月 17 日民事甲第 1513 号回答）。

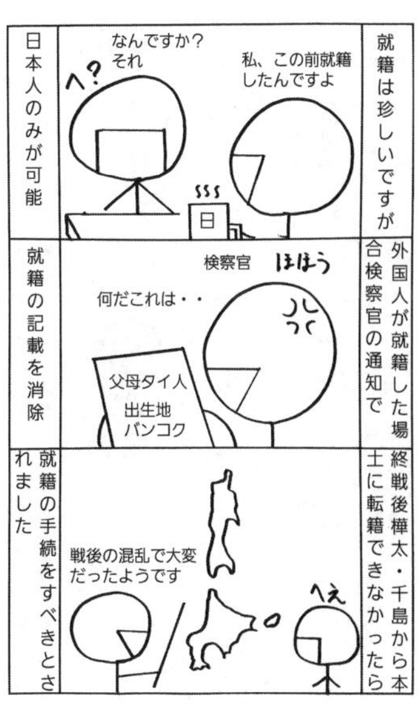

【参考文献】

「戸籍届書の審査と受理Ⅱ」254 頁

Q194　就籍の要件（その 2　本籍を有しない者又は本籍の有無が明らかでない者であること）

就籍は、本籍を有しない者だけでなく、本籍の有無が明らかでない者にも許されますか。

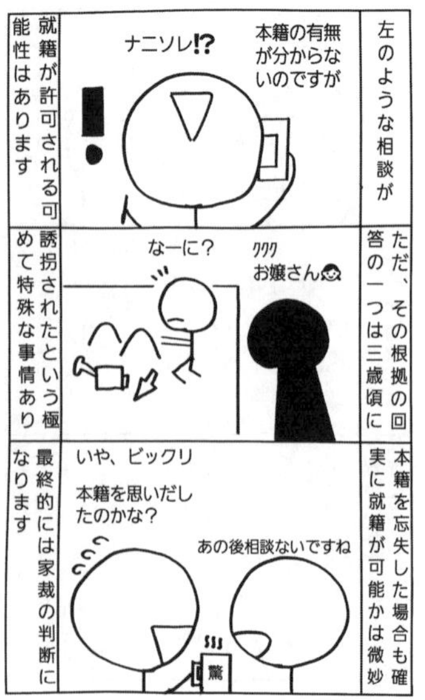

一応許されるとされています。しかし、その先例（大正 10 年 4 月 4 日民事第 1361 号回答）は、2 歳又は 3 歳頃、誘拐された者に関するものであり、極めて特殊な事例といえます。戸籍統計令和 3 年度種類別届出事件数によれば、就籍の届出事件数は 85 件しかなく、参考となる事例自体も少ないことから、何らかの理由で自身の本籍の有無がわからなくなった場合、常に就籍が許可されるとまでは断言できないと思われます。

【参考文献】

「戸籍届書の審査と受理Ⅱ」255 頁
「設題解説戸籍実務の処理Ⅸ氏名の変更・転籍・就籍編」305 頁

Q195 就籍の要件（その3　生存していること）

死亡者も就籍できるのですか。

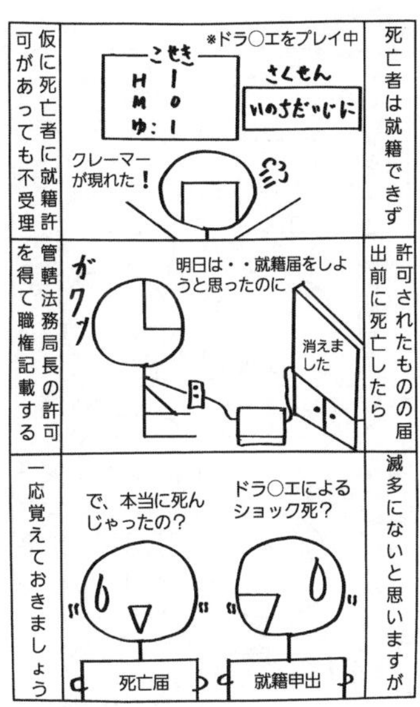

原則できません（昭和25年8月19日家庭甲第259号回答）。

許可があっても不受理とすべきとされています（昭和28年4月25日民事甲第698号回答、昭和40年7月7日民事甲第1490号回答、昭和31年3月6日民事二発第91号回答）。なお、就籍許可の審判がされたものの、届出前に就籍者が死亡したときは、管轄法務局長等の許可を得て市区町村長の職権で就籍に係る記載をします（戸44条3項、昭和29年4月14日民事甲第752号回答）。

【参考文献】

「戸籍届書の審査と受理Ⅱ」259頁、260頁

第19　離　婚

Q196　離婚の実質的要件（その1）

離婚に必要な離婚意思などについて教えてください。

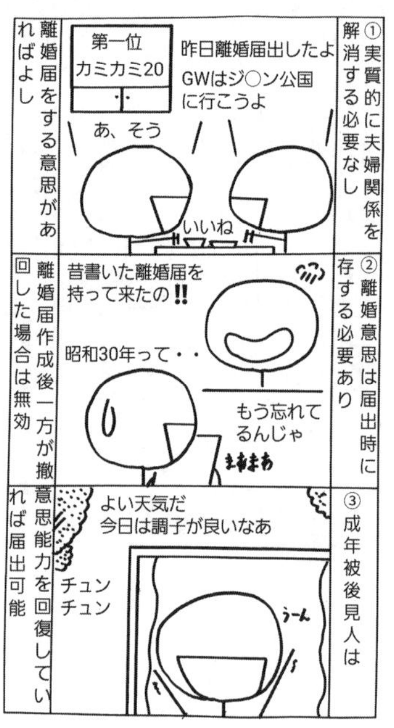

①離婚の意思は、実質的に夫婦関係を解消する必要はなく、離婚届をする意思があれば足ります（大審院判決昭和16年2月3日）。

②離婚意思は離婚届で表示されることになるので、届出時に存する必要があります。また、離婚届を作成した後、一方が離婚意思を撤回したときは、他方が勝手に届書を提出しても離婚は無効とされています（最高裁判決昭和34年8月7日）。

③成年被後見人も意思能力を回復している限り協議離婚ができます。成年後見人の同意は不要です（民764条、738条）。

Q197　離婚の実質的要件（その2）

その他、離婚の実質的要件に関して気をつけるべき点ついて教えてください。

①死亡した者との離婚のように戸籍面上から誤りであることが明らかであるときは、戸籍法113条、114条により戸籍訂正をします。離婚意思を欠くことを理由に協議離婚の無効を主張する場合は、協議離婚無効確認調停・訴訟により戸籍法116条の戸籍訂正によることになります（家事244条、257条、280条、人訴2条）。

②父母の一方を離婚後の親権者として定める記載のない離婚届は受理すべきではなく（民765条1項）、離婚についての合意は成立したが、親権者の指定についての協議が調わないときは、これに代わる審判が確定するまでの間は離婚の届出は受理できません（昭和25年1月30日民事甲第230号回答）。

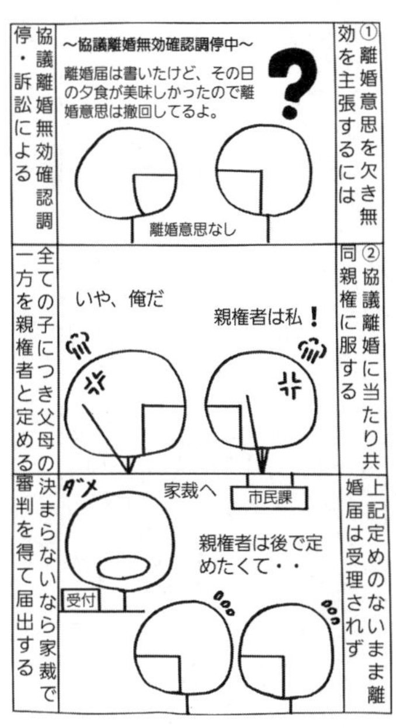

【参考文献】

「戸籍届書の審査と受理」402頁、404頁

Q198　離婚届の基礎知識

離婚届の基礎知識について教えてください。

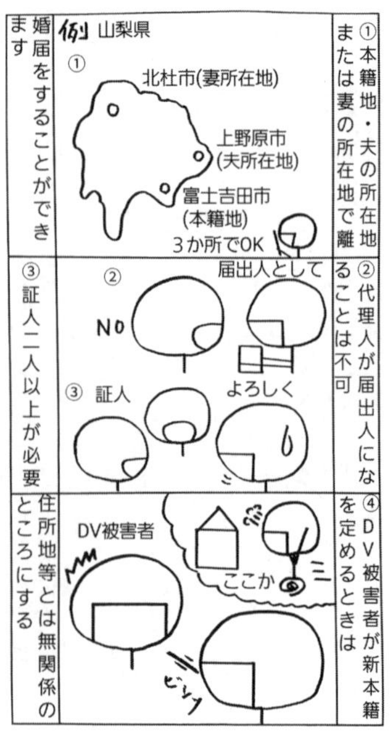

①届出地は本籍地、夫又は妻の所在地となります（戸25条1項)。成年被後見人も意思を回復しているときに限り成年後見人の同意なく届出できます（民764条、739条2項、戸76条)。

②代理人が届出人になることはできません。口頭の届出についても代理はできません。

③成年の証人２人以上が届書に署名することが必要です（民764条、739条2項、戸33条、戸規62条)。

④DV被害者等が離婚届に際して定める新本籍は、加害者からの住所探索を避けるため、住所地と異なる場所にする方が好ましいと思われます。

Q199　離婚により新たに氏を創設する事例

私は外国人ですが、日本人と婚姻した後、夫の氏を称して帰化しました。今般、夫と協議離婚するのですが、私の氏はどうなりますか。

離婚届のその他欄に、妻につき離婚後称する氏、復する戸籍がないため新戸籍を編製する旨を、婚姻前の氏にもどる者の本籍欄に新本籍及び筆頭者の氏名を記載して届出します。婚姻当時の氏で新戸籍を編製することも可能です（昭和 23 年 10 月 16 日民事甲第 2648 号回答、昭和 45 年 5 月 27 日 28 日長崎県戸籍住民登録協議会決議 7）。なお、旧国籍法当時に婚姻により日本国籍を取得した外国人は、離婚によって日本国籍を失わないので、離婚届に基づき新戸籍を編製します。この場合に称すべき氏は、その者の意思で定めます（昭和 23 年 10 月 16 日民事甲第 2648 号回答）。

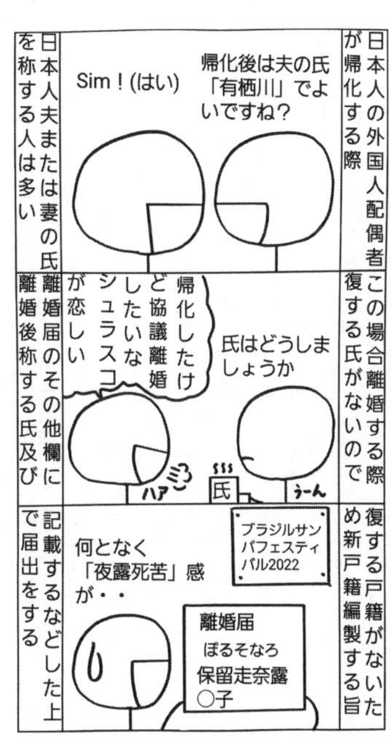

【参考文献】

「注解戸籍届書「その他」欄の記載」332 頁〜334 頁

Q200 日本人配偶者の氏を称して帰化した者を被告とする裁判離婚が確定した際、同人が離婚後の新たな本籍及び氏の申出をしない場合の対応

日本人である私が原告となり、妻（夫の氏を称して帰化した者）と裁判離婚しました。しかし、妻は離婚後に称する氏及び新本籍の申出をする意思がないのですが、どうしたらよいですか。

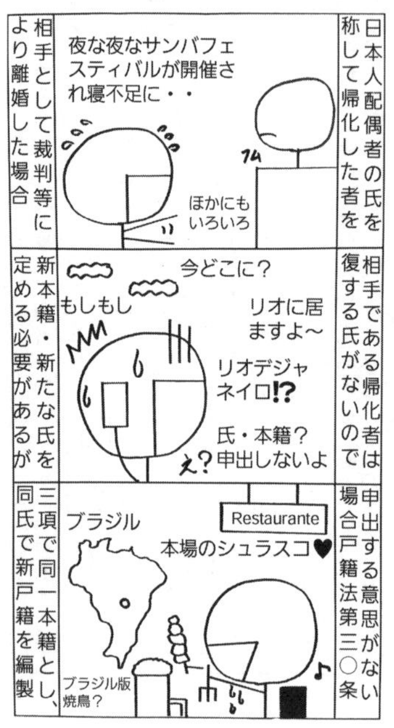

本事例の場合、戸籍法77条による届出を夫からするとしても、離婚後に称する氏は妻が自由に定められることから、妻が新たに称する氏及び新本籍をどう処理するかが問題となります。この場合、離婚届その他欄にその旨を付記し、離婚の際に称していた氏と同一呼称の氏を称するものとして取り扱い、また、戸籍法30条3項により本籍と同一場所に新戸籍を編製します（平成元年3月10日民二第662号回答）。

【参考文献】

「注解戸籍届書「その他」欄の記載」334頁

Q201 外国人配偶者の氏名が本国法の婚姻に基づく効力により変更されたが、変更後の氏名が戸籍に記載されていない場合、離婚に当たり、配偶者の氏名変更に係る申出を要するか

日本人との婚姻により、本国法による婚姻の効力に基づき外国人配偶者の氏名が変更されているにもかかわらず、その変更に係る申出をしないまま離婚届をすることは可能ですか。

本事例の場合、離婚届に記載された届出時の氏名と戸籍に記載された氏名に齟齬があるため、氏名変更の申出をしてもらうのが理想です。しかし、婚姻証明書等により同一人であることが確認できれば、あえて上記申出をさせることなくそのまま受理し、離婚届に記載のあった氏名で戸籍に離婚事項を記載できるとされています（戸籍664号65頁）。

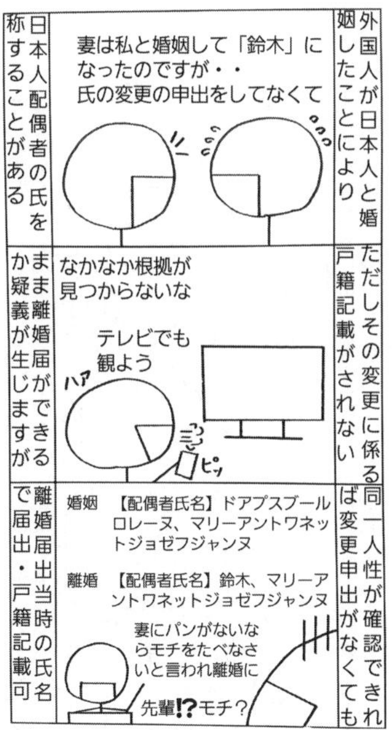

Q202　協議離婚をする場合、親権に服するすべての子について夫婦の一方を親権者と定めなければならない。出生届が未了である子がいても同様である

父母が協議離婚をするときは、親権に服するすべての子について一方を親権者と定めなければならないですか。また、出生届をしていない子がいる場合はどうしたらよいですか。

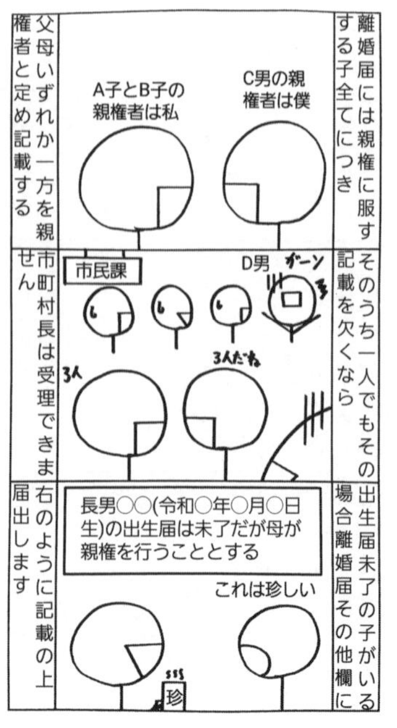

親権に服する子を有する父母が協議離婚をする際、協議で一方を親権者と定める必要があります（民819条1項）。そして、離婚届をする際、父母のいずれを親権者と定めたかを届書に記載します（戸76条1号）。なお、離婚後の親権者の記載のない届出は受理することができません（民765条1項）。また、出生届未了の子がいる場合も、離婚後の親権者を定めなければなりません。その場合は、離婚届のその他欄に必要な記載をします。

【参考文献】

「設題解説戸籍実務の処理Ⅴ婚姻・離婚編⑵離婚」25頁
「注解戸籍届書「その他」欄の記載」300頁

Q203　協議離婚をする際、父母の合意があっても共同親権とすることはできない

協議離婚に際しては、父母の一方を親権者と定めなければならないとされていますが、父母の合意があっても共同親権とすることはできませんか。

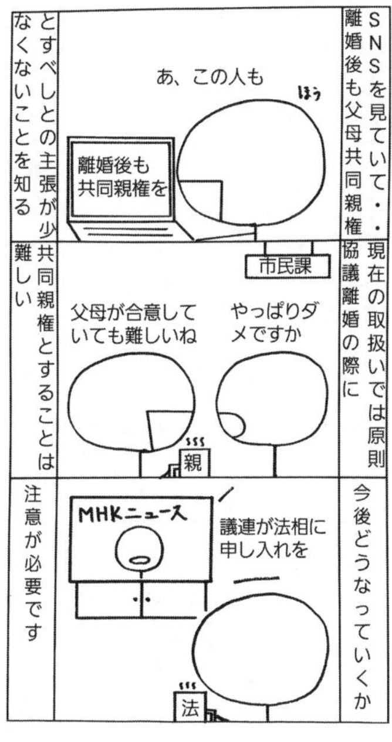

昭和23年5月8日民事甲第977号回答⑽により明確に不可とされています。なお、渉外離婚に当たっては、親権の準拠法は、子の国籍が父又は母の国籍と同一であれば、その国の法律によることとされています（通則法32条）。協議離婚が認められている国の準拠法で離婚し、離婚後も共同親権とした場合でも、父又は母と子が共に日本国籍であれば、親権に関しては日本民法によることとなり、一方を親権者にする必要があります。上記離婚に係る報告的届出があっても、離婚の戸籍記載はしても共同親権である旨の親権事項は記載しません。この場合、後で協議又は審判により親権者を決めることとなります。それまでの間は父母共同親権の状態が継続していると解されます（昭和25年6月10日民事甲第1653号回答、戸籍977号50頁）。

Q204 離婚届に面会交流及び養育費の取決めの有無に係る記載がない場合、補正を要するか

離婚届で面会交流及び養育費の取決めの有無について、チェック欄に記載がないものがありますが、そのまま受理して後々問題になりませんか。

両項目のチェック欄は、父母の離婚時の面会交流や養育費の取決めを促進する観点から、平成24年4月の離婚届の様式改定により設けられたものです。

実務上、父母の親権に服していた未成年の子がいるにもかかわらず、両項目のチェックのないままの離婚届も散見されますが、補正をしないまま受理して差し支えないとされています。面会交流及び養育費の取決めの有無は離婚届の要件ではないためです（平成24年2月2日民一第271号通達）。

Q205　戸籍法77条の2の届出に係る基礎知識

戸籍法77条の2の届出に係る基礎知識について教えてください。

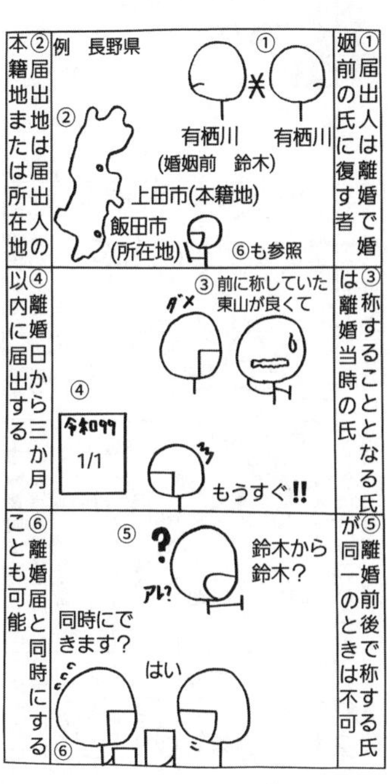

①届出人は離婚により婚姻前の氏に復した者です（民767条、771条、戸77条の2）。

②届出地は届出人の本籍地又は所在地です（戸25条1項）。

③「離婚の際に称していた氏」とは、離婚当時に称していた氏のこと、つまり婚姻期間中に称した最後の氏をいいます。

④届出期間は離婚日から3か月以内です。期間計算は民法に基づき行い、離婚日の翌日から起算し起算日に応当する日の前日が満了日です。期間の末日が休日等に該当するときは、その翌日が満了日となりますので注意が必要です（民140条、142条、昭和63年12月20日民二第7332号通達）。

⑤離婚後称する氏の呼称が、離婚の際に称していた氏と同じ者は届出することはできません（昭和58年4月1日民二第2285号通達）。

⑥離婚届と同時にすることもできます。この場合、離婚の際の氏を称し、直ちに新戸籍を編製します。なお、裁判離婚、外国の方式による報告的届出のときも同様です（昭和51年5月31日民二第3233号通達一の1及び2、昭和62年10月1日民二第5000号通達第4の1、戸19条3項）。

Q206 戸籍法 77 条の 2 の届出の取扱いの変更点

昭和 60 年の離婚に伴い、婚姻前の戸籍に復籍した筆頭者について、子が在籍しているにもかかわらず、戸籍法 77 条の 2 の届出により、筆頭者の氏が変更されていました。これでは、同法 107 条 1 項のように、子の氏まで変更されてしまいますが誤記でしょうか。

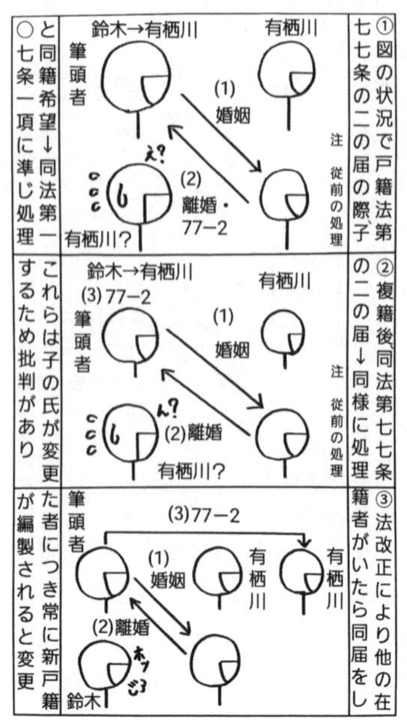

誤記ではありません。従前は、昭和 51 年 5 月 31 日民二第 3233 号通達により次のとおり処理するとされていました。

①筆頭者が相手方の氏を称して婚姻した後、離婚と同時に戸籍法 77 条の 2 の届出をするとともに、婚姻前戸籍に在籍する子と同籍を希望したときは、戸籍法 107 条 1 項の規定に準じて処理する（同通達一の 2 ただし書、一の 6（一））。

②離婚によって復氏した者が戸籍の筆頭者である場合、上記届出をしたときは、子の有無にかかわらず上記①の処理をする（同通達一の 4）。

③昭和 62 年に戸籍法 19 条 3 項が改正され、上記届出をした者を筆頭者とする戸籍に他の者が在籍する場合、その届出をした者につき常に新戸籍を編製することとされました（昭和 62 年 10 月 1 日民二第 5000 号通達第 4）。

【参考文献】

「戸籍届書の審査と受理」418 頁

Q207 婚姻で氏を改め、転婚に際し再度氏を改めた転婚者から離婚に伴う戸籍法77条の2の届出があった場合における注意点

婚姻で氏を改め、転婚に際し再度氏を改めた者から、離婚と同時に戸籍法77条の2の届出があった場合、同人が復する民法上の氏は転婚前と実方のどちらですか。

基本的に転婚者の復すべき民法上の氏は転婚前の氏ですが、離婚届の「婚姻前の氏にもどる者の本籍」欄を記載する場合に限り実方の氏に復します（昭和58年4月1日民二第2285号通達一）。後に復氏届、子の入籍届をするときの可否などに影響するので注意が必要です。なお、本問の場合、原則、転婚前の氏に復するという点が上記通達発出前は明らかでなかったことから、以前に処理したものをどう取り扱うかが問題ですが、この点については、転婚前の氏に復するとされています（昭和58年4月1日民二第2285号通達一の2）。

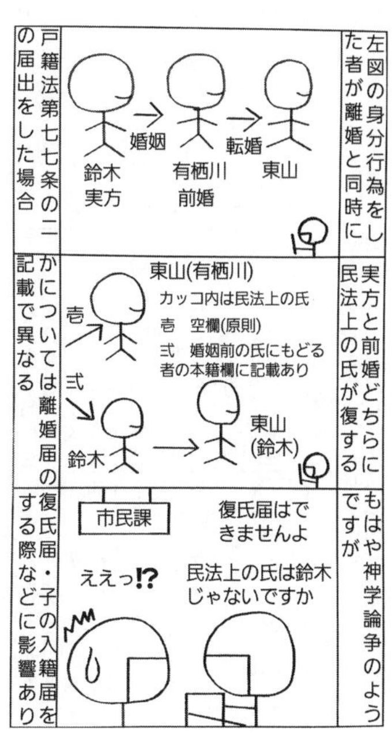

【参考文献】

「設題解説戸籍実務の処理Ⅶ死亡・失踪・復氏・姻族関係終了・推定相続人廃除編」238頁

Q208 配偶者によるDV被害者が裁判離婚等の後、加害者の戸籍謄本取得による住所探索を避ける方策について

配偶者によるDV被害者が裁判等による離婚後に、加害者の戸籍謄本取得による住所探索を避ける方策を教えてください。

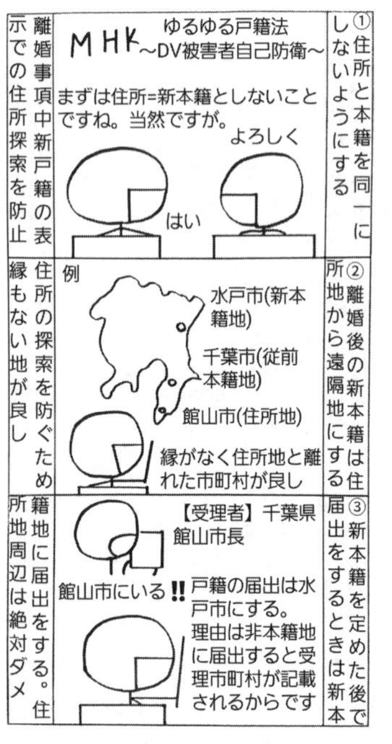

①離婚により婚姻前の氏に復するときは婚姻前の戸籍に入ります。ただし、その戸籍が既に除かれているとき、又は、その者が新戸籍編製の申出をしたときは新戸籍を編製します（戸19条1項、30条1項）。DV被害者が新戸籍編製の申出をするのであれば、新本籍を住所と同じ場所にするのは絶対に避けるべきです。

②上記①と関連しますが、新本籍は住所と同じ場所だけでなく、住所地の近隣市町村なども避けた方が無難です。

③他の市町村長又は官庁からその受理した届書、申請書、その他の書類の送付を受けた場合には、その受付の年月日及びその書類を受理した者の職名を記載します（戸規30条5号）。そのため、住所地とは別の市区町村に新本籍を定めたとしても、住所地の市町村に何らかの届出をした場合、上記記載から住所が判明するおそれがありますので住所地の市町村への届出は絶対に避けるべきです。

Q209　裁判離婚の基礎知識

裁判離婚の基礎知識について教えてください。

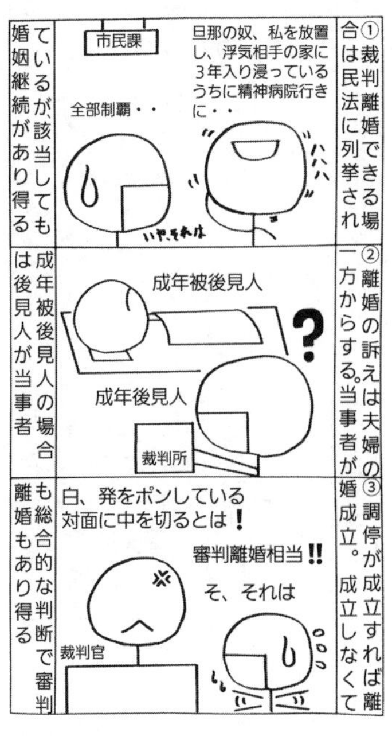

①次の場合に限り家庭裁判所に離婚の訴えができます（民770条1項）。なお、諸般の事情を考慮して婚姻の継続を相当と認めることもあります（同条2項）。

一　配偶者に不貞な行為があったとき。

二　配偶者から悪意で遺棄されたとき。

三　配偶者の生死が3年以上明らかでないとき。

四　配偶者が強度の精神病にかかり、回復の見込みがないとき。

五　その他婚姻を継続し難い重大な事由があるとき。

②離婚の訴えをする者は夫婦の一方です。相手方が生死不明の場合、公示送達によります（民訟110条）。夫婦の一方が成年被後見人である場合、成年後見人が当事者となります（人訟14条1項）。

③離婚の訴えをする者は、家庭裁判所に離婚の調停の申立てが必要です（調停前置主義）。合意が成立し調停調書に記載されれば確定判決と同じ効力が生じます（家事268条）。調停が不成立でも裁判所が相当と認めるときは、一切の事情を考慮して離婚の審判ができます（同法284条）。なお、裁判の推移次第で、判決離婚、和解離婚又は認諾離婚になる可能性もあります。

コーヒーブレイク⑤

某市職員「これだけはちょっと……。」

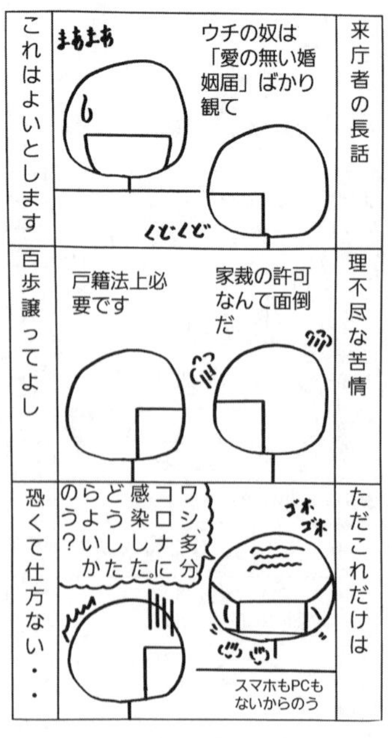

役所には、さまざまな方が来庁します。

近時の新型コロナウイルス感染症が拡大したとき、それも、弱毒化する前の株が流行した時期に、感染者が窓口に来庁してパニックになったという話を耳にしたことがありました。

現在、感染状況は、やや落ち着いていますが、今後、どのような変異株が出現するかわかりません。仮に戸籍担当部署が機能不全に陥れば、その後に控える各種手続きにも支障が生じることになります。何らかの理由で、同感染症が再流行した場合、完全に防御するのは難しいかもしれませんが、円滑な事務処理を維持するためにも、可能な限りの感染予防対策を怠らないようにしましょう。また、万が一、戸籍担当部署内で感染者が多数発生した場合、どのように業務を継続するかを検討しておく必要もあるかと思います。

コーヒーブレイク⑥

国の役所の回覧文書

国家公務員も地方公務員も、昔に比べて職員数は大幅に減っています。それでも仕事が遅れてよいということにはなりません。ところが、処理の速度を維持するため、四苦八苦しているにもかかわらず、以前と変わらず、あまり業務に関係のない文書が送付されてくることがあります。一通、二通ならたいしたことはないのですが、これがかなり多いのです。本当なら全部読むべきなのでしょうが、そんなことをしていたら、それだけで半日が過ぎてしまいます。そのため、特に新人職員の方々は、重大過誤を起こさないためにも、事務に関係の薄い文書は、一読して済ませるなどして、大事な民事局長通達などを読むことに注力したほうがよいでしょう。

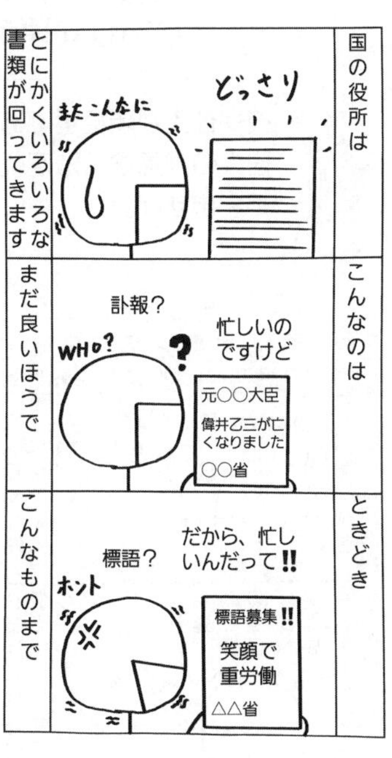

第 20　親権及び未成年者の後見

Q210　被保佐人は親権を行使できるか。また、保佐人の同意なく法定代理人として民法 13 条 1 項第 1 号ないし同項第 9 号に挙げる行為をできるか

被保佐人が親権者である場合、親権を行使できますか。また、保佐人の同意なく法定代理人として子の所有する不動産の売却等ができますか。

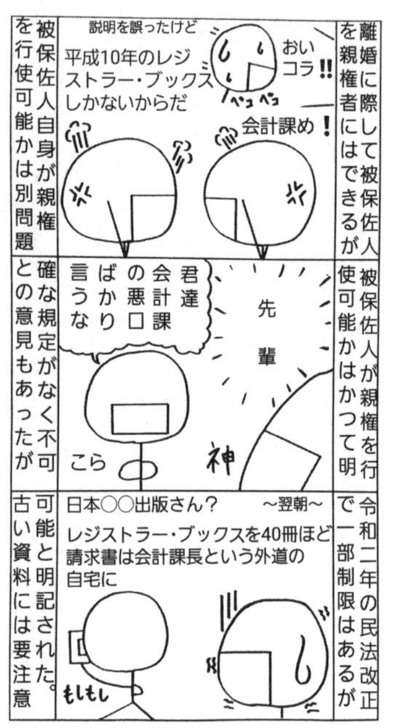

令和２年４月１日の改正民法施行前は、親権者である被保佐人が、その子が所有する不動産を売却するなどの場合、保佐人の同意を要するかについて、特に規定がありませんでした。しかし、上記改正により新たに民法 13 条１項 10 号が設けられたことにより、被保佐人である親権者は親権を行使できるものの、法定代理人として同項１号ないし９号の行為をする場合は、保佐人の同意が必要なことが明確になりました。

【参考文献】

「戸籍届書の審査と受理Ⅱ」９頁

Q211　未成年者及び成年被後見人は親権を行使できないとする戸籍先例、離婚に際し被保佐人又は被補助人を親権者に指定することの可否

未成年者及び成年被後見人は親権を行使できないとする戸籍先例はありますか。また、離婚に際し、被保佐人又は被補助人を親権者に指定することはできますか。

明治 33 年 11 月 16 日民刑第 1451 号回答により、未成年者、成年被後見人は親権を行使できないとされています。被保佐人、被補助人は、親権を行使できますが、保佐人、補助人の同意を要する行為を法定代理人として行う場合は、上記の者の同意を要するので注意が必要です（Q207 参照）。離婚に際して被保佐人又は被補助人を親権者に指定することは、昭和 25 年 7 月 13 日民事甲第 1920 号回答により、従前から可能とされています。（民 102 条、13 条 1 項 10 号、同条 2 項、17 条 1 項）。

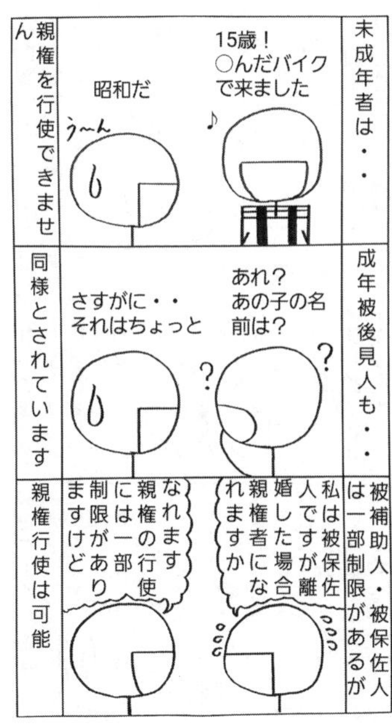

【参考文献】

「戸籍届書の審査と受理Ⅱ」9 頁、10 頁

Q212　準正嫡出子は父母の共同親権に服する。父が認知後、父母の協議で父を親権者と定めていた場合でも同様である

準正嫡出子には、父母が親権を行使するということでよいですか。また、父の認知後に父母の協議で父を親権者と定めていた場合はどうなりますか。

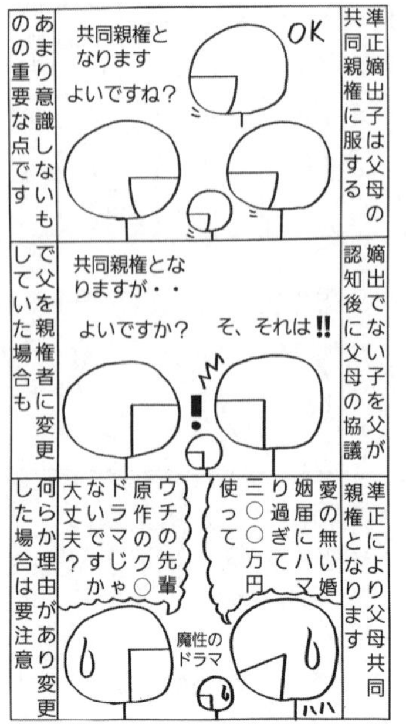

準正嫡出子は、準正による嫡出子の身分取得と同時に父母の共同親権に服するとされています（昭和 23 年 5 月 6 日民事甲第 322 号回答）。また、民法 819 条 4 項に基づき父が既に親権者に指定されている場合であっても、父母の婚姻後は当然に共同親権に服することになります（昭和 23 年 5 月 13 日民事甲第 1259 回答）。

【参考文献】

「戸籍届書の審査と受理Ⅱ」10 頁

Q213　婚姻中の実父母の代諾で縁組した 15 歳以上の未成年者である養子が、実父母の離婚後に離縁した場合、実父母の共同親権となる

私（16 歳）は、父母の代諾で養子縁組をしましたが、養父母と折り合いが悪くなり、離縁しようと考えています。ただ、実父母は縁組代諾後、既に離婚しているのですが、この場合、誰が親権者となりますか。

本事例では、養子が父母の代諾による養子縁組後、15 歳に達しているため、自ら離縁協議をすることができ、実父母は離縁協議者になりません。

離縁後は、離婚した実父母の共同親権となります（昭和 23 年 5 月 6 日民事甲第 322 号回答）。離婚後に父母共同親権となるレアケースです。その後、協議又は審判で一方を親権者に指定する必要があります。

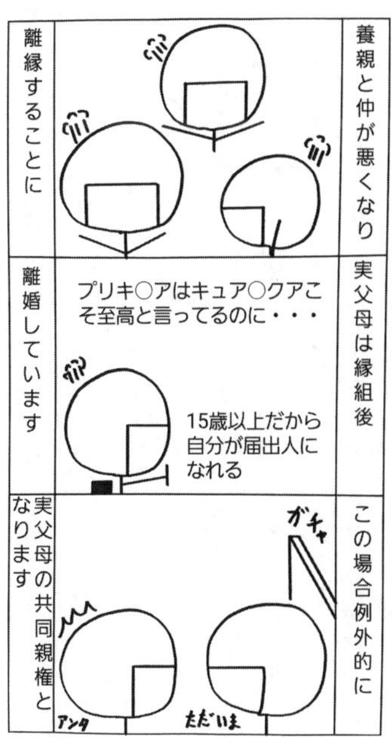

【参考文献】

「戸籍届書の審査と受理Ⅱ」10 頁

Q214　父母の一方の死亡後は他の一方が親権を行う。復氏届・姻族関係終了届は親権に影響を及ぼさない

先日、夫が死亡したため、復氏届・姻族関係終了届をすることを考えています。夫との間には未成年の子がいるのですが、両届出は親権に影響がありますか。

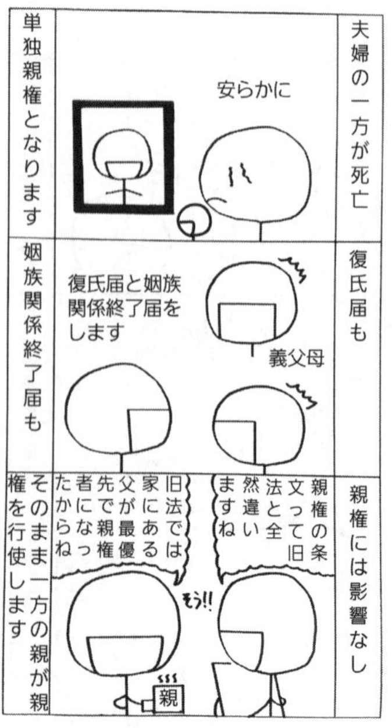

影響はありません。

親権者と親権に服する子の氏、在籍する戸籍が異なっても親権の有無とは関係ありません（昭和 23 年 7 月 1 日民事甲第 1804 号回答）。なお、旧法中に離婚した場合、「子はその家に在る父の親権に服す」とされ、父が親権を行うことができないときに限り、家に在る母が行うこととされていました（旧民法 877 条）。そのため、離婚の際には、通常、ただ母が去家するだけで、父の親権に影響はありませんでした。

【参考文献】

「戸籍届書の審査と受理Ⅱ」10 頁、11 頁

Q215 共同親権者である養親と実親の婚姻が解消した場合の親権者

養親と実親が共同親権者である場合、一方が死亡したときは他方が親権者となるのですか。また、離婚したときは実親の離婚と同様、いずれか一方が親権者となるのですか。

そのとおりです。養親又は実親の一方の死亡後は、他の一方の単独親権となります（昭和 24 年 12 月 2 日民事甲第 2794 号回答）。また、離婚した際は、民法 819 条 1 項又は同条 2 項により、一方を親権者と定めるとされています（昭和 25 年 9 月 22 日民事甲第 2573 号通達）。

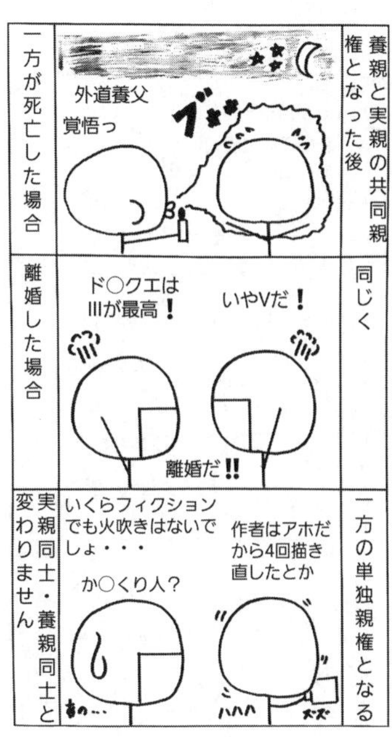

【参考文献】

「戸籍届書の審査と受理Ⅱ」11 頁～16 頁

Q216　父母の婚姻前に出生した嫡出でない子が、母の死亡後に父の認知を受け準正した場合、父が親権者となる

準正嫡出子は、父母の共同親権に服すると聞きました。父母の婚姻後、母が死亡した後に父が認知しても準正は成立するはずですが、親権はどうなりますか。

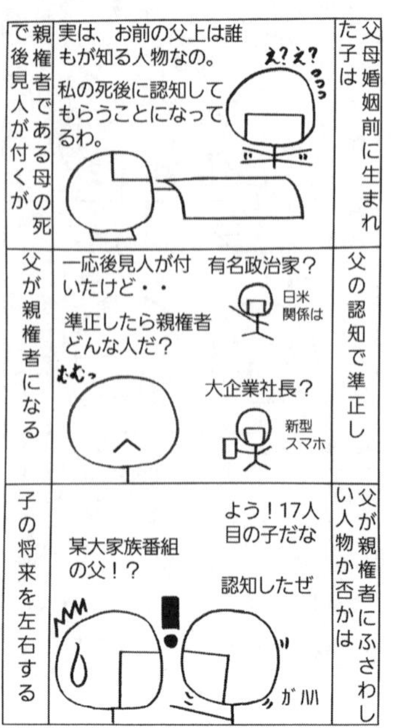

本事例の場合、母の死亡により後見が開始されているはずです（民 838 条 1 号）。しかし、父の認知により準正が成立することにより、当然に後見は終了し、父が親権者となります（昭和 25 年 12 月 4 日民事甲第 3089 号回答）。父から戸籍法 62 条の出生届がされた場合も同様です。

【参考文献】

「戸籍届書の審査と受理Ⅱ」11 頁

Q217　準正により子が嫡出の身分を取得した場合、共同親権に服するに至る旨の記載は要しない

今般、婚姻により、準正嫡出子の身分を取得する子がいるのですが、婚姻届その他欄に共同親権に服するに至る旨の記載が必要ですか。また、戸籍にその旨記載されますか。

離婚する際、父母の親権に服する子がいる場合は、父母の一方を親権者と定めることになります（民 819 条）。その後、父母が同一人同士で再婚したときは、再婚時に上記の子が成年に達している、又は、他の者の養子となっているような場合を除き、婚姻届その他欄に共同親権に服するに至る旨記載し、戸籍にもその旨記載されます。一方、準正の場合は、父母の共同親権に服することが法令上明らかであることから上記記載は不要とされています（民 818 条 3 項、戸籍時報特別増刊号 544 号 93 頁及び 94 頁）。

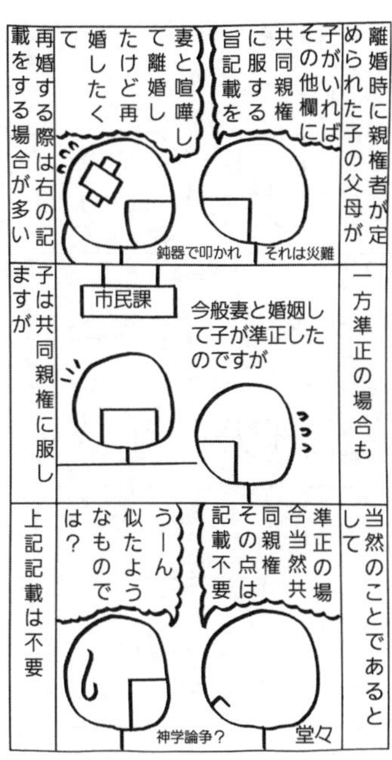

Q218　親権者が親権喪失の審判を受ける要件、同審判の請求権者について

親権喪失に係る戸籍記載があったのですが、どのような場合に親権喪失の審判を受けますか。また、同審判の請求権者はだれになりますか。

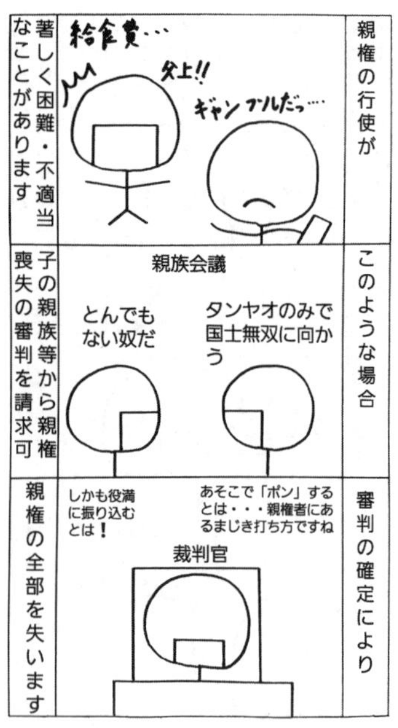

父又は母による虐待又は悪意の遺棄があるとき、その他父又は母による親権の行使が著しく困難又は不適当であることにより、子の利益を著しく害するときは、子、子の親族、未成年後見人、未成年後見監督人、検察官又は児童相談所長の請求により、親権喪失の審判ができるとされています（民834条、児童福祉法33条の7）。ただし、2年以内にその原因が消滅する見込みがあるときは除くとされていますので注意が必要です（民834条ただし書）。2年以内で親権を行使させないようにしたい場合は、親権の停止の審判を請求することになります。

【参考文献】

「戸籍届書の審査と受理Ⅱ」25頁、26頁

Q219　親権の停止について

親権停止の制度は、親権喪失の要件を満たすまでは至らない事案について必要に応じ親権を制限するという理解でよいですか。

そのとおりです。平成 24 年 4 月 1 日施行の改正民法により導入された制度です。子、子の親族、未成年後見人、未成年後見監督人、検察官又は児童相談所長の請求により 2 年以内の期間で親権停止の審判ができます（民 834 条の 2、児童福祉法 33 条の 7）。親権停止に係る審判確定の結果、親権を行使する者がいなくなるときは後見が開始します。なお、親権喪失も同様ですが、調停にはなじまないため審判によるべきとされています。

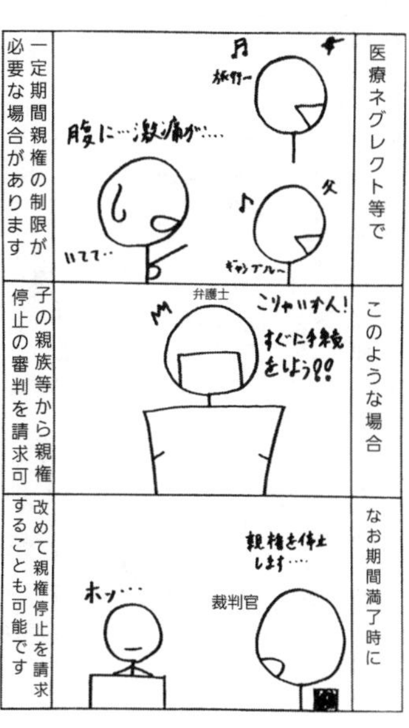

【参考文献】

「戸籍届書の審査と受理Ⅱ」28 頁

Q220　親権喪失等の手続きに当たり、子の利益のため早急な対応が必要と認められるとき

離婚後、単独親権者となっていた父は、私に暴力を振るい、高校も退学させせようと、学校にも連絡してきました。卒業後の進路相談も迫っていて、場合によっては就職も進学も難しくなるかもしれません。どうしたらよいですか。

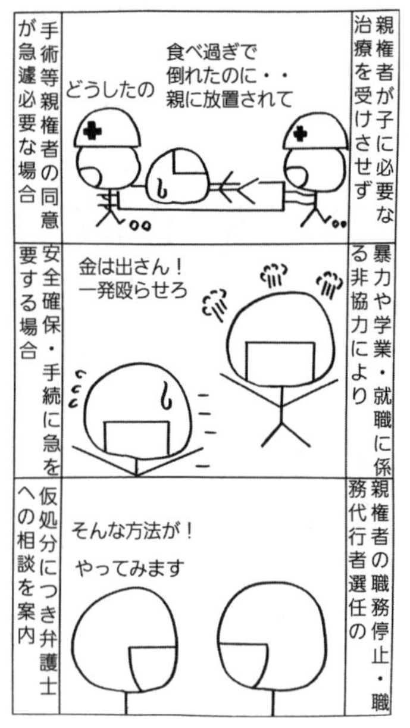

親権喪失、親権停止、管理権喪失、親権者の指定又は変更についての審判の効力が生じるまでの間、仮の処分として親権者の職務の執行を停止し、又はその職務代行者を選任することができるとされています（家事 175 条 3 項など）。認められるか否かは家庭裁判所の判断にもよりますが、急を要する状況であれば、相談者に対し、弁護士に相談するよう案内すべきかと思います。なお、上記仮処分に関する事項は裁判所書記官の嘱託により子の戸籍の身分事項欄に記載されます。

【参考文献】

「戸籍届書の審査と受理Ⅱ」32 頁

Q221　親権喪失の審判に際して親権に服する子が 15 歳以上である場合の注意点及び親権喪失後の親権行使者について

親権喪失の審判の手続きの中で、特に子が何か行うべきことはありますか。また、親権喪失した場合、誰が親権を行使することになりますか。

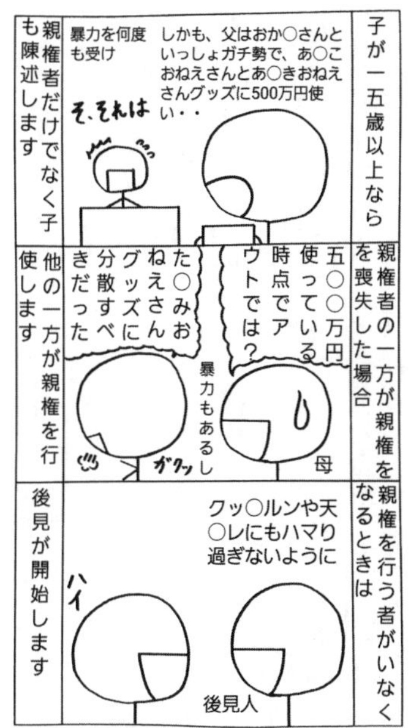

親権喪失の審判に当たっては、子が 15 歳以上の場合に限り、審判の期日において親権者だけでなく、子の陳述も聴かなければならないとされています（家事 169 条 1 項第 1 号）。審判の結果、共同親権者の一方が親権を喪失した場合は他方が単独親権者となり、共同親権者の双方が同時に、もしくは単独親権者が上記審判を受けたときは未成年後見開始の原因になります（民 838 条 1 号）。

【参考文献】

「戸籍届書の審査と受理Ⅱ」26 頁、27 頁

Q222　管理権の喪失の審判について

管理権の喪失は、管理権の行使が困難又は不適当であるかにつき、普通一般の親権者が用いる注意力を標準として、子の生活全体にわたる諸般の事情から、子の利益を害するか否かを判断するということですか。

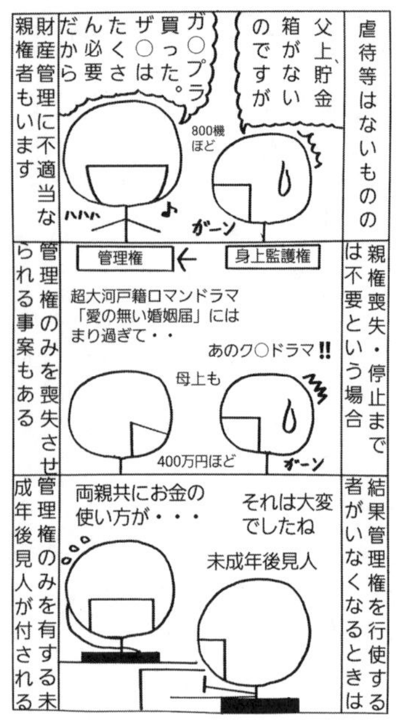

そのとおりです（東京高決昭和 35 年 2 月 9 日家月 12 巻 11 号 125 頁）。請求権者は、子、その親族、未成年後見人、未成年後見監督人又は検察官、児童相談所長です（民 835 条、児童福祉法 33 条の 7）。親権喪失と同様に、審判によります。確定により効力が生じることも同様です。

共同親権者の一方に管理権喪失の審判があったときは、未成年の子に対する身上監護は共同して行いますが、財産の管理は管理権喪失の審判を受けていない親権者が単独で行うこととなります。なお、管理権喪失により親権者のうち管理権を行使する者がいなくなる場合は、管理権のみを有する未成年後見人が選任され、当該後見人のみが子の財産上の法律行為を代理し、又はこれに同意を与えることになります（民 838 条 1 号後段、868 条）。

【参考文献】

「戸籍届書の審査と受理Ⅱ」28 頁～30 頁

Q223 親権・管理権の辞任について

親権・管理権の辞任について教えてください。

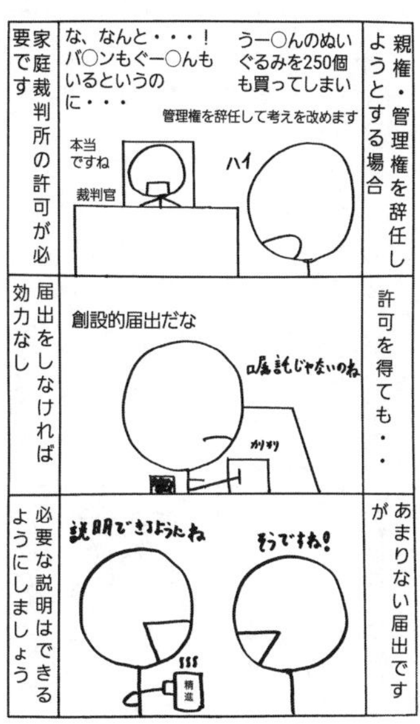

親権又は管理権を辞任するには、やむを得ない事由が必要です（民 837 条 1 項）。また、親権又は管理権の辞任には家庭裁判所の辞任許可の審判だけでは効力が発生せず、戸籍法に基づく届出によって初めて効力が生じます（戸 80 条）。辞任の結果、親権又は管理権を行う者がいなくなる場合は、未成年後見が開始します（民 838 条 1 号）。なお、辞任後、辞任の事由が消滅したときは家庭裁判所の許可を得て、親権又は管理権を回復することができます（民 837 条 2 項）。これらについても戸籍法に基づく届出によってその効力を生じるとされています。

【参考文献】

「戸籍届書の審査と受理Ⅱ」31 頁

Q224 転縁組による養親と離縁したときは、先の縁組に係る養親の親権が回復する。ただし、それ以前に先の縁組が解消していて、ほかに養親もいなければ実親の親権が回復する

養親と離縁する場合、先の親権者の親権が回復することはわかりました。しかし、転縁組した者が、その転縁組による養親と離縁するに際し、先の養子縁組が離縁により既に解消されている場合はどうなりますか。

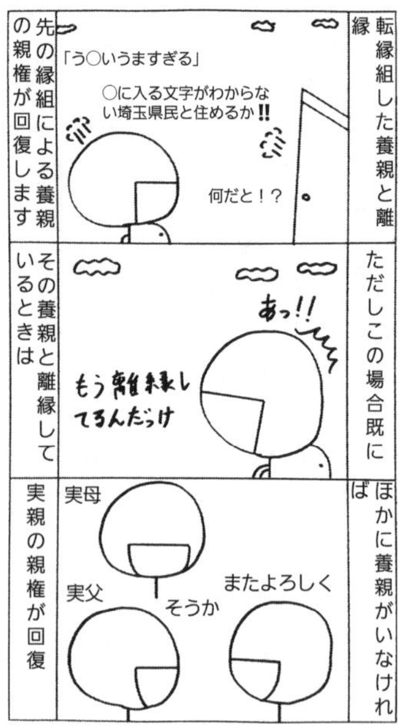

養子が転縁組をしたときは、最後の養親が親権者となります。転縁組について離縁があったときは、先の縁組による養親の親権が復活します（昭和 26 年 11 月 5 日民事甲 1915 号回答（イ））。しかしながら、転縁組の離縁に先立って、先の縁組が離縁により解消されており、ほかに養親もいなければ実親の親権が回復します（昭和 31 年 9 月 28 日民事甲 2234 号回答）。

【参考文献】

「戸籍届書の審査と受理Ⅱ」13 頁
「設題解説戸籍実務の処理Ⅵ親権・未成年後見編」57 頁、73 頁

Q225 養親双方が死亡した場合、実親等の親権は回復せず、後見が開始する

後輩

Q221 で養父母双方と離縁した場合、実親又は先の縁組に係る養親の親権が復活することはわかりました。では、養親双方が死亡したときも同様に考えてよいでしょうか。

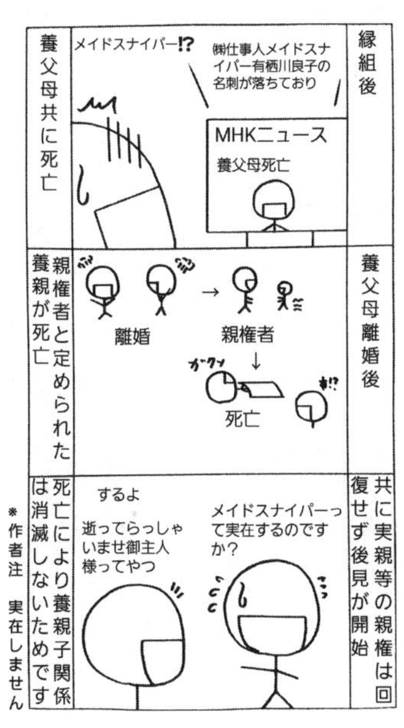

養親双方が死亡した場合、実親又は先の縁組に係る養親の親権は復活せず、後見が開始します（昭和23年11月12日民事甲第3585号通達、民838条1号）。なお、養親の離婚に伴い親権者と定められた養父又は養母が死亡した場合も同様です。養親の婚姻中に養親の一方のみが死亡したときは、他の一方が親権を行うことと比較して覚えておきましょう。

【参考文献】

「戸籍届書の審査と受理Ⅱ」14 頁
「設題解説戸籍実務の処理Ⅵ親権・未成年後見編」35 頁、36 頁、49 頁、50 頁

Q226　養父母離婚後に親権者と定められた養親と離縁した場合など

養父母の離婚後に親権者と定められた養親と離縁した場合、誰が親権者となりますか。

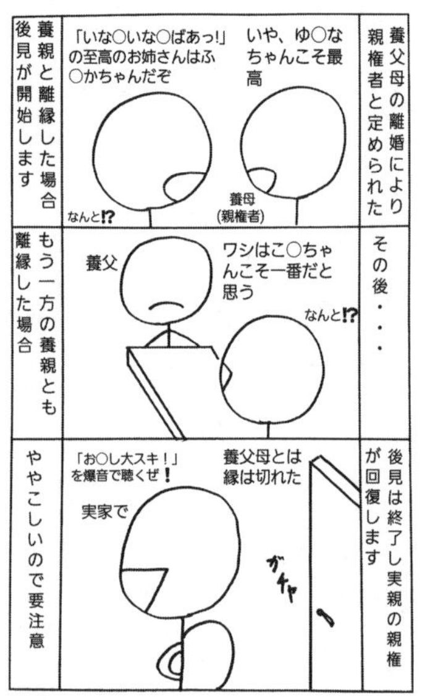

本事例の場合、親権者と定められなかった養親との縁組は継続中であるため、後見が開始するとされています（昭和 27 年 12 月 8 日最高裁家庭局第二課電報回答）。同人が親権者になるわけではありません。

その後、親権者と定められなかった養親とも離縁した場合は、後見は終了し、実親の親権が回復するとされています（昭和 26 年 6 月 22 日民事甲第 1231 号回答、昭和 31 年 2 月 15 日民事甲第 317 号回答）。

【参考文献】

「戸籍届書の審査と受理Ⅱ」14 頁

Q227　養父母の一方が死亡後、生存養親と離縁した場合の親権者について

養父母の一方が死亡後、生存養親と離縁した場合、誰が親権者となりますか。

養父母の一方が死亡した場合、生存養親の単独親権となります。その後、本事例のように、生存養親と離縁した場合、実親の親権が回復するのではなく、後見が開始するとされています。なお、死亡養親とのみ死後離縁しても、親権者に変動はありません。また、本事例の場合、昭和 63 年 1 月 1 日に施行された民法一部改正までは、生存養親と離縁すると、死亡養親との縁組関係が継続したまま実方の氏に復する取扱いでした（昭和 24 年 9 月 9 日民事甲第 2039 号通達）。

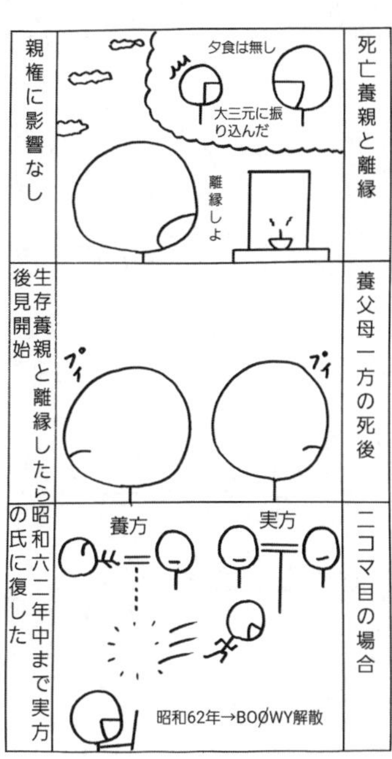

【参考文献】

「戸籍届書の審査と受理Ⅱ」15 頁

Q228 配偶者の前婚の嫡出子（親権者：配偶者）と養子縁組した場合、誰が親権者となるか

私は、現在交際している男性と婚姻する予定です。ただ、私には、元夫との間に生まれた嫡出子がおります。現在の親権者は私であり、夫となる予定の者は養子縁組を了承していますが、この場合、養子縁組をすると、誰が親権者になりますか。

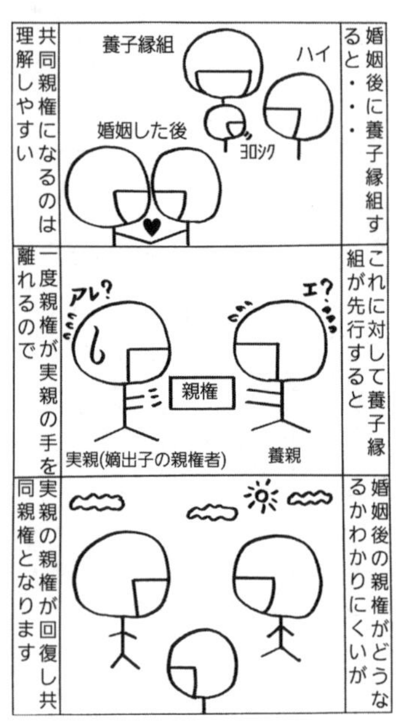

2つのパターンに分けて考えます。婚姻届をした後、養子縁組届をする場合は、民法 818 条 3 項により、父母共同親権となることは理解しやすいと思います。一方、養子縁組届により夫となる予定の者が養親になった後、父母が婚姻した場合は、同婚姻により実親の親権が回復するか否かが問題となります。この点につき、先例は、実親の親権が回復し、共同親権となるとしています（昭和 25 年 9 月 22 日民事甲第 2573 号通達）。

【参考文献】

「戸籍届書の審査と受理Ⅱ」15 頁

Q229 後見登記等に関する法律附則 2 条 4 項の通知書が届いた際、同条 5 項の戸籍の再製手続きを遺漏しないよう注意する

登記官から後見登記等に関する法律附則 2 条 4 項の通知書が届いたのですが、後見登記等に関する省令 13 条の通知書が届いた場合と、処理をする際に異なる点があるのですか。

禁治産又は準禁治産に係る記載がされた戸籍を再製する必要があります。上記通知書は、極めて様式が似ているので、特に初任者は、再製を遺漏しないよう注意が必要です。これを遺漏して大きなトラブルになったケースもあるとのことなので気をつけましょう。

（通知書の様式　平成 12 年 3 月 23 日民二第 700 号通達第 3 号及び第 4 号様式）

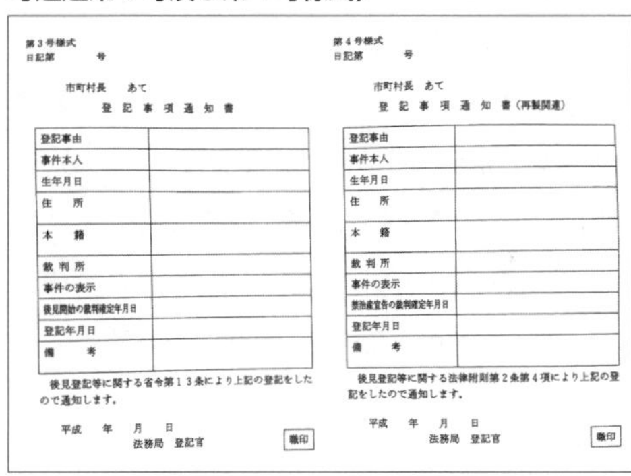

第 3 号様式
日記第　　号

市町村長　あて

登 記 事 項 通 知 書

登記事由	
事件本人	
生年月日	
住　所	
本　籍	
裁 判 所	
事件の表示	
後見開始の裁判確定年月日	
登記年月日	
備　　考	

後見登記等に関する省令第 1 3 条により上記の登記をしたので通知します。

平成　年　月　日
法務局　登記官　職印

第 4 号様式
日記第　　号

市町村長　あて

登 記 事 項 通 知 書（再製関連）

登記事由	
事件本人	
生年月日	
住　所	
本　籍	
裁 判 所	
事件の表示	
禁治産宣告の裁判確定年月日	
登記年月日	
備　　考	

後見登記等に関する法律附則第 2 条第 4 項により上記の登記をしたので通知します。

平成　年　月　日
法務局　登記官　職印

第 21　氏名の変更

Q230　戸籍法 107 条 1 項の氏の変更届に係る基礎知識

戸籍法 107 条 1 項の氏の変更届に係る基礎知識について教えてください。

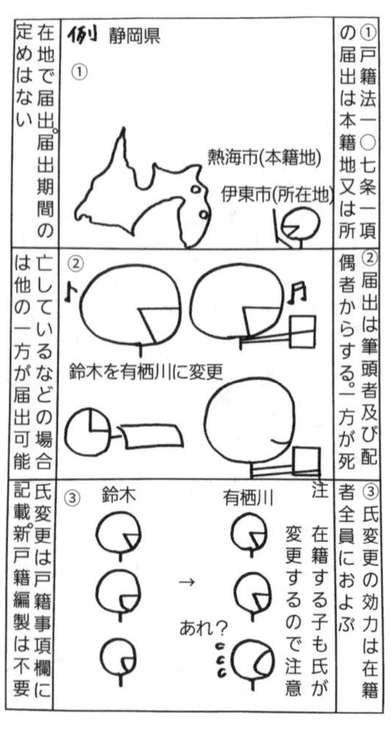

①家庭裁判所の許可を得る必要があるものの、届出により効力が生じる創設的届出であり、届出期間の定めはありません。届出地は戸籍法 25 条 1 項により本籍地又は所在地です。

②届出人は、筆頭者及びその配偶者がするのが原則ですが、配偶者がないときは筆頭者のみで行い、筆頭者又は配偶者の一方が死亡又は離婚により除籍されているときは他方のみからの届出が可能です（昭和 23 年 6 月 11 日民事甲第 1750 号回答）。なお、筆頭者又は配偶者の一方が所在不明又は意思能力の欠缺等により意思表示ができないときは、他方から届出可能とされています。また、届出人となる者が未成年者や成年被後見人など意思能力を有しないときは法定代理人が届出可能です（大正 8 年 10 月 1 日民事第 3726 号回答、昭和 25 年 10 月 8 日民事甲第 2712 号回答など）。

③届出があったときは、戸籍事項欄に氏変更に係る事項を記載し、筆頭者氏名欄における氏の記載を更正します。新戸籍を編製する必要はありません。

Q231 父母が戸籍法 107 条 1 項の許可を得て氏を変更する際、婚姻等により既にその父母の戸籍から除籍され、別戸籍に在籍している者の父母欄を更正したい場合は、届書その他欄にその旨記載する

今般、戸籍法 107 条 1 項の許可を得て氏を変更するのですが、長女は婚姻により既に除籍されています。このような場合、どうすれば長女の父母欄を更正できますか。

届書その他欄に必要な記載をします。なお、市町村の事務処理上、当該届書が長女の本籍地に送付された場合、送付事件として扱うべきかという問題があります。この点については、他の市町村から送付があった場合でも、送付の旨の記載は要せず、直接申出書が提出されたものとして扱います。受附帳には、「その他（更正）」として処理するとされています（届書式対照戸籍記載の実務（上）567 頁、戸籍時報特別増刊号 520 号 17 頁）。

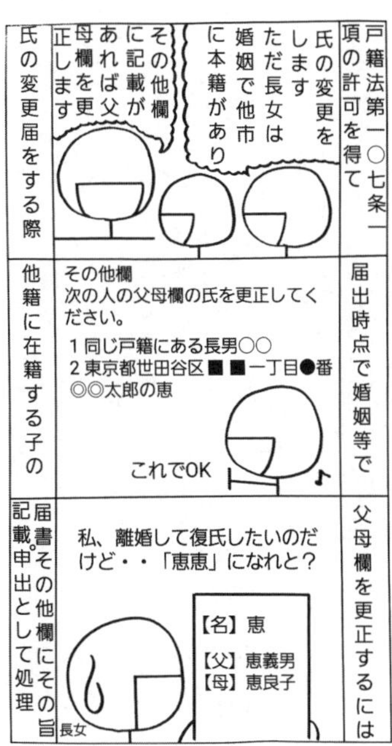

Q232 戸籍法 107 条 2 項の外国人との婚姻による氏の変更届に係る基礎知識

戸籍法 107 条 2 項の外国人との婚姻による氏の変更届に係る基礎知識を教えてください。

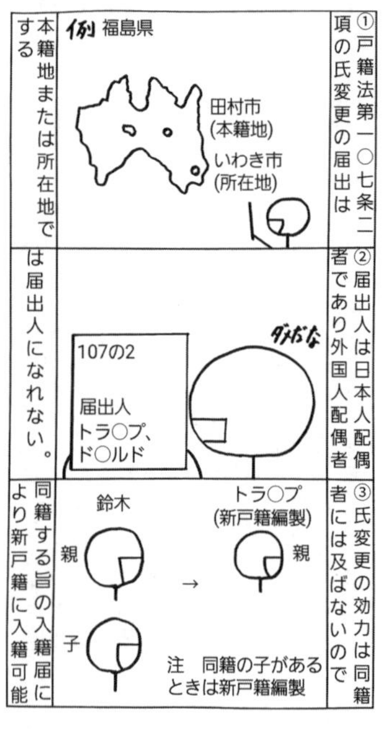

①届出地は届出人の本籍地又は所在地です（戸 25 条 1 項）。届出期間は婚姻日から 6 か月以内に届出しなければなりません。

②届出人は氏を変更しようとする者、つまり、外国人と婚姻した日本人配偶者です。外国人配偶者の同意や承諾は不要です。

③氏変更の効果は、同籍するほかの者に及びません（昭和 59 年 11 月 1 日民二第 5500 号通達第 2 の 4(1)カ）。同籍者がいるときは、氏を変更した者につき、新戸籍を編製します（戸 20 条の 2 第 1 項）。この場合、子が同籍するには、民法上の氏は同一であることから、同籍する旨の入籍届によることになります。なお、同籍者がいないときは、新戸籍を編製する必要はなく、在籍する戸籍に氏の変更事項を記載の上、筆頭者氏名欄の記載を更正すれば足ります。戸籍法 107 条 1 項による氏の変更の場合は、在籍者全員に効力が及ぶことになるので混同しないよう注意が必要です。

【参考文献】

「戸籍届書の審査と受理Ⅱ」216 頁〜218 頁、228 頁

Q233 外国人配偶者と死別又は離別した場合、戸籍法107 条 2 項による外国人配偶者の称する氏への変更はできるか

外国人配偶者と死別又は離別した場合、戸籍法 107 条 2 項による外国人配偶者の称する氏への変更はできますか。

難しいと思われます（昭和 59 年 11 月 1 日民二第 5500 号通達第 2 の 4(1)エ）。戸籍法 107 条 2 項は、夫婦の社会生活上の利便のため、日本人配偶者の氏を外国人配偶者の氏と同一であるように、戸籍上、氏の記載の変更を認めようとする趣旨です。そのため、外国人配偶者が生存し、現に婚姻生活が営まれていることを前提としたものと解されます。本事例の場合、戸籍法 107 条 1 項により家庭裁判所の許可を得て氏の変更の届出をすることになります。

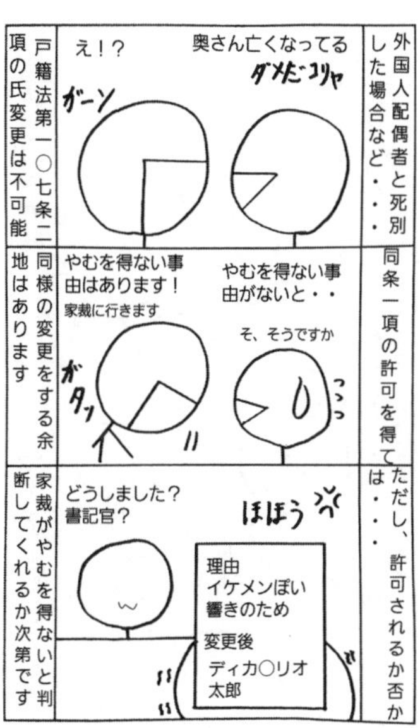

【参考文献】

「設題解説戸籍実務の処理Ⅸ氏名の変更・転籍・就籍編」55 頁、56 頁

Q234　戸籍法 107 条 2 項による外国人配偶者の称する氏への変更に当たっては、氏のどの部分を変更後の氏とすべきか

外国人配偶者の称する氏への変更は、戸籍の身分事項欄に記載された外国人配偶者の氏（「、」（読点）の前の部分）を変更後の氏とするということでよいですか。

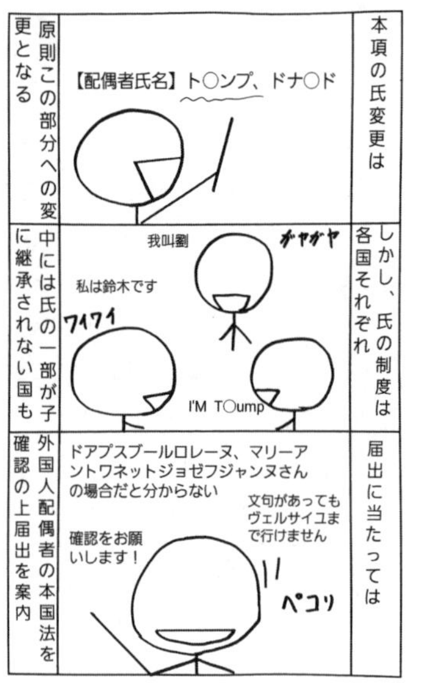

基本的にはそのとおりです（昭和 59 年 11 月 1 日民二第 5500 号通達第 4 の 3(1)）。ただし、外国人配偶者の本国法により、子に承継されない部分は、戸籍法 107 条 2 項にいう外国人配偶者の称している氏には含まれないとされています。もっとも、氏の制度は各国様々であることから、市区町村の審査においては、届書と身分事項欄中の外国人配偶者の氏（「、」（読点）の前の部分）が一致していれば、明らかに上記部分が含まれていると認められない限り受理されます（同通達第 2 の 4(1)イ）。

【参考文献】

「設題解説戸籍実務の処理Ⅸ氏名の変更・転籍・就籍編」46 頁～50 頁

Q235 日本人配偶者が、戸籍法107条2項に基づき、自身の氏を外国人配偶者が称する日本人配偶者との複合氏に変更することの可否

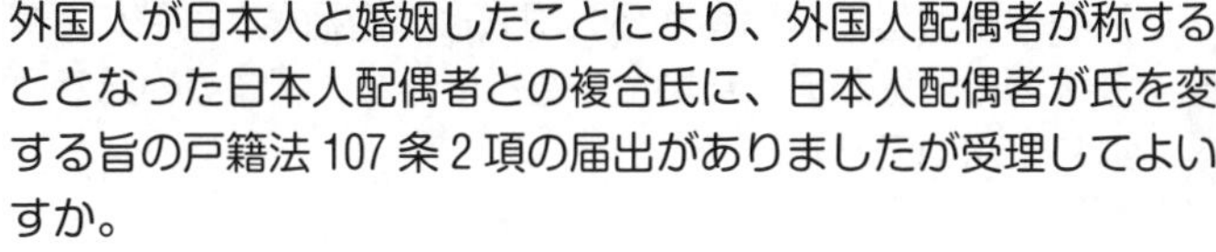

外国人が日本人と婚姻したことにより、外国人配偶者が称することとなった日本人配偶者との複合氏に、日本人配偶者が氏を変更する旨の戸籍法107条2項の届出がありましたが受理してよいですか。

外国人と婚姻した日本人がその氏を戸籍法107条2項の届出により、婚姻の効力として外国人配偶者が称することとなった複合氏に変更することは認められません（平成27年6月1日民一707号民事第一課長回答）。ただし、例えば、どうしても上記婚姻後の外国人配偶者の氏である「フォンパプスブルク鈴木」を称したいという者がいた場合、家庭裁判所の許可を得て戸籍法107条1項の届出により氏を変更する余地はあります（戸籍917号86頁）。

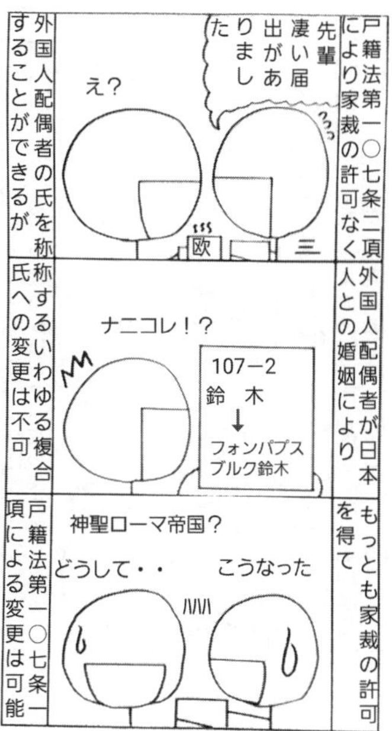

Q236 戸籍の筆頭者でない者から外国人との婚姻届と同時に戸籍法 107 条 2 項の届出があっても直ちに変更後の氏で新戸籍の編製はできない

戸籍の筆頭者でない者から外国人との婚姻届と同時に戸籍法 107 条 2 項の届出があった場合、直ちに外国人配偶者の氏で戸籍を編製してよいですか。

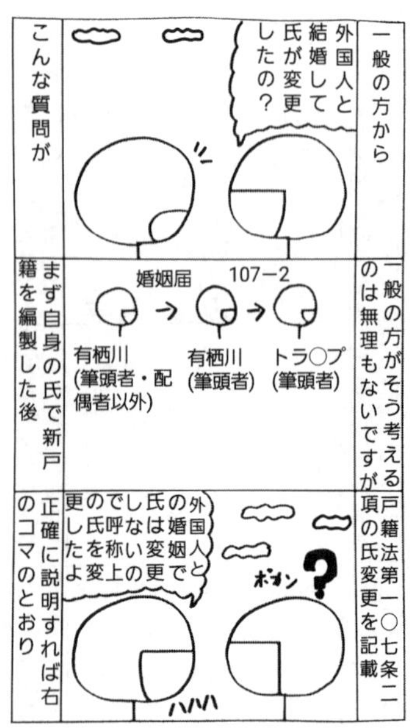

できません。まず、届出人である日本人配偶者について新戸籍を編製した後（戸 16 条 3 項）、筆頭者氏名欄に記載された同人の氏を更正します（昭和 59 年 11 月 1 日民二第 5500 号通達第 2 の 4(1)オ）。離婚に当たって戸籍法 77 条の 2 の届出をする場合、直ちに婚姻していたときの氏で新戸籍を編製することも可能であることと混同しないよう注意が必要です。

【参考文献】

「設題解説戸籍実務の処理Ⅸ氏名の変更・転籍・就籍編」61 頁、62 頁

Q237　戸籍法107条3項の外国人との離婚等による氏の変更届に係る基礎知識

戸籍法107条3項の外国人との離婚等による氏の変更届に係る基礎知識を教えてください。

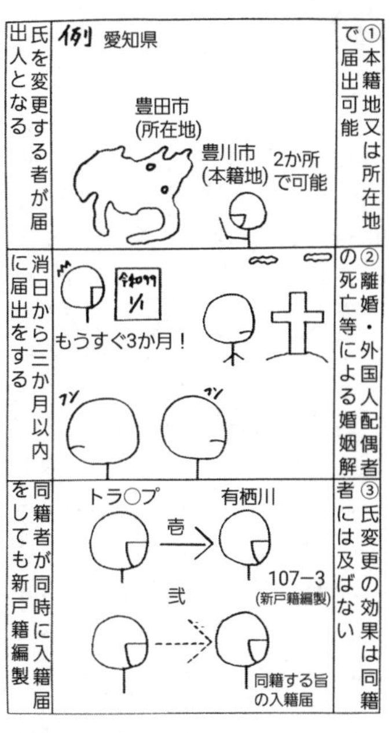

①届出地は、戸籍法25条1項に基づき、本籍地又は届出人の所在地となります。

②外国人配偶者との婚姻が解消（離婚、婚姻の取消又は配偶者の死亡）した日本人は、婚姻解消の日から3か月以内に限り家庭裁判所の許可を得ないで戸籍法107条2項による変更前の氏に変更する旨の届出が可能です（戸107条3項）。外国人配偶者の死亡も含む点は注意が必要です。

③届出人のみについて変更前の氏で新戸籍を編製し、氏変更の効果は同籍者には及びません。また、氏の変更届とともに、従前戸籍に在籍する子全員の入籍届があった場合でも、新戸籍を編製するものとされています（昭和59年11月1日民二第5500号通達第2の4(2)参照）。同籍者のいない場合は、新戸籍を編製せず、氏の変更事項を記載し、筆頭者の氏を更正します。なお、子が在籍するときは、届書その他欄に父母欄の氏を更正してほしい旨記載し、戸籍法107条3項による氏変更に基づく父母欄の更正が可能です。

【参考文献】

「戸籍届書の審査と受理Ⅱ」218頁、222頁

Q238　戸籍法 107 条 1 項により外国人配偶者の称する氏に変更した者が、同条 3 項に基づき変更前の氏に復することはできない

家庭裁判所の許可を要する戸籍法 107 条 1 項により外国人配偶者の称する氏に変更した者が、許可が不要である同条 3 項により変更前の氏に復することはできるのですか。

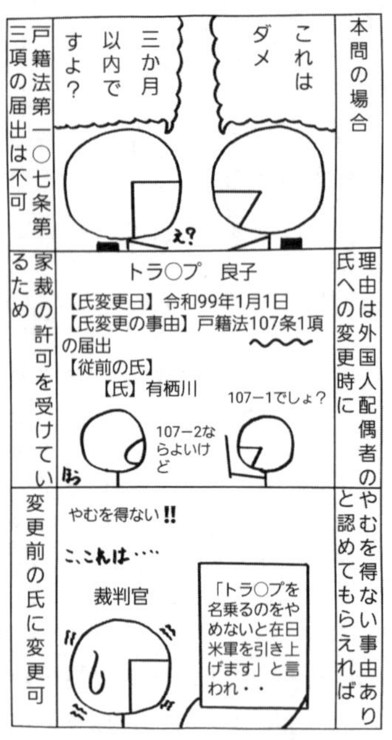

　できません。間違えやすいポイントなので注意が必要です。戸籍法 107 条 1 項に基づく許可は、家庭裁判所が「やむを得ない事由」があると認めた結果、許可されたものであることから、これを再度変更するには、家庭裁判所の許可を得るべきです。家庭裁判所の許可が不要な同法 107 条 2 項による氏の変更をしたときとは異なりますので注意が必要です。つまり、戸籍法 107 条 3 項による氏の変更が認められるのは同条 2 項により氏の変更をした場合に限られるということです。

【参考文献】

「設題解説戸籍実務の処理Ⅸ氏名の変更・転籍・就籍編」77 頁～79 頁
「戸籍届書の審査と受理Ⅱ」222 頁

Q239 戸籍法107条3項に基づく氏の変更届によって変更可能な氏は同条2項の氏変更の届出をした際に称していた氏に限られる

私は前婚で戸籍法107条2項により外国人配偶者の氏「オバマ」に変更をしましたが、離婚しました。その後、別の外国人との再婚により同項に基づき、その外国人配偶者の氏「トランプ」に変更しましたが、今般、2度目の離婚に当たり、同条3項により元の「戸籍」に変更したいのですが可能ですか。

変更できません。同項による氏変更は、同条2項の氏変更の届出をした際に称していた氏（本事例の場合「オバマ」）に限定されます。もし、「戸籍」の氏に変更したい場合は、戸籍法107条1項により家庭裁判所の許可を得て変更することになります。

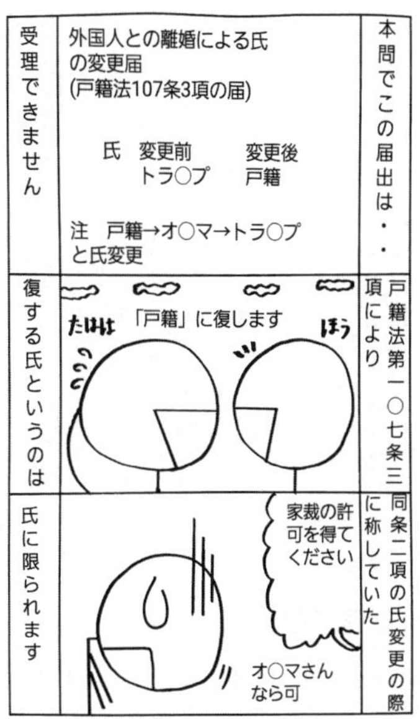

【参考文献】

「戸籍届書の審査と受理Ⅱ」223頁

Q240　戸籍法 107 条 4 項が設けられた背景などについて

戸籍法 107 条 4 項による氏変更の届出はあまり処理したことはないのですが、どのようなときにされるものですか。

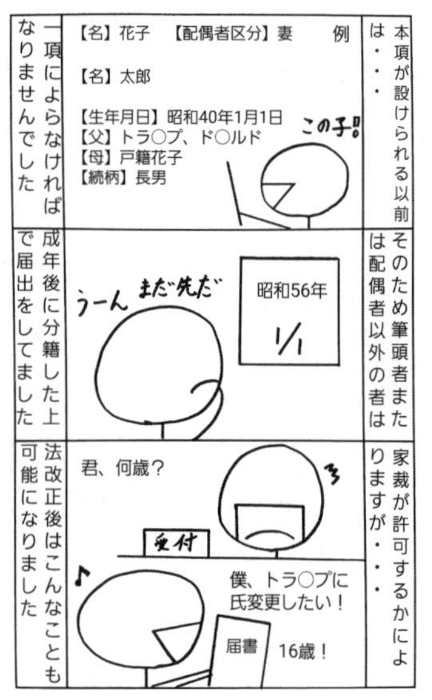

以前は、戸籍の筆頭者又はその配偶者以外の者で父又は母を外国人とする未成年の子は、氏を外国人父又は母の称している氏に変更することはできず、成人した後に分籍した上で戸籍法 107 条 1 項の許可を得て変更していました。同条 4 項が設けられた昭和 60 年 1 月 1 日以降は、家庭裁判所の許可を得て、父又は母の戸籍に在籍する未成年者も、外国人である父又は母が称する氏に変更する途が開かれました。家庭裁判所では、子の福祉にかなうかなどを審査することになります。なお、15 歳未満の子については、同人の法定代理人が標記届出をすることになります。

【参考文献】

「設題解説戸籍実務の処理Ⅸ氏名の変更・転籍・就籍編」83 頁

Q241　戸籍法 107 条 4 項に基づき、父又は母が外国人である者が家庭裁判所の許可を得て父又は母の通称氏に変更することは可能である

戸籍法 107 条 4 項に基づき、家庭裁判所の許可を得て、特別永住者である外国人の父の通称氏を称する届出がありましたが、受理して差し支えないですか。

父母の戸籍上、身分登録上の氏と異なる氏を称することになることから、やや違和感のあるところですが、家庭裁判所が「やむを得ない事由」があると判断した結果であるため受理して差し支えないとされています。在日韓国・朝鮮人の特別永住者を父又は母とする方などからこういった相談があるかもしれませんので覚えておきましょう（戸籍 564 号 79 頁）。

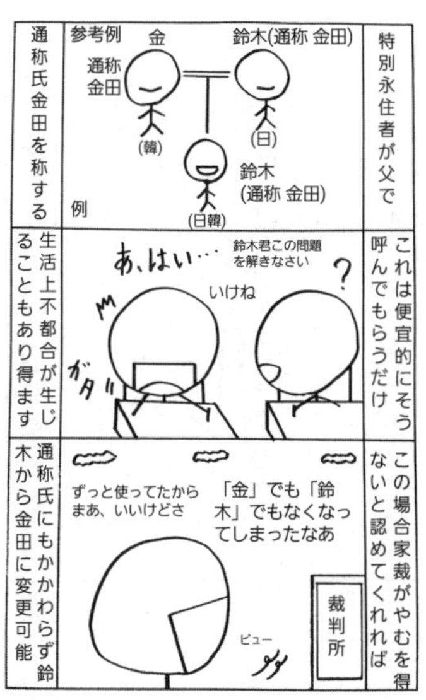

【参考文献】

「設題解説戸籍実務の処理Ⅸ氏名の変更・転籍・就籍編」89 頁、91 頁

Q242 実父又は実母の一方が外国人であり、別の外国人の養子となっている者が、その氏を戸籍法 107 条 4 項に基づき外国人である実父又は実母の氏に変更できるか

私は、父が外国人で母が日本人であり、某外国人の養子となっています。私のような者が、氏を戸籍法 107 条 4 項に基づき外国人である実父の氏に変更することはできますか。

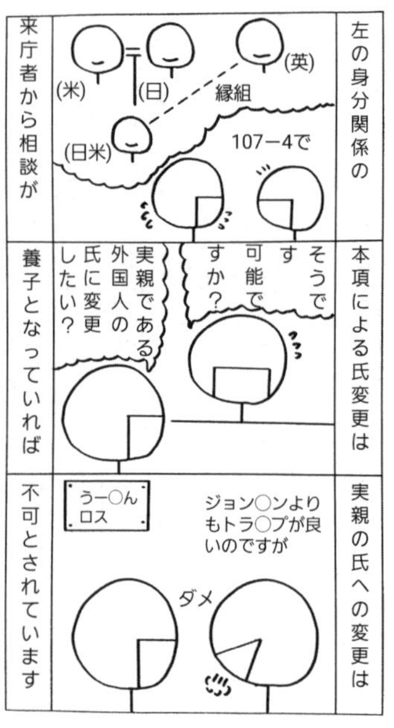

戸籍法 107 条 4 項にいう父又は母には、養父母も含まれます。ただし、本事例のように実父母以外の外国人の養子となっている場合、同項に基づき変更が認められる氏は養父又は養母の氏だけあり、外国人である実父又は実母の氏に変更することは認められません（昭和 59 年 11 月 1 日民二第 5500 号通達第 2 の 4(3)イ）。同様に、本事例の養子が、さらに別の外国人の養子となった場合も、先にした縁組による養父又は養母の氏に変更することはできません（同通達参照）。

【参考文献】

「設題解説戸籍実務の処理 IX 氏名の変更・転籍・就籍編」83 頁

Q243　名の変更届に係る基礎知識

名の変更届の基礎知識を教えてください。

①届出地は、戸籍法 25 条 1 項に基づき、名を変更しようとする者の本籍地又は届出人の所在地となります。添付書類は名変更許可の審判書を添付します。なお、即時抗告できないため、確定証明書の添付は不要です。

②名の変更届は「正当な事由」がある場合に限り、家庭裁判所の許可を得て届出をすることにより効力が生じる創設的届出とされています（戸 107 条の 2）。届出期間の制限はありません。

③名を変更しようとする者が届出人ですが、本人が 15 歳未満であるとき、意思能力を欠くときは法定代理人から届出することが可能です（戸 32 条）。もっとも、未成年者や成年被後見人も意思能力のある限り、本人が届出すべきであり、法定代理人の同意は不要です（昭和 23 年 4 月 15 日民事甲第 373 号回答）。

①事件本人本籍地または届出人所在地で
確定証明書は不要でしたよね。
青森県
むつ市（届出人所在地）
八戸市（事件本人本籍地）
はい
届出する。審判書を添付

②家裁の審査では正当な事由の有無を
公私に支障がありまして・・
？
ハハハ
審査することになる

③意思能力があれば本人が届出をする
（株）仕事人
昨日の人！
「あの」会社!?
一五歳未満の者は法定代理人が届出をする

【参考文献】

「戸籍届書の審査と受理Ⅱ」247 頁、249〜251 頁

Q244　筆頭者が相手方の氏を称して婚姻し、名の変更をした後、離婚に伴い婚姻前の戸籍に復籍した。この場合、筆頭者氏名欄の名と復籍する者の名が相違するが、どのように訂正するか

筆頭者が相手方の氏を称して婚姻し、名の変更をした後、離婚に伴い婚姻前の戸籍に復籍しました。この場合、筆頭者氏名欄の名と復籍する者の名が相違しますがどのように訂正すればよいですか。

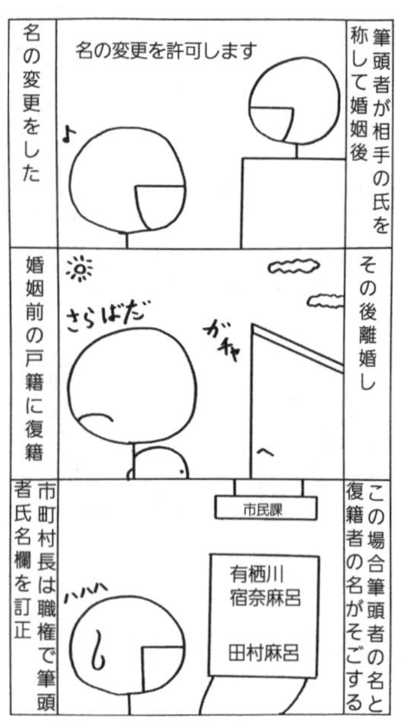

本事例の場合、復籍者が婚姻中に名を変更していることから、名の変更に関する事項を復籍した戸籍に移記します（戸規39条1項8号）。そのため、名欄に記載された名と筆頭者氏名欄の名が齟齬することになります。このような場合、市町村長は、職権で筆頭者氏名欄の名を訂正することができるとされています。なお、訂正事由の記載は不要です（「設題解説戸籍実務の処理 IX 氏名の変更・転籍・就籍編」208頁）。

執筆秘話みたいなもの

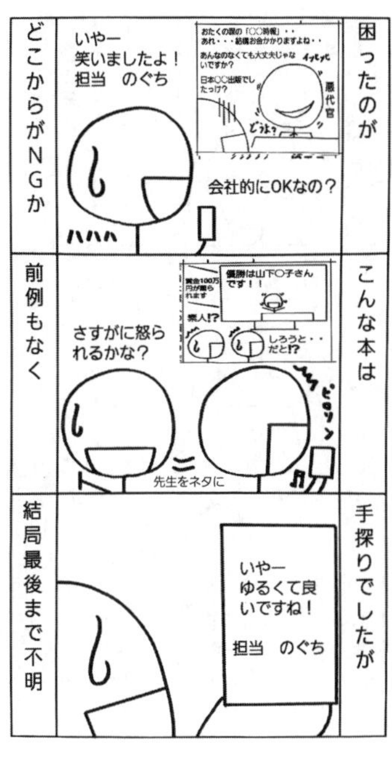

ところで、読者のみなさまは、戸籍事務を担当することになった直後、参考書に記載されていることが理解できましたでしょうか。もし、できたのであれば、かなり優秀だと思います。前にも書きましたが、筆者は、初めて戸籍事務に関わることになったとき、参考書が言わんとしていることがさっぱり理解できませんでした。民法上の氏と呼称上の氏の違い、渉外戸籍に関しては、いわゆる隠れた反致など数え切れないほどです。

そういった難解な戸籍事務をなんとか理解しやすくしようとしたのが本書です。身分を公証するという重要な役割を担う戸籍事務に関して、どこまでの表現が許されるか難しい試みでしたが、編集担当者様に意見をいただきながら執筆に当たりました。中には下らないと思うものもあるかもしれませんが、上記事情を鑑み、そこはお目こぼしいただければと思います。

あとがき

戸籍法は、幾多の改正を経て現在に至ります。これまでの事務処理の変遷などすべてを正確に理解するということは筆者も難しいでしょう。しかしながら、日々の研鑽に努め、知識を増やすことによって、重大過誤を防ぐことはできると思います。

読者の方々が、経常事務を処理する中で、誤った届出などがあった際、本書で得た知識から、過誤処理を防止できたというようなことがあれば著者としてこれほど嬉しいことはありません。

最後に、本書の発刊に当たり、特にお世話になった編集担当者様及びTwitter上で交流のある方々に対し感謝の意を表します。

みなさま、最後までお読みいただきありがとうございました。

著者略歴

古　関　冬　樹（こせき　ふゆき）

法務事務官

大学卒業後、法務省入省

某地方法務局支局総務係長として数年間戸籍事務に従事

Twitter アカウント：戸籍備忘録（人生に疲れた焼酎と定時帰りを愛する男💧）
@AZabcdefghi

戸籍の備忘録244問

2023年6月5日　初版発行

著　者　古関冬樹
発行者　和田　裕

発行所　日本加除出版株式会社
本　社　〒171－8516
東京都豊島区南長崎3丁目16番6号

組版・印刷・製本　㈱アイワード

定価はカバー等に表示してあります。
落丁本・乱丁本は当社にてお取替えいたします。
お問合せの他、ご意見・感想等がございましたら、下記までお知らせください。

〒171-8516
東京都豊島区南長崎3丁目16番6号
日本加除出版株式会社　営業企画課
電話　03-3953-5642
FAX　03-3953-2061
e-mail　toiawase@kajo.co.jp
URL　www.kajo.co.jp

ISBN978-4-8178-4891-8

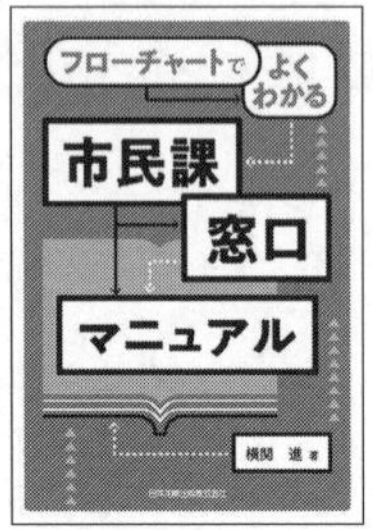

商品番号：40918
略　　号：フロ窓

フローチャートでよくわかる市民課窓口マニュアル

横関進 著

2022年9月刊 B5判 224頁 定価3,300円(本体3,000円)
978-4-8178-4828-4

- 窓口業務担当者を短期間で即戦力に育てるためのマニュアル。①証明書交付事務②住民基本台帳の一部の閲覧事務③住民異動届等の受付事務について解説。各事務のフロー図を最初に記載し、全体のイメージがつかめるよう工夫。マイナンバーや関連基礎知識についても図表を交えて丁寧に解説。

商品番号：40921
略　　号：孤独届

戸籍実務のための孤独死・行旅死亡人・身寄りのない高齢者等における死亡届の手引き

墓地埋葬法・埋火葬許可に関する解説付き

孤独死等戸籍実務研究会 編

2022年7月刊 B5判 164頁 定価2,420円(本体2,200円)
978-4-8178-4823-9

- 『身寄りのない高齢者の死亡』や『孤独死』の事例を戸籍に反映させるための手続き、身元不明の『行旅死亡人』に関する戸籍法の手続きを解説。
- フローチャートや戸籍・死亡届等の豊富な記載例でわかりやすく説明。
- 関係書類、根拠法令、参考条文を掲記。墓地埋葬法についても収録。

日本加除出版
〒171-8516 東京都豊島区南長崎3丁目16番6号
営業部 TEL (03) 3953-5642 FAX (03) 3953-2061
www.kajo.co.jp